日本·

許介鱗 著

現代史

三民書局

二版說明

　　本書作者許介鱗教授，為日本史與臺灣政治史研究領域的重要學者，對於日本近現代的政治經濟發展，有著深刻而獨到的見解。二戰結束以後，日本百廢待興，國內有政治、經濟、社會層面的種種問題，對外的國際局勢也暗潮遍布，本書詳盡梳理了二戰以後日本國內外潛伏的危機，以及面對這些艱難的議題，日本政府如何帶領國民，一步步邁向新生的過程。

　　本次改版，除了重新校正內文，務求精確，並調整版式與新增圖片，期望讀者有更舒適的閱讀享受，也能在求知的過程中對日本歷史有更立體的認識，進而理解現代日本之所以如此的脈絡。

編輯部謹識

序

　　十多年前我在東京出版了一本日文書《中國人の視座から》（東京：そしえて社，1979 年），這是從中國人的觀點論斷日本近代史，舉凡幕府末年的「尊王攘夷論」，福澤諭吉的「文明開化論」，北一輝的「昭和維新論」等等日本通俗的一般論，都加以批駁痛擊。

　　1987 年臺北的《日本文摘》編輯部，認為此書批判我國戴季陶的「日本論」，日本林房雄的「大東亞戰爭肯定論」，美國賴謝和的「日本近代化論」，成當代日本研究的新基礎，而為此書推出中文版《近代日本論》（臺北：故鄉出版社，1987 年）。

　　二年後在北京的一家著名出版社也得我本人的同意，在大陸出版《誰最了解日本？》（北京：中國文史出版社，1989 年）。

　　於是我的日本近代史論，有東京、臺北、北京三種版本。三本的內容完全一樣，但是書名各異，大概是因應所處地點而有不同的標題吧！在日本出版，必須特別標示這是從中國人的立場論斷，並非追隨或模仿日本人的泛泛之論。在中國大陸出版，則要比較臺灣與大陸的日本研究工夫，看誰最了解日本吧！至於在臺灣，我一貫的主張做學問要有自己的理論體系，不以拾洋人（不論是西洋人或東洋客）的牙慧為榮。

　　1979 年美國人傅高義 (Ezra F. Vogel) 出版了《日本第一》(*Japan As No. 1*) 的暢銷書，中文譯本甚多，據說臺灣有五種，大陸有三種。人們皆拾洋人的牙慧朗朗上口「日本第一」，卻不知其所以然。就是老美自己被日本人迎頭趕上，恐怕還不自知為何變成這種地步。因為他們以美國

人的價值觀，即「經濟掛帥」去讚美日本、肯定日本，而忽視日本到達此「第一」過程中的晦暗部分。老美在表面上好像氣魄很大，其實目光如豆，心胸狹小，只在維護美國的利益，說穿了只站在美國廠商的立場看問題。結果，《日本第一》這本書根本不能帶給美國什麼教訓。我的這本《日本現代史》，旨在融會貫通日本的「近代」與「現代」，為「日本第一」之謎尋求答案。

　　日本人現在很少談「近代化」，目前他們喜歡掛在嘴裡的是「國際化」。本來「國際化」是世界霸權的美國強制於日本的，現在是被動的日本轉變為主動，反而以「國際化」或「全球化」為手段，追求其「經濟大國」、「政治大國」、甚至「軍事大國」的目的。日本何去何從？日本可否成為亞洲各國的典範？也是筆者一貫潛存的問題意識，希望各位給我指教。

　　　　　　　　　　　　　　　　　　　　　　　許介鱗

　　　　　　　　　　　　　　　　　　1991 年 6 月 30 日序於

　　　　　　　　　　　　　　　　　　臺大日本綜合研究中心

日本現代史

圖片來源

第一章

日本投降
——天皇決定接受《波茨坦宣言》

日本的天皇制，在中世的鎌倉幕府和近世的江戶幕府的武家政權確立之後，因為國家統治權的根源在於天皇的傳統習慣，以及武家政權利用天皇的政策，一直得以保存名目上的命脈。在幕府末年的對外危機之中，尊王攘夷論者提倡將天皇的傳統權威復活。在討幕運動的過程中，天皇即被利用為爭奪權力的手段，經過明治維新的所謂「王政復古」，天皇被推上權力的頂點。隨著明治政府推行中央集權化政策，在精神上強調「萬世一系」的皇統而將天皇神格化，而建立天皇的權威為統一國家終極的基軸❶。在政治體制上，依 1889 年的明治憲法，樹立天皇為主權者而總攬國家政權的政治形態。於是一切政治權力的根源皆歸於天皇。

一、日本的權力中心在那裡？

在第二次世界大戰結束以前，近代日本的國家權力可以略分為統帥權和國務權。明治憲法第十一條規定「統帥權的獨立」，亦即軍隊的指揮

---

❶　藤田省三，《天皇制國家の支配原理》（東京：未來社，1974 年），頁 5–115。

命令權專屬天皇，不受其他國家機關的任何約束。天皇是大元帥，是日本最高的指揮官，統率全國的陸海軍，直接指揮陸軍參謀總長和次長，海軍軍令部總長和次長。如果陸軍和海軍意見不合，即由天皇調整。就是陸軍之中，陸軍省（軍政機關）和參謀本部（軍令機關）之間有意見對立，或軍部的中央和外地（例如在中國東北的關東軍）有意見不合，最後還得歸天皇統合。對日本軍國主義的侵略戰爭而言，最重要的是此軍隊的統帥權，完全屬於天皇帷幄的機務，且置於國務權的圈外。日本對中國長年累月的侵略戰爭，不經政府正式的宣戰，一直由軍隊出動擴大深入，從此亦可見陸海軍的統帥權比內閣的國務權，對發動戰爭有更重大的決定力 ❷。

從明治天皇到昭和天皇的「大本營條例」，雖經過幾次修改，但是第一條「在天皇之大纛下置最高統帥部稱為大本營」 ❸ 的規定一直不變。這是以法制明文規定，在戰時的最高戰爭指導者為天皇，而在實際上統帥陸海軍的也是天皇。從明治時代到 1945 年日本投降為止，有關戰爭的重要國策，都是在天皇親裁的「御前會議」中決定的。御前會議可以說是日本侵略戰爭的「共同謀議」，其主席不用說就是天皇。御前會議之後，各有關大臣，以及陸海軍兩總長，即起草上奏文，得天皇的允裁，才能各自去實行 ❹。

再論國務權的歸屬如何。在明治憲法的規定上，國政由政府的各大

---

❷　大江志乃夫，《統帥權》（東京：日本評論社，1983 年），頁 201。

❸　稻葉正夫，〈資料解說〉，現代史資料 (37)《大本營》（東京：みすず書房，1967 年），頁 20–22。

❹　許介鱗，《中國人の視座から——近代日本論》（東京：そしえて社，1979 年），頁 231。

臣，即天皇的輔弼者決定。天皇依政治慣例只有裁可，從未否決過大臣的決定。但是在政治的實際運用上，在奏請裁可之前，對重大問題的決定，政府的各大臣須先「內奏」，請示天皇的「御內意」。內奏和御內意的「上下溝通」，有由首相或有關大臣拜謁天皇直接請示的，也有經由內大臣或侍從武官長間接請示的。天皇對於內奏之事，如果回答「可」，政府即可正式提出公文呈請裁可，天皇也就立即批可。當然，天皇在裁可之際也可能附與某種條件。天皇如果反對內奏的政策方針，即表示其「御內意」阻止，例如「再檢討吧！」或「部分修改吧！」或「罷棄吧！」。政府如果得到這種御內意，就必須再檢討，或部分的修改，或作罷。政府如果認為需要，還得再去「內奏」，必須獲得「可」的御內意，才能提出公文呈請裁可。如果政府的大臣對天皇指示的「御內意」不服，則只有辭職一途。如果此不服的大臣為總理大臣（首相），則必須內閣總辭❺。在東京審判以 A 級戰犯被判死刑的東條英機曾在其回憶錄中說：「天皇如一面鏡子，拜見天皇的時候，鏡子如明朗即安心，鏡子如陰暗則憂心而重新考慮。」❻東條為首相（掌國務權），兼陸相（掌軍權），兼內相（掌警察治安權）的獨裁者，但還是要戰戰兢兢的看天皇的臉色才行動，可見國家最高的權力中心何在。

　　在「大東亞戰爭」時期，天皇對於從統帥部所獲得的情報，通常都不告知總理大臣或大臣，因此，內閣的政府和宮中的內府往往不知道戰爭進行的情況，故能夠掌握全局情報的只有天皇一人。當然首相努力從

---

❺　井上清，《天皇の戰爭責任》（東京：現代評論社，1979 年），頁 225–226。

❻　大谷敬二郎，《天皇の軍隊——統帥權をめぐる政爭》（東京：圖書出版社，1972 年），頁 169。

侍從武官獲得情報，有時候外間也傳些情報，可是這些情報，和外國的無線電短波所報導的戰況，跟統帥部所報告給天皇的戰況，往往有很大差距。有時，側近的內府將獲得的情報呈報給天皇時，跟統帥部報告給天皇的情報發生差異，這時天皇一定會對統帥部再為詳細詢問、探求究竟。統帥部也就責怪天皇側近多嘴，引起天皇的垂詢。

　　因此，統帥部、內閣大臣、內府的情報各異，互相猜忌，互相爭功。但是他們的一切情報，統統流入天皇的耳中，而由天皇一人處理。天皇可以說是匯集一切情報的活電腦，將一切情報投入 (In-put)，經其大腦調整 (Adjustment)，然後產出 (Out-put) 變成國策 (National Policy) 來執行。天皇超然於一切機構之上，是國家機關的總樞紐、總開關。其他的一切機構都是下層的，或下下層的，都必須將其情報傳達給上層的機構，唯有天皇是最高機構，不需要將這機構的情報傳達給另一個機構，而將一切情報匯集於其腦中調整。由天皇領導所產出的決定 (Decision) 卻變成共同作成的最高方針、最高原則，或最高決策，傳達下來執行。

　　我們可從日本投降時天皇所扮演的角色，以及美國對日本天皇制存廢的決策過程，來考察所謂「天皇不負戰爭責任」的真相。

二、盟軍對天皇制存廢的議論

　　1942 年元旦，當日本尚陶醉於珍珠港奇襲的勝利時，外相東鄉茂德即主張應乘這個對日本最有利的時機結束戰爭❼。2 月 5 日內大臣木戶幸一拜謁天皇之際，也進言最好乘機謀和平。但是天皇對這時講和並不

---

❼　東鄉茂德，《時代の一面》（東京：改造社，1952 年），頁 281。

很熱心，只是在 2 月 10 日東條首相拜謁之際，示意其充分考慮不可喪失良機以達戰爭的終結，但是也應充分考慮南方資源的獲得，去設定萬無一失的對策。畢竟日本「大東亞共榮圈」的理想，志在獲得南洋資源，才與英美動起干戈來。總之，日本領導階層，無論「終戰」或「講和」的意見，都是在維護日本戰勝所獲得的成果。6 月 11 日，前駐英大使吉田茂，為把握講和的良機，想出派遣前首相近衛文麿到瑞士協商媾和案，並傳達給內大臣木戶幸一，但是被漠視而未被採用❽。

在 1943 年 11 月 27 日的開羅宣言中，對日戰爭的中、美、英三國都要求日本無條件投降，但是對於是否保存天皇制的問題，因為怕刺激日本輿論的復讎感情，以及刺激日本人的抵抗意識，都保持沉默避而不談。在戰爭末期，依美國人民的輿論調查，主張天皇應處死刑的占百分之三十三，主張天皇交付裁判或監禁的占百分之三十七，主張先將天皇「去勢」然後保存下來的僅占百分之七而已❾。

當時美國的輿論並不偏於天皇保存論，而傾向於天皇廢止論。例如美國著名的評論家羅斯 (Andrew Roth)，第二次世界大戰時曾在美國海軍情報部工作，他在日本投降之前的 1945 年 7 月執筆寫成的《日本的進退兩難》(*Dilemma in Japan*) 一書中，就主張天皇制的廢止，並將廢止的過程分為三階段：第一階段，現在的天皇退位；第二階段，以非軍國主義者為攝政而讓幼帝繼位；第三階段，培養反對天皇論者以便廢止天皇制❿。又如亞洲專家賴提摩爾 (Owen Lattimore)，在 1941 年太平洋戰爭

---

❽　吉田茂，《回想十年・第一卷》（東京：白川書房，1982 年），頁 54–56。

❾　竹前榮治，《占領戰後史──對日管理政策的全容》（東京：雙柿舍，1980年），頁 94。

後，被羅斯福總統 (Franklin Delano Roosevelt) 任命為蔣介石委員長的政治顧問，不久又被任命為戰時情報局 (Office of War Information) 遠東部副部長，也主張裕仁天皇和男性皇族應處流刑放逐中國❶。再如美國華盛頓大學的政治學教授強斯敦 (William C. Johnstone) 也主張廢止天皇制，他認為主張天皇為日本安定因素的人，跟反動派或極端的國家主義者同列，如果盟軍擁護天皇，則跟對日本作戰的原則和目的衝突❷。

在美國的領導階層之中，主張天皇保存論最熱心的是前駐日大使葛魯 (Joseph C. Grew)。他在戰前從 1931 年到 1941 年的 10 年間擔任駐日大使，經由跟日本領導階層的接觸，對天皇及領導階層的「穩健」分子有所期待，為了戰後日本秩序的安定而主張保存天皇制❸。1944 年 5 月當美國國務院的「遠東部」 (Far Eastern Division) 改組為「遠東局」 (Office of Far Eastern Affairs) 時，葛魯被任命為局長。在遠東部時代，部長郝恩貝克 (Stanley K. Hornbeck) 是中國派 (China Crowd)，也是有名的反日論者，他主張戰後要迫使日本去勢為農業國，這樣日本才不能再從事侵略戰爭。相對的，葛魯是日本派 (Japan Crowd) 的巨頭，他當遠東局局長之後，起用他以前在駐日大使時代的部下，例如拜蘭坦 (Joseph W. Ballantine)、杜曼 (Eugene H. Dooman)、狄克歐佛 (Erle R. Dickover) 等日本派。這些日本派醞釀出一種「天皇女王蜂說」❹，說日本天皇如女王

---

❿　Andrew Roth, *Dilemma in Japan*. Boston: Little, Brown, 1945.

⓫　朝日新聞社編，《日本とアメリカ》（東京：朝日新聞社，1971 年），頁 114。

⓬　William C. Johnstone, *The Future of Japan*. London: Oxford University Press, 1945.

⓭　勝部元，〈アメリカの對日處理方針〉，堀江正規，《日本資本主義講座・第一卷・戰後日本の政治と經濟》（東京：岩波書店，1954 年），頁 375。

蜂，廢止天皇如去掉女王蜂，日本社會秩序必定大亂。1944 年 5 月，國務院的遠東地區委員會起草有關天皇制的草案，主張日本的天皇制可以保存，但是裕仁天皇個人必須隔離到葉山去❶❺。1944 年 12 月，葛魯升為副國務卿，更能直接參與美國的決策，而推行天皇保存政策。但是美國總統羅斯福的想法是「菊花與劍」都要永久根絕❶❻，「菊花」代表天皇制的巧妙，「劍」代表武士道的殘酷。換言之，日本的天皇和武力必須永遠廢除。

　　在盟國之中，比較贊成天皇保存論的是英國。以邱吉爾為中心的英國保守政界及財界，認為日本的天皇可以成為共產主義的防波堤而贊成保存。但是蘇聯和中國都主張廢止天皇制。蘇聯是共產主義的國家，仇視天皇的反共主義。中國是受日本軍國主義毒害最深的國家，洞悉天皇為日本軍國主義的根基。國民參政會曾建議：「日本天皇制度為侵略精神之所寄託，應予廢除。」❶❼國民大會實錄的提案也是：「天皇制為日本軍國主義之核心，應予廢除。」❶❽監察委員的意見為：「日本天皇制，乃日本民族思想中心，為發動侵略之主動力；日本天皇兼日本陸海空軍總司令，他利用他的雙重人格及地位，集中了日本人民盲目的信仰，而號召侵略戰爭，妄冀統馭世界。過去日本每一次的侵略戰爭，都決策於所謂『御前會議』，日本天皇從未說過一句反對戰爭的話。……因此，為消滅

---

❶❹　朝日新聞社編，《日本とアメリカ》，頁 114。

❶❺　竹前榮治，《占領戰後史——對日管理政策の全容》，頁 69。

❶❻　朝日新聞社編，《日本とアメリカ》，頁 113。

❶❼　亞洲世紀社編，《對日和約問題》（上海：亞洲世紀社，1937 年），頁 6。

❶❽　國民大會祕書處編，《國民大會實錄・第一編》（臺北：國民大會祕書處，1961 年），頁 258。

日本侵略的司令臺，建設真正的日本，非廢除天皇制不可。」**⓳** 來自褚
輔成等人的輿論主張為：「天皇制是日本反動政體的結晶。天皇是日本一
切反動勢力之掩護物。欲求日本之真正民主化，必須依據《波茨坦宣言》
『欺騙和錯誤領導人民，使其妄欲征服世界者之威權和勢力，必須永久
剷除』之規定，徹底廢除天皇制。」**⓴**

　　1945 年 2 月 4 日到 2 月 11 日的 8 天，美、英、蘇三國的首腦在克
里米亞半島的蘇聯領土雅爾達會談，2 月 10 日蘇聯頭子史達林 (Joseph
Stalin) 答應在德國投降後的二、三個月之後對日參戰，2 月 11 日三國簽
訂《雅爾達祕密協定》。蘇聯對日參戰的條件為：一、外蒙古維持現狀；
二、恢復俄國在 1904 年以前的舊權利，包括「歸還」(Return) 庫頁島南
半部，蘇聯在大連有優先利益和大連的國際化，蘇聯恢復旅順的租借權
使其成為蘇聯之軍港，東清鐵路及南滿鐵路由中蘇共同經營；三、千島
群島「交給」(Hand Over) 蘇聯**㉑**。美國總統羅斯福和英國首相邱吉爾，
為了減少盎格魯薩克遜人作戰流血，不惜犧牲中國（盟國）的利益，並
以日本的庫頁島南部、千島群島奉獻給蘇聯為條件，勸誘蘇聯對日參戰。
當時美國的參謀總長馬歇爾 (George C. Marshall) 以下，以及麥克阿瑟
(Douglas MacArthur) 等陸軍部人士，都要求蘇聯參戰。因為他們的腦筋
裡都認為，對日本的決戰中國根本沒有什麼幫助，只有蘇聯參戰才能制
伏日軍於中國東北的關東平原。《雅爾達密約》，可以說是美蘇兩大國在

⓳　亞洲世紀社編，《對日和約問題》，頁 8–9。

⓴　亞洲世紀社編，《對日和約問題》，頁 15。

㉑　R. J. C. Butow, *Japan's Decision to Surrender* (California: Stanford University
　　　Press, 1954), p. 242.

戰後妥協支配世界體制之前的一個雛型，美國為了自己的國家利益，誘導蘇聯參戰，並沒有事先取得中國的諒解，以祕密交易犧牲盟國的利益❷。而千島群島的「交給」蘇聯，在戰後成為日本再要求蘇聯「歸還」北方四島，而使日蘇一直不能和解的原因。

在美、英、蘇簽定《雅爾達密約》的 1945 年 2 月，日本天皇對戰敗的跡象感到憂慮，要求各「重臣」（有首相經驗者）上奏對戰局的看法。近衛文麿以吉田茂的意見起草上奏文，表示日本的「戰敗」固然可憂，但是「共產革命」更可怕。因為如果日本只有「敗戰」，國體尚可護持，但是如果「共產革命」則國體將護持不了。吉田和近衛的思想，是以「國體護持」為至上目標而提議講和❷。他們的心中只有天皇，對於日本國民的命運可以不必顧慮，至於日軍侵略亞洲的責任更是完全不在考慮之內。

天皇下問：「美國是否要抹殺我皇室？」近衛答以：「前駐日大使葛魯及美國首腦部似乎不到這種程度。」天皇說：「梅津參謀總長說他們並不寬緩皇室抹殺論，故我們應該徹底抗戰，我自己對此也抱著疑問。」又說：「梅津和海軍方面都說，如果能誘導敵人到臺灣，尚可繼續打仗，這時才訴之於外交手段亦可。」❷可見天皇所憂慮的是皇室的命運，不只尚未決定即時求和，甚至企圖再度攻擊作戰，造成對日本有利的條件才來講和。

1945 年 3 月 17 日，日本在硫磺島的守備隊全部滅亡。3 月 21 日，

---

❷ Diane Shaver Clemens, *Yalta* (New York: Oxford University Press, 1970), p. 273.

❷ 吉田茂，《回想十年・第一卷》，頁 58。

❷ 矢部貞治，《近衛文麿》（東京：弘文堂，1952 年），頁 533。

首相小磯國昭在最高戰爭指導會議中，提議經由繆斌的活動謀求中日的全面和談❷。繆斌曾任黃埔軍官學校教官、國民政府軍事委員會經理處長、國民黨中央執行委員，但在 1937 年 12 月南京淪陷後，參加傀儡政府，組織「新民會」為日本效力，因此小磯首相就想利用繆斌的關係，對蔣委員長進行和談活動。可是在最高戰爭指導會議，重光葵外相極力反對，陸海兩相、陸海兩總長也表示反對。此「繆斌活動」之事，經由大臣木戶幸一的轉報，傳到天皇的耳朵。4 月 2 日小磯首相單獨上奏之際，天皇嚴斥「繆斌活動」，下命將繆斌迅速遣送回去。小磯因為沒有得到天皇的信任，只有辭職一途，內閣即刻垮臺，從此亦可窺見天皇的「御內意」實際左右一切政治決定。日本既然排除跟中國的和談活動，剩下的只有準備「本土決戰」一途了。

4 月 5 日蘇聯通告日本不延長日蘇中立條約，4 月 7 日鈴木貫太郎組閣，日本開始布置「本土決戰」體制，進行國民義勇隊的編組❷，但是日本的陸海軍都想防止蘇聯參戰。因為如果蘇聯參戰，日本將被美蘇東西夾擊，戰爭毫無希望。日本當局的領導者，尚不知美、英、蘇為蘇聯參戰，已經締結了《雅爾達密約》，而於 5 月 11 日、12 日、14 日召開最高戰爭指導會議，決定對蘇聯交涉的三個原則：一為防止蘇聯參戰，二為誘導蘇聯的友好態度，三為戰爭的終結經由蘇聯媒介而謀求有利的條件。為了誘致蘇聯的友好，以廢棄日俄戰爭勝利的成果為代價，即廢棄 1905 年的《樸茨茅斯條約》和《日蘇基本條約》。其內容包括，歸還庫頁島南部、解除漁業權、開放津輕海峽、讓與「北滿洲」的各鐵路、

---

❷ 田村真作，《繆斌工作》（東京：三榮出版社，1953 年），頁 174–178。

❷ 下村海南，《終戰記》（東京：鎌倉文庫，1949 年），頁 82–84。

內蒙古設定為蘇聯的勢力範圍、承認蘇聯租借旅順、大連，甚至讓渡千島群島的北半部給蘇聯。但是日本仍希望：朝鮮保留給日本、「南滿洲」為中立地帶、「滿洲國」維持獨立❷。以上的日本誘導蘇聯中立而不對日參戰的代償條件，與雅爾達密約蘇聯要求對日參戰的條件比較起來，內容有很多類似之點。可見日本相當抓住蘇聯貪欲要求的心理。日本在萬不得已時，甚至準備讓與合法取得的千島群島北部，僅想確保千島群島南部的島嶼而已。日本判斷，美國為資本主義國，蘇聯為共產主義國，現在雖然聯合對抗軸心國的德國和日本，但此體制不同的兩國在戰後一定會形成對立的形勢。

在美國方面，4 月 12 日主張日本天皇和武力永遠廢除的羅斯福總統忽然死亡，由杜魯門 (Harry S. Truman) 繼任總統。杜魯門是有名的反共主義者，以財界的支持為後盾，於是民主黨內保守主義者的發言力增大。相對的，自 1934 年以來，擔任羅斯福總統的財政部長而成為幕僚之中最受信任的摩根索 (Henry Morgenthau)，發言力逐漸降低而消失。摩根索是主張天皇廢止論和日本戰後適用軍政的。其他中國派的發言力也減弱，取代的是對蘇聯冷戰的氣氛❷。

5 月 7 日德國無條件投降。翌日 5 月 8 日，杜魯門總統修改對日要求「無條件投降」的原則為限定於「軍隊的無條件投降」，並向日本呼籲早日投降。5 月 12 日英國首相邱吉爾向杜魯門總統說：「蘇聯軍隊在歐

---

❷ 外務省編，《日本外交年表竝主要文書 1840～1945・下》（東京：原書房，1973 年），頁 611–612。

❷ 近藤淳子，〈天皇制機構溫存過程考——降伏前のアメリカにおける對日占領政策作成者の日本觀〉，思想の科學研究會編，《共同研究・日本占領軍その光と影・上》（東京：德間書店，1978 年），頁 150–151。

洲東部的占領地區，開始降下鐵幕了。」

　　羅斯福總統的忽然死亡和與蘇聯之間冷戰的開始，使美國對日本的戰後處理政策產生變化，而趨向於天皇制的保存。當日本派的副國務卿葛魯，為日本戰後的秩序和安定而強調天皇保存政策時，美國的世界戰略，漸漸的轉變為對蘇聯強硬政策。美國的駐蘇大使哈里曼 (William A. Harriman) 和海軍部長福雷斯塔爾 (James Forrestal)，是美國政府內最強硬的對蘇戰略論者。陸軍部長史汀生 (Henry L. Stinson)，為了爭取對日戰爭的勝利，一直希望蘇聯參戰，而繼續保持對蘇協調政策。他並且認為，美國如果開發了原子彈，即可以對付蘇聯，奪取國際政治的領導權。但是史汀生也受日本派的影響，傾向於天皇保存論，故美國政府內以天皇保存論變成主流。美國的戰爭領導者，對日政策的擬定總是喜歡從對蘇聯戰略的立場來考慮。

三、日本著手「終戰工作」

　　在日本方面，5 月 14 日最高戰爭指導會議，包括首相鈴木貫太郎，外相東鄉茂德、陸相阿南惟幾、海相米內光政、陸軍總長東條英機、海軍總長嶋田繁太郎六人，決定開始對蘇聯交涉的方針，這就是所謂「終戰工作」。

　　然而美國的戰爭領導部並不知道日本決定要由蘇聯媒介進行講和交涉，而策劃了三個政策：一、跟蘇聯聯合作戰以期萬全的日本攻擊計畫；二、提示無條件投降的條件，早日誘導日本投降；三、完成原子彈，掌握最後勝利的武器。

　　美國為了召開三巨頭會議，杜魯門總統決定派總統特使霍普金斯

(Harry L. Hopkins) 去莫斯科，與史達林打交道。5月28日霍普金斯問史達林有關日本天皇的意見，史達林答以現在的天皇不是領導者，只是虛位元首(Figurehead)，但是將來可能出現強烈性格的天皇而惹麻煩，故天皇制應廢止。史達林對日本天皇制的巧妙認識不清，但還是主張廢止天皇制。史達林提出對日參戰的三個條件如下：

▲ 圖 1-1　鈴木貫太郎

㈠蘇聯軍在8月8日以前準備好作戰，但是發動戰爭之日，必須等《雅爾達密約》取得中國諒解之時。

㈡現在日本的講和派抬頭，日本想要分裂盟軍，盟軍應推行無條件投降的方針。如果日本要求較寬大的投降條件，而盟軍脫離無條件投降的原則而接受其較寬大的投降條件時，盟軍應以占領軍來強制實行自己的意志，以達跟無條件投降相同的效果。

㈢對日戰爭勝利之後，蘇聯希望參加日本占領，而跟英美兩國締結有關占領地區的協定。

當美國總統特使霍普金斯和史達林，在莫斯科談論蘇聯對日參戰條件的5月28日，在華盛頓的副國務卿葛魯，向杜魯門總統進言日本無條件投降的條件。葛魯進言說，為使美國的流血犧牲減少到最低限度而誘導日本投降，必須聲明讓日本人知道日本投降之後的政府形態可經由日本國民的意思自由選擇❷，他並附言說：「在現皇朝之下的立憲君主制」(A Constitutional Monarchy under the Present Dynasty)，可能是最好的政府

形態。杜魯門總統贊成葛魯的意見，希望他與陸海軍部長和參謀總長商量。5 月 29 日，葛魯和陸軍部長史汀生、海軍部長福雷斯塔爾，及參謀總長馬歇爾會談，得到他們贊同。

　　在日本方面，為了進行終戰工作，6 月 3 日和 4 日由有駐蘇大使、首相、外相經驗的廣田弘毅，向蘇聯駐日大使馬立克 (Yakov Malik) 提出改善日蘇關係的議案❸。6 月 6 日，日本的最高戰爭指導會議通過「戰爭指導基本大綱」❸，其對國力的現狀分析說，缺糧的緊迫深刻，國民的道德頹廢，日本從事戰爭的力量不論在物質上或精神上皆空虛。內大臣木戶幸一看了此「大綱」，認為日本如此空虛尚在逞強，不如早日謀求和平。6 月 8 日木戶起草「收拾時局的對策試案」❸，建議奉天皇陛下的御親書與仲裁國交涉和平。6 月 9 日木戶向天皇呈報收拾時局的意見，天皇立即表示贊同，木戶傳達鈴木首相謀求終戰工作。

　　6 月以後，琉球的戰鬥進入終局，日本「本土決戰」的日期逼近。美國的聯合參謀本部在 6 月 18 日，開會討論如何決定「本土登陸」的作戰方式。參謀總長馬歇爾徵求麥克阿瑟的意見，麥帥答說：「本土作戰的犧牲者恐怕沒有如預料的那麼多，如果蘇聯在美國行動之前，從西伯利亞開始攻擊，美軍的犧牲者數可以更為減少。」麥帥的意見，大大的左右了會議的決定。陸軍部長史汀生贊成「本土登陸」作戰，是因為想不出還有其他的辦法。他初步估計，本土登陸作戰的犧牲者數將超過一百

❷　Butow, *supra* note 21, at 198.

❸　大森實，《戰後祕史・1 崩壞の齒車》（東京：講談社，1975 年），頁 107–110。

❸　外務省編，《日本外交年表竝主要文書 1840～1945・下》，頁 612–614。

❸　外務省編，《日本外交年表竝主要文書 1840～1945・下》，頁 616–617。

萬人，故一直在摸索如何避免日本人的猛烈抵抗，同時使美軍的犧牲也不太大的「本土決戰」，以導致日本投降的具體方法。美國軍人所顧慮的，僅是如何減少美軍的犧牲而已。

6月21日，日本在琉球的守備隊全滅。6月22日，天皇召見最高戰爭指導會議的成員：首相、外相、陸海相、陸海總長，指示對戰爭的終結應迅速作成具體研究，努力實行。梅津參謀總長答以「實行應慎重」，天皇說「當然要慎重，但不可誤了時機」。琉球既然完了，天皇憂慮，若發生「本土決戰」，即不可能護持國體。自從德國投降之後，日本孤立，蘇聯有漸趨對日參戰的傾向，因此對「國體護持」漸感不安。天皇的態度影響戰爭最高指導階層，對講和這時才從消極急變為非常積極❸❸。

在美國方面，副國務卿葛魯，陸軍部長史汀生、海軍部長福雷斯塔爾共同商議起草「對日處理方針」，於7月2日提出給杜魯門總統，其中建議加入「並不排除在現皇朝之下的立憲君主制」的話，這樣日本接受投降的機會更形增大。杜魯門贊成此建議，於是日本「無條件投降」的方式，被修改為「軍隊無條件投降」的條件，以誘導日本早日投降。

陸軍部長史汀生認為，美國對日發出警告進攻本土之前，如果蘇聯已經參戰，應考慮如何使蘇聯的軍隊在中國東北不要過度侵入的問題，如果日本不聽警告，美國再以原子彈迫其屈服。出席雅爾達會議的總統助理柏恩茲 (James F. Byrnes) 也強調，原子彈不僅為打敗日本之用，而是為了在歐洲能更容易對抗蘇聯而用。於是在美國獨立紀念日的7月4日，美英聯合作戰計畫委員會，決定不警告日本原子彈的可怕而投下原

---

❸❸　木戶日記研究會，《木戶幸一關係文書》（東京：東京大學出版會，1983年），頁80。

子彈。

　　美國的對日作戰，還考慮到對蘇戰略，因此原子武器也有對蘇戰略的性格。美國對日本實施封鎖和轟炸，尚無法迫使日本投降，因此美國計畫進攻日本的本土，但是又怕美軍犧牲太大，而要求蘇聯參戰。當時的美蘇關係，因歐洲戰爭的結束而趨冷卻，美國又警戒蘇聯參戰會使之過度的進軍中國的東北，因此希望在蘇聯尚未大量進軍東北之前，結束對日戰爭。日本如果不肯講和而繼續抵抗，即以原子彈迫其屈服。為了減少美軍的犧牲，而誘導日本投降，美國也考慮讓日本的「自由主義的領導者」發動講和，講和的條件因此才從「無條件投降」修改為「軍隊的無條件投降」。

四、日本接受《波茨坦宣言》

　　從 7 月 17 日到 8 月 2 日，美國總統杜魯門、英國首相邱吉爾、蘇聯頭子史達林在波茨坦召開會議。隨杜魯門參加波茨坦會議的美國國務卿，是 6 月 30 日才新上任為國務卿的柏恩茲，他有出席雅爾達會議的經驗，是一個對蘇強硬論者。本來美國參加波茨坦會議的最大目的，在於要從史達林親口確定蘇聯參戰。然而在 7 月 16 日開會的前一天，從華盛頓傳來美國原子彈實驗成功的消息。柏恩茲和陸軍部長史汀生等所計畫的對蘇戰略的新武器，現在已經在美國的掌握中。有原子彈在手中的美國，現在必須改變方針，決意在蘇聯參戰之前，結束對日戰爭。柏恩茲在 7 月 22 日發言，「我們現在不是為世界的民主謀安全，而是將世界變成為美國而謀安全。」7 月 26 日，美英中發表《波茨坦宣言》，這是由美國單獨起草，得英中同意，但將蘇聯蒙在鼓裡。杜魯門對於起草宣言之事，

雖然事先跟史達林說過，但是從未對他商量過宣言的內容。在會議尚未結束之前，就匆匆的發表「三國宣言」，將蘇聯拋置腦後，是美國企圖在蘇聯參戰之前，導致日本投降的策略。

美國國務卿柏恩茲，在宣言發表之後，才將宣言的複本送給蘇聯外相莫洛托夫 (V. M. Molotov)，莫氏急躁的打電話說應等幾天後才發表宣言，可是已經太晚了。宣言要求「全日本國軍隊的無條件投降」，並提示具體的投降條件，包括戰犯的懲罰，但是避免直接論及天皇制的問題，僅模糊的說：「依日本國民自由表示的意志，成立一傾向和平及負責的政府。」這是國務卿柏恩茲的最後決定，並不全採親日派葛魯的意見。因為副國務卿助理麥克里希 (Archibald MacLeish) 堅決反對依照葛魯的意見，給予日本「在現皇朝之下的立憲君主制」的保證。現在宣言採用「依日本國民自由表示的意志」， 天皇保存論者認為據此天皇制當然能夠保存，天皇廢止論者則認為據此日本國民將選擇共和制。

在發表《波茨坦宣言》的前一天 7 月 25 日，內大臣木戶幸一向天皇進言道，軍部說本土決戰可轉換戰機是不可信的，萬一大本營被俘，皇室的「三種神器」也不得護持，還是忍耐苦難講和，才是最急的要務。但是當時天皇的「御內意」尚未決定講和。7 月 28 日鈴木首相聲明，「默殺」(Mokusatsu)《波茨坦宣言》。「默殺」在日本語是「不理」的意思，可是盟國把它譯為 "Kill it with Silence" 而解釋為 「拒絕」 的意思❸❹。8 月 6 日廣島投下第一顆原子彈，8 月 8 日天皇獲悉有關原子彈的詳細報告。在 8 月 8 日這天蘇聯對日宣戰，8 月 9 日凌晨蘇聯參戰，美國即在長崎投下第二顆。

---

❸❹　Butow, *supra* note 21, at 145.

　　到底是美國投下原子彈還是蘇聯的參戰，對日本投降發揮較大效力呢？美國學者固然強調投下原子彈的重要性，但是也不可忽視蘇聯參戰的效果。蘇聯參戰，不但使日本企圖以蘇聯為媒介講和的構想落空，也是大本營的本土決戰策略落空。本土決戰策略是以蘇聯中立為前提：當本土決戰陷入焦土戰時，日本還可以將天皇移到「滿洲」的「新京」（長春），在大陸繼續抗戰。現在蘇聯參戰，日本即受兩面夾攻，置日本帝國於死地。再則蘇聯的參戰，使日本的統治者對「國體護持」的任務感到不安。為了維護國體維繫天皇制，日本從依賴蘇聯講和的態度一百八十度轉變為依賴美英講和，因為共產主義不允許天皇制存在。日本的選擇，只有接受美國為主的《波茨坦宣言》投降，或是拒絕之而像德國那樣戰敗二條路可走。

　　8 月 9 日木戶拜謁天皇時，天皇御示既然蘇聯參戰，應趕緊收拾時局，而將此意思轉達首相。木戶即傳達給鈴木首相，立刻召開最高戰爭指導會議。首相先發言，說不得已，日本準備接受《波茨坦宣言》，其它五人也不反對，但是要附帶四個條件：㈠盟國確認皇室，㈡日本自主撤兵，㈢戰爭責任者由日本自己處罰，㈣盟國保證不占領日本。鈴木首相將此決定傳達給木戶。

　　該日黃昏，再召開會議，東鄉外相和米內海相反對接受《波茨坦宣言》附帶的四條件，主張只要確認天皇的地位第一個條件即可接受，阿南陸相則主張四個條件絕不能讓步，而互相意見對立。這時消息傳來長崎又投下原子彈。於是近衛文麿、高松宮宣仁親王、重光葵等皆到內府木戶幸一處，表示反對附帶四個條件的意見，建議「仰望聖斷」。木戶即覲見天皇，為「聖斷」工作活動。晚上 11 時 50 分召開「御前會議」，至翌 (10) 日凌晨 2 時 30 分，決定接受《波茨坦宣言》❸❺。

在御前會議，支持阿南陸相意見的有梅津陸軍參謀總長、豐田海軍軍令部長，支持外相意見的有米內海相、平沼樞密院議長，正反意見為三比三。鈴木首相不說自己的意見，而說請「聖慮」來決定本會議。天皇即下「聖斷」說自己贊成外相的意見。會議於是決定接受波茨坦宣言，但附上不變更「國體」的唯一條件。即不變更「天皇的國家統治大權」(Prerogatives of His Majesty as a Sovereign Ruler) 為條件。日本在這千鈞一髮的時刻，仍附上「國體護持」的條件。8 月 10 日早上，日本將接受波茨坦宣言的電報，經由瑞士、瑞典發給美、英、蘇三國，中國根本就被忽略不包括在內。因為國民政府遲至 1941 年 12 月 9 日，日本突襲珍珠港各國對日宣戰的翌日，始發布文告對日宣戰，而日本根本不屑一顧，也沒有對中國宣戰。

美國從無線電收到日本接受《波茨坦宣言》的消息，必須決定表明對日本天皇的態度。陸軍部長史汀生主張，應該給日本清楚回答可以保存天皇，但是國務卿柏恩茲認為，從盟軍一直主張「無條件投降」的要求讓步倒退，在面子上是不好看的。美國的決策者苦心積慮的結果，擬出一個變通的文書答覆日本，即「日本天皇及日本國政府之國家統治權限，自投降之日起，隸屬於 (Subject to) 盟國最高司令官；該司令官為實行投降條款，得採取各種認為必要的措施❸❻。……日本國最後之政治形態 (Ultimate Form of Government)，須根據《波茨坦宣言》，依日本國民自由表示之意志決定。」這是非常巧妙的文書，因為一方面對日本所提的條件避開直接允諾，另一方面又有可以讓日本人安心的效果。史汀生

---

❸❺　外務省編，《日本外交年表竝主要文書 1840～1945‧下》，頁 627–631。

❸❻　Butow, *supra* note 21, at 191.

自己也說:「這一方面明示天皇的權力隸屬於盟軍最高司令官指揮,另一方面又默認天皇的地位。」

美國既然投下二顆原子彈逼迫日本投降,自然也開始策劃如何在美軍占領日本時封鎖蘇聯的發言權。杜魯門總統不跟盟國商量,在 8 月 10 日即單獨任命麥克阿瑟為「盟國最高司令官」。這是鑑於德國投降之後,美國等與蘇聯分割占領地區的痛苦經驗。不跟盟國商量單獨任命麥帥,是表示美國有單獨占領日本的意思。麥克阿瑟在率領美英聯軍進攻德國時的頭銜是 「盟國遠征軍最高司令官」 (Supreme Commander, Allied Expeditionary Force) , 現在的頭銜是 「盟國最高司令官」 (Supreme Commander for the Allied Powers)。麥帥在名目上不是盟國的單一國軍隊的最高司令官,而是「為盟國」(for the Allied Powers) 的最高司令官,但在實際上麥帥是占領日本的美軍最高司令官,只對華盛頓的美國政府負責。 麥帥成為占領日本軍的最高司令官, 美國就能排他地壟斷日本占領❸❼。

8 月 12 日,日本外務省無線電室收到美國的答覆共分四項,感到有問題的是第一項「日本天皇及日本國政府之國家統治權限,自投降之日起,置於盟國最高司令官之限制下」及第三項「日本國最後之政治形態,須根據波茨坦宣言,依日本國民自由表示之意志決定」。外務次長松本俊一認為,美國的答覆是以天皇的存在為前提立論,是「顧左右而言他,默認日本的要求」。外務省怕刺激主戰派,將「隸屬於 (Subject to) 盟國最高司令官」,翻譯為「置於盟國最高司令官之限制下」 ❸❽。

---

❸❼   木村正明,〈GHQ——構造と權力〉,頁 69–114。

❸❽   外務省編,《終戰史錄》(東京:新聞月鑑社,1952 年),頁 463。

　　然而阿南陸相認為，照此答覆的文句，則不能護持國體，因而不能接受。參謀總長梅津美治郎和軍令部總長及川古志郎也提出異議。他們認為美國的答覆是要將「帝國隸屬化」、「冒瀆國體根基之天皇之尊嚴」，這樣則「國家內部將崩潰，招來國體的破滅，皇國的滅亡」，因此頑強地要共同上奏反對的意見，使鈴木首相的態度也發生動搖。他發言說：「依此答覆文，不能確認國體護持，而且解除武裝也完全按照對方的意思，這對帝國軍人有所不忍，再試行照會看看。」

　　8月12日的上午11時，東鄉外相將美國的答覆報告說明給天皇聽，天皇示意趕快接受投降，並命其傳達給首相此意。但是當阿南陸相和平沼樞密院議長對首相表示，照此覆文恐怕不能護持國體時，鈴木首相也擔心起來，在下午2點多將此事上奏天皇，天皇也就惶恐起來說道：「那麼就好好研究看看！」

　　8月13日，日本朝廷為即時接受投降或再行照會（等於再抗戰）爭論不休。美國不斷的催促日本回答，看見沒有回音，即印刷日本在8月10日表示接受波茨坦宣言的電報和美國的答覆文為傳單，投下東京及其他都市。鈴木首相見狀，覺得刻不容緩。日本交涉投降的祕密如果被一般國民大眾知道，由他們發動起和平運動就不得了了。現在政府應該對「和」或「戰」表示最後的決定。從日本駐瑞士和瑞典的兩公使傳來的電報，說根據新聞報導，美國的答覆在實質上是接受日本所要求的條件。鈴木首相最後宣布「再仰聖斷」。

　　8月14日上午10時，史無前例地由天皇召集「御前會議」。鈴木首相首先向天皇報告內閣會議討論的經過，然後說閣僚的大多數同意即刻接受盟國的答覆，但是也有反對的意見，現在聽取反對者的意見，再仰望聖斷。於是阿南陸相、梅津和豐田兩總長，即陳述若依此答覆則不能

護持國體的意見。最後由天皇發言說：「關於國體問題有種種疑義，但朕從此答覆的文意，解釋對方有相當的善意。」「朕認為最重要的是我國民全體的信念和覺悟的問題，朕以為現在可以接受對方的提案，請大家也如此想吧！」天皇對波茨坦宣言所提「依日本國民自由表示之意志決定」有相當把握，認為只要有「國民全體的信念和覺悟」就能毫無問題的護持國體。於是日本以「聖斷」的方式決定接受《波茨坦宣言》投降。

　　8月15日清晨，陸相阿南惟幾大將自刃死亡。中午天皇以無線電播放「戰爭終結」的詔書。日本人稱「八一五」為「終戰」而不稱「敗戰」，從此開始。

第二章

天皇保存——美國促使天皇人間下凡

一、「收拾」戰爭與「護持」國體

日本投降前夕的 8 月 14 日，鈴木內閣在日本決定接受《波茨坦宣言》之後，立即發出極機密之指令，命將軍部以及其他軍需用保有物資及資材在祕密裡緊急處分❶。這些軍需物資的流向，以後成為日本現代史的一個謎，但無論如何成為日本在戰後復興的物資基礎。

1945 年 8 月 15 日，日本天皇播放「戰爭終結」的詔書，不說日本「戰敗投降」，更不說日本侵略亞洲之事，而大言不慚地說日本「得護持國體」，「信神州不滅」，「誓發揚國體之精華」❷。鈴木內閣在 8 月 15 日總辭職，經內大臣木戶幸一和樞密院議長平沼騏一郎的推薦奏請，8 月 17 日由出身皇族的陸軍大將東久邇宮稔彥組閣。

---

❶　〈終戰時（8 月 14 日至 9 月 2 日）に於ける軍需品處分に關する閣議決定と海軍中央よりの通牒〉，粟屋憲太郎編集，解說《資料・日本現代史——2 敗戰直後の政治と社會①》（東京：大月書店，1984 年），頁 102–107。

❷　外務省編纂，《日本外交年表竝主要文書・1840–1945・下》（東京：原書房，1973 年），頁 636–637。

東久邇宮在 1915 年娶明治天皇的
第九皇女為妻，自己的長子（盛厚王）
又與昭和天皇裕仁的長女（照宮成子內
親王）結婚，可以說是皇室之中，跟天
皇有最親近的姻親關係。首相兼任陸
相，國務大臣則起用前首相近衛文麿，
皇道派的陸軍中將小畑敏四郎，戰時情
報局總裁緒方竹虎，其他內閣閣員大多
數皆為在戰時有內閣大臣的經驗者，這
班人選表示舊時代的延續而很難對應

▲ 圖 2-1　東久邇宮稔彥

新時代的來臨。東久邇宮組閣的首要任務，在於讓盟國認識日本天皇的
大權在握，及向日本國民重新教育日本「國體」的偉大。

在 8 月 17 日東久邇宮首相對國民的第一次廣播中，也並不說日本
「戰敗」，而說戰爭的「收拾」，並說這一切都應感謝日本的「國體」。他
對日本軍隊在天皇的大纛下，依天皇的命令從事戰爭之事，一字不提，
只說依「聖斷」戰爭得以「收拾」，全體國民應該感激日本「國體」的恩
惠。對於在日軍侵略的鐵蹄下變成冤魂以及受災受難的中國人民，只說
「相互不問勝敗」了事。他向日本國民強調的是日本「國體的精華」，應
舉國一致奉戴「陛下之恩召」，以一絲不亂的腳步打開難局，如此則全世
界不論勝敗，都會驚嘆日本「國體」之力的偉大而刮目相看。在 8 月 17
日當天，天皇也賜給陸海軍人勅語，說：「朕曩對英美宣戰，閱三年有八
個月，此間朕親愛之陸海軍人挺身於瘴癘不毛之野或炎熱狂濤之海勇戰
奮鬥，朕深為嘉之。」❸並勉勵他們遺留給國家永久的基礎。

日本的戰敗並沒有招致民眾的革命蜂起，也沒有大規模的軍隊叛亂，

自從 8 月 15 日聽到天皇的「玉音」播放「終戰」之後，反而終日有民眾
在皇居的二重橋前，垂頭喪氣下跪正坐在砂石上。日本民眾在史無前例
的天皇制軍國主義的壓制下，最後遭遇琉球戰爭、本土空襲、原子彈爆
炸等，在生活環境和社會秩序不斷破壞下，當傾聽天皇播放「終戰」時，
簡直茫然若失，不知所措。

　　明治維新以來，經過七、八十年的光陰，膨脹發展的「大日本帝國」
隨著天皇的「玉音」而崩潰，因為日本侵略所得的領土將被奪回，恢復
到 1895 年《馬關條約》以前的日本。「日本帝國」在明治、大正、昭和
三代天皇所掠奪的臺灣、朝鮮、滿洲、以及南洋群島的一切殖民地，都
被奪回，而殘留下來的北海道、本州、四國、九州的領土，合併起來還
沒有美國加利福尼亞一州之大。不但如此，日本既然要接受《波茨坦宣
言》投降，日本國土一定會被盟軍占領，而喪失獨立國的主權。

　　8 月 18 日，日本政府指令地方長官，為占領軍設置「性的慰安設
施」❹。8 月 26 日，色情接客業者即在東京銀座設立「特殊慰安設施協
會」(Recreation and Amusement Association)。8 月 27 日，專為美軍設立
的慰安設施「小町園」，即在大森開業。戰敗國的日本政治家，對付占領
軍的辦法，最先想到的是女人賣春戰術。當時的大藏省主稅局長池田勇
人，為此同意給 RAA 融資一億圓❺。

　　依《波茨坦宣言》，日本的政治形態將由日本國民自由表明的意思決

---

❸　千田夏光，《天皇と勅語と昭和史》（東京：汐文社，1983 年），頁 394。

❹　ドウス昌代，《敗者の贈物——國策慰安婦をめぐる占領下祕史》（東京：講
　　談社，1979 年），頁 27–28。

❺　鏑木清一著，李學熙譯，《新日本女性祕錄》（臺北：希代書版，1974 年），
　　頁 16。

定。日本政府為了「國體護持」，謀求天皇制的保存，必須積極地向日本國民宣傳天皇的善良，塑造天皇仁慈的形象。東久邇宮首相說，8 月 19 日拜謁天皇時，天皇指示要迅速讓國民的生活明朗，8 月 20 日早晨各報都報導此天皇關心國民生活之事，中午日本政府解除燈火管制，並停止 1941 年 10 月以來的書信檢閱制度❻。於是從 8 月起到年底，日本政府和大眾傳播媒體，一直不斷地宣傳天皇的「御仁慈」，例如天皇賜給軍人遺族和傷痍軍人每人「金一封」的慰問金，天皇為了戰災復興下賜木材一百萬石，天皇為了戰災殉難者的慰靈恩賜鮮花，天皇為民眾的保健下賜離宮的一塊土地，天皇將適用農耕的「御料地」移交給國家保管等，這些新聞都是為了「國體護持」的目的，而向日本國民宣傳的❼。

二、如何規避天皇的戰爭責任

東久邇宮首相在 8 月 28 日的第一次記者會中，特別強調「國體護持」和「一億人總懺悔」。日本的一億人口全體要懺悔的意思，是將日本戰敗的原因歸於「國民道德之低下」，因此今後官民全體應一致努力於「國體護持」。故「一億人總懺悔」論，說穿來，是日本的執政者在迴避自己的戰爭責任，將戰敗責任推給一般國民的狡猾論法❽。

---

❻　辻清明編，《資料戰後二十年史・1 政治》（東京：日本評論社，1966 年），頁 7。

❼　信夫清三郎，《戰後日本政治史・I 占領と民主主義——1945 年 1 月～1946 年 5 月》（東京：勁草書房，1974 年），頁 119。

❽　千田夏光，《あの戰爭は終ったが——體驗傳承の視點》（東京：汐文社，1978 年），頁 212–216。

　　東久邇宮內閣的內相，是起用東條內閣時代的內務次官山崎巖。內
務省為了巴結占領軍，指令設置美軍的「慰安」設施，可是以維護「國
體的尊嚴」為由，要嚴格取締反對天皇制的不穩思想，而仍舊以治安法
的雙璧，即《治安維持法》和《治安警察法》取締。在 8 月 28 日的內閣
會議，說為了確立言論和結社的自由，決定廢止因太平洋戰爭爆發而制
定的有關言論、出版、集會、結社等臨時取締法，然而又說今後有關言
論、集會、結社的取締，仍以《治安警察法》的精神取締❾。日本政府
對治安蠻有一套辦法，但是對於民眾經濟生活的安定還是沒有什麼好的
措施。

　　8 月 28 日盟軍的先遣部隊抵日，開始進駐日本。8 月 30 日盟軍最高
司令官麥克阿瑟也到達日本。日本人即將要開始過著被人統治的生活，
日本政府也必須謀求天皇制的保存政策。

　　東久邇宮首相在組閣之後，曾與副總理近衛文麿和內大臣木戶幸一
討論，如何來避免天皇的戰爭責任的問題，並令外務省等其他單位也研
究此問題。經過討論和研究後大致上認為，各省大臣處理各省政務有輔
弼天皇的責任，故在法律上天皇沒有責任是站得住腳的。但是也有一部
分人認為天皇在道義上對祖先和國民都應負責，因此天皇最好退位，退
位的時期是在公布新憲法或簽訂講和條約時為宜。

　　戰後在天皇的戰爭責任尚未確定的時期，「天皇退位論」是為護持國
體的一個認真的想法。天皇退位論者認為，只有天皇負道義上的責任退
位，才能免除天皇在法律上的責任，同時才可能讓盟國同意日本的國體

---

❾　天川晃，〈東久邇內閣──宮樣內閣の終戰處理〉，林茂、辻清明編集，《日
　　本內閣史錄・5》（東京：第一法規，1981 年），頁 12。

護持。但是東久邇宮首相對天皇的退位問題不敢下定主意。

　　主張裕仁天皇退位的是近衛文麿，他認為日本如果猶豫不決，陛下和天皇制都可能遭受打擊。日本國體依《波茨坦宣言》而實行國民投票的話，還可以確保天皇制。天皇退位之後，由高松宮攝政即可。國民投票也要現在就趕緊舉行，因為現在國民支持天皇制，延遲以後才舉行則國民可能變成支持共和制了❿。

　　然而內大臣木戶幸一則反對天皇退位論。他說：天皇如果退位則變成孤立的一個人，身邊更為危險，可能會被總司令部傳喚，也可能被追究為「戰犯」。從第一次世界大戰的例子來看，講和會議很快就會舉行，應該暫時自重才好。重臣牧野伸顯、幣原喜重郎、吉田茂等人，都贊成木戶內府的意見。結果在重臣之中，除了近衛之外，沒有天皇退位論者⓫。

　　近衛和吉田，在戰爭末期都為日本的「戰爭收拾」而活動，都是以天皇制的保存為第一目標考慮。然而近衛對皇室的存續抱著極悲觀的態度，相對的，吉田則認為只要跟美國妥協是沒有什麼問題的，而抱樂觀的態度。

　　然而自從盟國總司令部開設之後，依照波茨坦宣言的規定，追訴戰犯之事迫在眉睫。東久邇宮首相以先發制人的政策，派人向總司令部陳述，希望日本的戰犯由日本法庭及日本人自己裁判，這樣可以確定天皇在法律上無罪，也可以避免盟國追究戰犯，可是遭到總司令部的拒絕。9 月 11 日，盟總反而對東條英機等攻擊美國珍珠港的包括岸信介在內的

---

❿　矢部貞治，《近衛文麿・下》（東京：弘文堂，1952 年），頁 626–627。

⓫　住本利男，《占領祕錄・上》（東京：每日新聞社，1952 年），頁 132。

內閣閣員三十九人，以「戰犯」之名發出逮捕令❷，東條還演出一場自殺未遂劇。9月12日，東久邇宮首相不得已將戰犯審判委讓盟國之事稟報天皇。9月18日，東久邇宮首相再向外國記者團發表戰犯審判應由日本人執行，而特別強調天皇在法律上不負戰爭責任的話。這是企圖誘導和影響盟國對天皇所要採取的態度。日本當局所最關心的問題，在於天皇是否被法庭傳喚為戰犯而受審。

三、天皇祕密拜見麥帥的用意

於是日本當局以宮內省為中心，即策劃天皇拜見麥帥，認為這樣必可扭轉局勢，轉變盟國總司令官對天皇的觀感，以「護持國體」，保存天皇制。

9月20日，新上任的吉田外相和侍從長藤田尚德赴總司令部拜訪麥帥，懇請准予會見天皇。9月27日天皇極機密地到東京赤坂的美國大使館內的大使公邸拜訪麥帥。為了保密，當天早晨宮內大臣石渡莊太郎才通知赤坂警視總監，警視廳也僅派出整頓交通程度的警衛，反而由總司令部的憲兵到處站崗警備。天皇穿禮服，麥帥穿開襟的軍服，由外務省政務局的奧村勝藏當翻譯。麥帥從 "Tell the Emperor..." 開始講起，其會談的內容隨後由外務省作成記錄，呈送天皇閱覽。一般的文書天皇總是在閱覽後退還，只有此次會談記錄，恐怕不好意思讓人知道而沒有退

---

❷ 鵜澤義行，〈第一次近衛內閣から幣原喜重郎內閣まで〉，白鳥令編，《日本の內閣・II——支那事變から安保鬪爭まで》（東京：新評論，1986年），頁78。

還。此會見以後，麥帥對天皇的態度從「利用」天皇間接統治轉變成為「支持」天皇制的保存。麥帥的態度轉變，可以說超過遠東委員會，甚至美國政府的政策和意向。

9月29日，各報都刊載天皇穿禮服立正；而麥帥則穿開襟軍服隨便站立的照片。驚慌的內務省情報局，認為這將損傷天皇的尊嚴，而禁止刊載此照片的報紙

▲ 圖2-2　天皇拜見麥帥

發行。內相山崎巖曾歷任警保局長和警視總監，為治安維持的首長，因此也認為禁止報紙發行的處分是當然的。

四、盟總促行日本民主化

然而，總司令部在9月10日已發出有關言論及新聞自由的備忘錄，指令新聞報導的範圍，並限制對進駐美軍和盟國的報導。總司令部的政策是，日本報紙可以自由地報導日本國內的政治、經濟、社會，但是不可以批評美軍或盟國的措施。加上在9月26日，日本有名的哲學家三木清在豐多摩的監獄死亡，這悲慘的消息使外國記者非常憤慨。10月1日總司令部命警視廳提出有關特務警察機構和違反治安維持法而入獄者的資料和名單。然而10月3日山崎內相仍向外國記者宣布：「取締思想的祕密警察現在仍繼續活動，一切反對皇室的共產主義者都不寬赦地逮

捕。」「主張變更政府形態，特別是主張廢止天皇制者，都是共產主義者，將依治安維持法逮捕。」當天司法大臣岩田宙造也向中國的中央通訊社的特派員宋德和說：「司法當局現在並不考慮釋放政治犯。」

總司令部見日本政府跟戰前一樣，封殺批評天皇制的一切言論，對東久邇宮內閣的反民主作風，覺得需要給予根本的打擊，於 10 月 4 日發出「撤廢對政治、民權、宗教自由之限制」的備忘錄，內容為讓人民自由討論天皇制、釋放政治犯，廢止思想警察，罷免內相、警保局長、警務總監及特務警察全體，撤廢治安維持法等統制法規❸。總司令部的備忘錄，令東久邇宮內閣大為震撼。吉田外相即令終戰連絡中央事務局的政治部長曾禰益，與總司令部交涉，說治安維持法是對付共產黨的，是否可以保留下來。可是曾禰益見總司令部的氣勢很兇，不敢提出交涉。內相山崎巖既然被要求罷免，國務相緒方竹虎認為內閣都持同樣見解，應負連帶責任，翌日的 10 月 5 日，東久邇宮內閣以不能實行總司令部的指令為由而總辭職。

東久邇宮稔彥親王在內閣總辭職的日記上記載，「最重要的是，這些以天皇之名處重刑的政治犯，最好不要以盟國的指令釋放，而以天皇之名赦免。」他認為，批評「國體」違反「治安維持法」而被投獄監禁的政治犯，如果非釋放不可，也應該利用天皇之名特赦，讓這些釋放者感謝天皇的恩德，轉向「國體護持」。這是東久邇宮的如意算盤，可是他覺悟得太遲，一切已經來不及了。

東久邇宮內閣垮臺之後，推薦新內閣的職權依然是在天皇側近的重臣內大臣木戶幸一的手上。木戶向天皇推薦幣原喜重郎為繼任首相。吉

---

❸　猪木正道，《評傳吉田茂・下》（東京：讀賣新聞社，1981 年），頁 79。

田外相到總司令部請示麥帥是否可由幣原組閣時，麥帥的第一句問話是：
「他會不會講英語？」幣原在戰前曾擔任駐美大使出席過華盛頓裁軍會
議，不但會講英語，同時是有名的英美協調派，自然得到麥帥的同意，
得以組閣。

幣原內閣的任務，在於如何將盟國所要求的改革限定於最小限度內，
而最大限度地保存日本的舊體制。首相幣原和外相吉田的英美派外務官
為領導中心，配以純粹內務官僚出身的堀切善次郎為內相，次田大三郎
為內閣書記官長，至於法相岩田宙造和文相前田多門是留任的。從這種
內閣的構成，也可以一窺幣原政府的保守姿勢。

幣原內閣知道總司令部一定會要求民主改革，因此也由堀田內相開
始著手眾議院議員選舉法的修改，內容包括婦女參政權的賦予、選舉權
年齡的降低、大選舉區制的採用等。但是日本當局所期待的，乃是基於
婦女比較保守，青年也尚未從封建的家族制度和軍國主義教育思想脫離，
藉給婦女和青年參政權，來保存保守勢力。大選舉區的設計，是為推翻
政黨的地盤，從前官僚或軍閥的巨頭如伊藤博文、山縣有朋等曾主張過，
前此「大政翼贊會」的類似法西斯組織也如此主張。所以這些改革綱領，
乃從官僚主義的立場，將民主化的要求，封鎖在官僚政治的架構內。

然而 10 月 11 日，麥帥對新任來訪的幣原首相，指令確保人權的五
大改革：㈠讓婦女解放而賦予參政權。㈡獎勵工會的結成。㈢學校教育
民主化。㈣撤廢祕密審問的司法制度。㈤經濟機構的民主化 ❹。

依前次 10 月 4 日總司令部指令「撤廢對政治、民權、宗教自由之限
制」，全國約有三千名的共產主義者或社會主義者因而被釋放獲得自由。

---

❹　辻清明編，《資料戰後二十年史・1 政治》，頁 24–25。

以德田球一、志賀義雄為代表的出獄者發表聲明書《訴之人民》，一方面對盟軍的進駐日本推行民主革命，表示很深的感謝之意，另一方面也公然的提出打倒天皇制，樹立人民共和國的口號❶。於是東久邇宮內閣所布置的「國體護持」的工作，開始產生新的危機。因為國體能否護持，依波茨坦宣言完全依日本國民的自由意志，而出獄者公開提出「廢止天皇制」，使天皇制應否存續的論議，一時沸騰起來。

不但如此，國際上的輿論也並不完全偏袒日本的天皇制，10 月 17 日蔣介石總統發表：「日本天皇制的存否，應依日本國民的自由總意決定。」依 10 月 18 日的新聞報導，美國總統杜魯門也對記者會說：「給日本人民自由投票的機會來決定天皇的命運是很好的。」總司令部的法務局長卡本特 (Alva C. Carpenter) 上校也在 10 月 21 日說：「如果有確實證據的話，也可以將天皇當戰犯審問。」

自從 10 月 11 日「五大改革」指令以後，總司令部陸續的發出有關民主化的指令。10 月 22 日指令禁止軍國主義教育，10 月 24 日指令確立新聞的自由獨立，10 月 30 日公布皇室財產。天皇家的財產，包括現金、有價證券、土地、木材及建築物，擁有總額十五億九千餘萬圓的巨富，此數字並不包括其所擁有的寶石、金塊、美術品等，也不包括皇族十四家的資產。有價證券三億一千餘萬圓之中，股份公司八千七百九十八餘萬圓分屬二十九家，占最大部分的是日本銀行、正金銀行、興業銀行等國家資本的銀行、南滿鐵道、臺灣銀行、東洋拓殖、臺灣製糖等殖民地企業及帝國銀行、北海道炭礦汽船、日本郵船、王子製紙等三井系財閥企業。土地有森林一百二十九萬餘町步（一町步等於三千坪，等於九千

---

❶　井上清，《戰後日本の歷史》（東京：現代評論社，1966 年），頁 41–42。

九百三十平方公尺），御料地九百二十一町步，農地三萬九千八百餘町步，約占 1945 年日本國有地的百分之六❻。11 月 20 日總司令部再指令凍結皇室財產，當成課稅的對象。以前皇室財產並不課稅，依總司令部的指令，現在皇室跟一般國民同樣，都有被課稅的義務。

　　自從 9 月 11 日盟總將東條英機等三十九名戰犯嫌疑逮捕以後，陸續的有戰犯嫌疑者被捕。12 月 2 日連皇族梨本宮守正王（前陸軍大將，元帥）也被逮捕，其他還有前首相廣田弘毅、平沼騏一郎等，財政巨頭池田成彬、鄉古潔等，右翼兒玉譽士夫、大川周明等五十九名戰犯，其中還包括現任議員中島知久平、櫻井兵五部、太田正孝、池崎忠孝、四王天延孝、笹川良一等六名。12 月 6 日，對天皇裕仁親近的內大臣木戶幸一和近衛文麿以及其他共九名也發出逮捕令，近衛在逮捕前刻的 12 月 16 日以氫酸鉀自殺死亡，死前再三的說，如果陛下被連累戰爭責任，臣下也不能活下去。皇族梨本宮被捕，而跟皇室最親近的臣下近衛自殺，對日本朝廷的衝擊很大，眼見危險也逼近天皇的身邊來了。6 日剛到日本的東京審判首席檢察官季南 (Joseph B. Keenan) 在翌日（7 日）的記者會聲明，戰犯的追訴要溯自中日戰爭爆發的 1937 年 7 月。幣原內閣深恐戰犯惹到天皇之身，命外務省政務局長田尻愛義去連絡海軍，統一政府的見解，劃清天皇對英美戰爭的責任，以謀天皇的免罪。參加協議者為內閣書記官長次田大三郎，法制局長官楢橋渡，外務省是田尻政務局長，陸軍是吉積總務部長，海軍是保科總務局長、高木惣六少將為代表。此協議的目的，在於事先在政府部門內講好天皇沒有戰爭責任，以同一說

---

❻　信夫清三郎，《戰後日本政治史‧I 占領と民主主義──1945 年 1 月～1946 年 5 月》，頁 208。

法對付盟國的追究❶。此後在東京審判，不論日本的原告或證人，大體都是依此事先的協議辯論。其協議的要點如下：

關於戰爭責任等之件

㈠大東亞戰爭相信為帝國鑑於四圍之情勢，不得已而出者。

㈡天皇陛下到最後為止，一直御軫念在和平裡妥協對美英之交涉。

㈢天皇陛下對於開戰之決定，作戰計畫之進行，依憲法運用上所確立之慣例，不能「卻下」(Rejection)（拒絕）大本營和政府所決定之事項（餘略）。

第一點所謂「大東亞戰爭」是不得已而出者，是表示這是日本的「自衛戰爭」。在邏輯上，這是將侵略中國的戰爭和對美英的太平洋戰爭分開來，僅論珍珠港事件以後的對英美戰爭，說這是「自衛戰爭」。第二點如果說天皇一直想以和平對美英交涉，則對中國及亞洲各國就並不需要以和平對待了。第三點天皇對國家的最高人事、國政的基本方針的決定，在各個階段的戰爭和外交的基本方針，在實際上以「內奏」和「御內意」的指示，是主體的判斷和選擇，最後並以「御前會議」正式決定，故天皇並不是英美所傳聞的只是政府或軍部的傀儡，或是毫無實權的蓋印機器。

11 月 13 日，天皇還穿御服佩戴大勳位副章等各種勳章和記章，由藤田侍從長、石渡宮相、木戶內府等陪同，親自禮拜伊勢神宮，奉告皇祖日本「終戰」及決意建設「新日本」，並奉上祈願加護的「御告文」。

---

❶　井上清，《天皇の戰爭責任》（東京：現代評論社，1979 年），頁 222。

五、天皇下凡人間

　　12 月 15 日，總司令部指令國家和神道分離，12 月 21 日總司令部據此宣稱日本的民主化政策已告一段落。12 月 28 日當莫斯科的美英蘇三國外相會議，發表設置遠東委員會和對日理事會以代替遠東諮詢委員會時，盟總亦聲明，天皇制度的基礎已經消滅。換言之，麥帥在盟國的對日管理機構剛要開始活動之前，已先聲奪人聲明日本的民主化政策已告一段落以及天皇制的解體，而由美軍實質的執行和取代盟國的基本任務。

　　麥帥要利用天皇而支持天皇制，但此天皇制已經不是過去的軍國主義以及帝國主義的權力機構。他將從前的天皇制的權力機構一一加以打擊，使其在社會上、經濟上的基礎瓦解，終於將舊有的天皇制根本的解體，不能再成為美國的威脅。當然，天皇制的解體並不能算徹底，天皇制權力機構的構成要素，各自還有恢復其勢力的可能性，但是國家權力機構的所謂「絕對君主」的天皇制，在原則上已經沒有復活的可能了。因為在麥帥統治日本期間，天皇曾十一次畢恭畢敬的去拜見這位「美國的凱撒」(American Caesar) ⓲。

　　總司令部既然宣言日本舊體制的解體，決定將天皇制改變形態而讓其存續下來，於是在 12 月中旬向宮內省暗示「如果天皇表明自己不是神，則天皇的地位可以保存。」總司令部因為顧慮在遠東委員會和對日理事會內，有盟國批評天皇並主張廢止天皇制的議論，因此認為如果天皇發出「人間宣言」，即可緩和這種批評氣氛。

⓲　William Manchester, *American Caesar — Douglas MacArthur 1880–1964* (Boston: Little, Brown and Company, 1978), pp. 458, 467, 489–491, 652.

宮內省即機密的與幣原首相連絡，首相則拜見天皇，就此問題請示「御內意」，隨即決定由天皇自己主動發表的方針。內閣書記官長次田大三郎獲悉此事也表示贊成。蓋恩 (Mark Gayn) 的《日本日記》(*Japan Diary*) 說，天皇的《人間宣言》是在總司令部戴克准將 (Brigadier General Ken Dyke)❶的辦公室擬的，可是次田書記官長說，天皇的「人間宣言」最先的確由總司令部示意，但原文是幣原首相以英文起稿，由祕書官福田慎太郎翻譯為日文，再經文相前田多門修飾的❷。英文原稿當然請總司令部先過目。在 1946 年 1 月 1 日元旦發布的天皇《人間宣言》，是以「關於新日本建設的詔書」之名發布，起頭先列舉明治天皇在維新時所發布的五條誓文，然後說「日本須依此御趣旨，除舊來之陋習，使民意暢達，舉官民一心，貫徹和平主義，築起教養豐富之文化，以圖民生向上，而建設新日本。」「然而，朕與爾等國民在一起，常欲利害共同而分擔休戚。朕與爾等國民之間之紐帶，始終依相互之信賴和敬愛結合，非只依神話與傳說而產生者。非基於天皇為現御神，且以日本國民優越於其他民族之民族，從而持有支配世界命運之架空觀念。」❸同一天，麥帥對天皇新年的詔書，聲明非常欣慰。對總司令部來說，這是一幕自導自演的滑稽劇。

當然天皇的人間宣言，對於天皇的戰爭責任是迴避而一句不談，只否定自己是絕對君主的神格，絕對君主所支配的「臣民」換成「國民」，並否定日本國民為優越民族之說，而接受和平主義而已。日本的國體於

---

❶　Mark Gayn, *Japan Diary* (Tokyo: Charles E. Tuttle Company, 1981), p. 29.

❷　住本利男，《占領祕錄・上》，頁 139。

❸　辻清明編，《資料戰後二十年史・1 政治》，頁 25–26。

此，從「天皇制軍國主義」轉
變為「國民主權的和平主義」。
麥帥的目的，在於將天皇的絕
對君主神格去勢，使日本從前
的「天皇制軍國主義」不再為
患美國。於是公然的免除天皇
的戰爭責任，讓天皇換上民主

▲ 圖 2-3　昭和天皇簽署憲法

主義和和平主義的新裝，讓其站在和平主義化和民主主義化的先鋒。這
是麥帥的策略，和日本當局為了保存天皇制「護持國體」的欲望，相互
結合的結果。1946 年 1 月末，麥帥正式的將反對天皇列為戰犯的堅持意
見書送回本國，2 月作成了象徵天皇制的新憲法草案。3 月日本政府發表
憲法修正草案要綱，4 月新憲法草案全文發表。麥帥個人的意志決定，
確立了一時動搖的天皇制保存。

　　為了表示天皇也有人格，並形成天皇良好的形象，2 月 19 日起天皇
並到戰災都市、農村、工作場所等視察，這稱為「天皇巡幸」❷。他親
自視察戰災復興工場、商店街、住宅地區，慰問一般市民，與老百姓話
家常，自然會增進國民對天皇的良好形象。如果與從前國民必須遙遠伏
地拜謁天皇都難得一見的情況相比，這真是天皇下了凡。天皇的巡幸，
一方面在獲得國民支持國體，另一方面也為即將來臨的選舉，替保守派
的拉票鋪路。

❷　岸田英夫，《侍從長の昭和史》（東京：朝日新聞社，1982 年），頁 178–182。

第三章
美軍占領──日本官僚智勝美國大兵

　　美國的亞洲政策，從日本投降開始，將重點從日本轉移到中國。

　　從日本投降次日 8 月 16 日，曾對如何促使日本早期投降而獻策的副國務卿葛魯辭職。因為 6 月底剛上任的國務卿柏恩茲，將美國的世界政策的重心放在歐洲，其大部分的決策，都將葛魯排除在外，由其親近的幕僚集團決定。葛魯從此覺得沒有什麼幹頭，加上美國的亞洲政策的重心，又從日本轉移到中國，以日本專家自居的葛魯，更感到時勢迫其隱退。

　　隨著葛魯的隱退，美國國務院內的日本派即一起退陣。副國務卿由艾奇遜 (Dean G. Acheson) 繼任，遠東局長也由中國派的溫生特 (John Carter Vincent) 就任。美國的亞洲政策，變成以如何調停國共對立的中國問題為基軸。

　　另一方面，蘇聯雖然在《雅爾達密約》未取得中國的諒解之前，參加對日戰爭，但是在日本投降的前夕 8 月 14 日，跟中國簽訂《中蘇友好同盟條約》，以中國承認《雅爾達密約》為條件，蘇聯答應在三週內開始從「滿洲」撤兵，在三個月內撤退完了，並約定中蘇兩國在今後三十年受日本攻擊時互相援助。蘇聯既然讓中國承認《雅爾達密約》，即再進一步向美國要求分割占領日本，要求由蘇聯軍進駐北海道北部。

一、美軍單獨占領日本

杜魯門既然單方面的任命麥帥為盟軍最高司令官，企圖單獨占領日本，自然反對蘇聯的分割占領計畫。他甚至反對他國干涉對日本的占領行政，想將日本維持為一國行政單位，置於美國的單獨統治之下。可是蘇聯要求分割占領，英國也要求能積極參加占領行政，杜魯門不得已於 8 月 21 日，提議由參加對日戰爭的 10 國構成「遠東諮詢委員會」(The Far Eastern Advisory Commission)，來隱蔽美國單獨占領和單獨統治的陰謀。但是此遠東諮詢委員會，僅對盟國最高司令官有勸告權而無實權，因此不要說蘇聯反對，連英、澳都有異議，而問題還是未得解決。

盟國對日本的占領機構尚未意見一致之前 ，美軍已從 8 月 28 日開始進駐日本，8 月 30 日盟軍最高司令官麥帥到達日本，從此日本的全領土在名目上是盟軍的，實際上是在美軍的軍事占領下。

美國為了掩飾其單獨占領，也曾向盟國邀請派遣占領軍來。可是除了英國派遣極少數的部隊進駐吳地以外❶，蘇聯、中國以及其他盟國都沒有派遣部隊去。中國被分配進駐名古屋，因此名古屋鐵路局還招請通譯者來準備接待國民政府軍。可是忙煞於內戰的中國，也就沒有派遣軍隊去占領日本，僅派了四十名軍事觀察員，說是觀察情況。蘇聯因要求其所派遣的占領部隊不受最高司令官指揮，遭麥帥拒絕，結果也只派了八百名軍事觀察員而已。

實際占領日本的機構稱為 「盟軍最高司令官總司令部」 (General

---

❶　Roger Buckley, *Occupation Diplomacy*－*Britain, the United States and Japan 1945～1952* (Cambridge: Cambridge University Press, 1982), pp. 86–105.

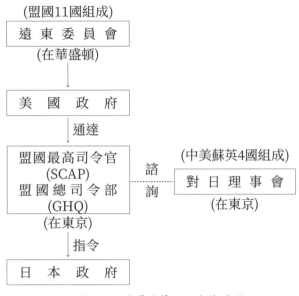

▲ 圖 3-1　盟軍的管理日本機構圖

Headquarters of the Supreme Commander for the Allied Powers，簡稱為 GHQ, SCAP）。然而美國為了掩飾其單獨占領日本的事實，也給盟國戴了二頂帽子。一是盟國對日占領的最高決策機構，稱為「遠東委員會」(Far Eastern Commission)，由中、美、英、法、蘇、荷、加、澳、紐、菲、印度的 11 國代表所組成。1945 年 12 月 27 日設於華盛頓；另一是盟國對日占領的諮詢機構，稱為「盟國對日理事會」(Allied Council for Japan)，由中、美、蘇三國代表各一名，及英、澳、紐、印度的大英國協共同推出代表一名所組成。1946 年 4 月 5 日召開第一次大會於東京。

　　本來在 1945 年 9 月 10 日，中、美、英、法、蘇五國在倫敦召開外長會議，討論跟舊軸心國講和問題時，曾決定設置「遠東諮詢委員會」，然而 10 月 30 日該委員會開會時，蘇聯拒絕參加。後來在 12 月 28 日的莫斯科外長會議，才通過決議：「對日占領政策，由對日參戰的十一國所

構成的遠東委員會決定，然後由麥帥為盟國最高司令官實施，並由中、美、蘇、英聯邦所構成的對日理事會諮詢。」於是美國不得不改以「遠東委員會」和「對日理事會」的二頂帽子，來安撫盟國的不滿。但是掌握實際執行權的麥帥，總是要企圖將盟國的這兩個機構去勢。首先將盟國的決定權和諮詢權分離，是美國壟斷占領日本的一個策略。

在 1946 年 4 月 5 日召開第一次「對日理事會」時，麥帥即以對日理事會議長的身分強調，「此會是最高司令官的諮詢機關，並不在分擔最高司令官的統治責任。」這時蘇聯代表戴瑞夫楊柯 (Kuzma N. Derevyanko) 中將氣憤得身體發抖，英聯邦代表包爾 (William Macmahon Ball) 也是歪著嘴唇表示不服。只有中華民國代表商震，死板板的不露表情❷。對日理事會從 1946 年 4 月到 1952 年日本獨立，共開了一百六十二次會，對日本的財閥解體、農地改革，以至糧食問題、軍人的遣返復員等問題，都廣泛的討論過❸。但每一次開會，美國代表的姿勢，都是採取保護日本，排除蘇聯置喙的立場，可以說對日本的愛護無微不至。換言之，本來就無視對日理事會的麥帥，有時反而利用對日理事會為舞臺，來展開其對蘇「冷戰」(Cold War) 的戰略。當初約定，麥帥給日本的指令，應提出其複寫本給對日理事會備詢，可是不久麥帥就取消這種掣肘的方法。總司令部的戰略是，儘量不用書面的指令而改用口頭的指示，這樣由「內面指導」日本政府❹，就不需要將指令的複寫本交給對日理事會備詢，

---

❷　朝日新聞社編，《日本とアメリカ》（東京：朝日新聞社，1971 年），頁 120。

❸　參閱外務省編，《初期對日占領政策・朝海浩一郎報告書上、下》（東京：每日新聞社，1969 年）。

❹　朝日新聞社編，《日本とアメリカ》，頁 121。

將其蒙在鼓中。

　　至於在華盛頓設立的遠東委員會，雖然說是對日占領的決策機構，但是會員雜多，包含十一國代表，而中、美、英、蘇四國都有否決權，只要美國不高興的議案都可以否決棄置之。而且遠東委員會決議的方針，還需要經由美國政府以指令 (Directive) 的形式，交付最高司令官執行，故美國政府位於盟國最高司令官總司令部之上，掌有直接指揮麥帥之權。

　　再則，除了占領管理制度的變革、日本憲法結構的根本變革、日本政府的全體變更等重大事項之外，在遠東委員會因有爭執而不能決策的情況下，美國政府可以對最高司令官發布「臨時指令」(Interim Directive)❺。換言之，美國政府一方面可以運用否決權杯葛遠東委員會的決策，另一方面以臨時指令的方式，逞其所欲，以保障美國在日本占領的絕對優越地位。

二、美國間接統治日本

　　1945 年 8 月 29 日美國國務院、陸軍部、海軍部調整委員會（State War Navy Coordinating Committee，簡稱 SWNCC），對日本如何占領管理的問題共同作成「美國對日本投降後初步政策」(United States Initial Post-Surrender Policy for Japan)，以無線電下達給麥帥，指令其「利用現在的日本統治形態」，「經由包含天皇的日本政府機關及各種機關，行使其權力」❻。因此進駐和占領日本之後，依照此指令，最高司令官麥帥

---

❺　Michael Schaller, *The American Occupation of Japan－The Origins of the Cold War in Asia* (N. Y.: Oxford University Press, 1985), p. 61.

不應以軍政直接統治日本，而是經由日本政府間接統治日本。然而麥帥為防止日方有不測的抵抗，準備設置「軍政局」(Military Government Section)，以施行直接「軍政」。9月3日晨，總司令部發出「告日本國民」的布告，內容記載天皇將置於盟國最高司令官之下，禁止日本紙幣的流用，而改用美軍軍票❼，關閉日本的對外交通。驚慌的日本政府不知所措，最後由內閣書記官長兼情報局總裁緒方竹虎想出一個辦法，即派終戰連絡事務局長官岡崎勝男，到總司令部會見副參謀長馬歇爾 (Richard J. Marshall) 少將，懇請取消軍政。9月4日和5日，外相重光葵再拜訪麥帥和參謀長蘇瑟蘭 (Richard K. Sutherland) 中將，懇請取消軍政❽。麥帥鑑於天皇在日本投降解除武裝的過程中能發揮很大的功能，認為可以利用天皇為中心的日本官僚機構來間接統治，於是答應停止實施軍政，軍政局即轉移到朝鮮半島38度線以南，在南韓實施軍事占領的霍奇 (John R. Hodge) 中將之下❾。9月6日，杜魯門總統認可日本的管理方針，雖然仍保留必要時直接軍政的權限，但決定以「間接統治」的原則管理日本。11月3日美國政府給麥帥的指令說：「除非經由聯合參謀本部的事先協議，及獲得聯合參謀本部所發出的通達，不得執行天皇退位或欲使其退位的任何措施。」當然，美國政府的指令，隱藏於麥帥手中，日本的當局者並不知悉，還是戰戰兢兢的憂慮天皇的地位能否保存。

在盟軍進駐日本之前的8月26日，東久邇宮內閣即設立「終戰連絡

❻ 辻清明編，《資料戰後二十年史・1政治》（東京：日本評論社，1966年），頁16。

❼ 吉田茂，《回想十年・第1卷》（東京：白川書院，1982年），頁72。

❽ 住本利男，《占領祕錄》（東京：每日新聞社，1952年），頁37-40。

❾ 信夫清三郎，《戰後日本政治史・I占領與民主主義——1945年1月～1946年5月》（東京：勁草書房，1974年），頁139。

中央事務局」（簡稱終連），為外務省之外局，擔任接受總司令部指示的連絡機關。長官由外務省官僚岡崎勝男擔任。可是 8 月 28 日盟軍開始進駐，8 月 30 日麥帥到達以後，有人認為外務省之一個外局「終連」，是否能夠與總司令部折衝處理重大問題很有疑問，而主張改組「終連」，強化機構，將其直屬內閣指揮。東久邇宮首相是贊成改組論，重光外相是反對改組論❿。因為外務省官僚認為，對外交涉是其特權，不應由他者分享。然而改組論者背後有財界支持，其意圖在改組終連，委派民間的大人物為長官去跟總司令部折衝，建立起財界的領導權，使美國的占領政策，轉為對財界有利的方向。故有關終連是否改組的首相和外相的論爭，還牽涉到財界和外務省官僚為爭奪與總司令部折衝的領導權而鬥爭。日本的財界，在過去因為日本資本主義的畸形發展，從來未獲得政治上的領導權。現在趁資本主義大國美軍的進駐占領日本，開始要求政治上的領導權。

　　終連改組論爭的結果，歸於東久邇宮首相的勝利。9 月 17 日，重光外相因反對終連的內閣直屬移管案而辭職，國務大臣近衛文麿、小畑敏四郎推薦吉田茂任外相。9 月 18 日，日本經濟連盟會、重要產業協議會、全國商工經濟會協議會、商工組合中央會等民間經濟四團體，結合成「經濟團體連合經濟對策委員會」。10 月 23 日以後，正式改稱「經濟團體連合委員會」❶，其後再加入全國銀行連合會，成為財界五團體的

---

❿　天川晃，〈東久邇內閣──宮樣內閣の終戰處理〉，林茂、辻清明編集，《日本內閣史錄‧5》（東京：第一法規，1981 年），頁 17–19。

❶　堀越禎三，《經濟團體連合會十年史‧上》（東京：經濟團體連合會，1962年），頁 4–16。

連合組織。

　東久邇宮首相和吉田外相，在財界勢力的興起下，進行「終連」的改組，並計畫請財界巨頭池田成彬為終連的總裁。池田本人應諾，但是總司令部認為池田有戰犯嫌疑並不答應。於是池田即推薦自己的替身，前橫濱銀行總裁，在戰時任「中支那振興株式會社」總裁的兒玉謙次充任❷。10 月 1 日，以勅令公布終戰連絡中央事務局官制的改組、前長官岡崎勝男辭職，由兒玉謙次繼任為總裁，終連在外相的管理下，加緊連絡日本政府內的各省，擔任與總司令部折衝的工作。

　終連中央事務局在兒玉總裁之下，由外務省的外務官僚所構成。這是戰後第一次財界與官僚結合組織的，而由財界掌握領導權。但是財界的領導權並不順利，尚要遇到挫折。1946 年 1 月 4 日，總司令部指令軍國主義者的驅逐公職，以及超國家主義團體 27 團體的解散，兒玉總裁也被指定為驅逐公職的對象，財界的領導權即隨之而崩潰。3 月終連中央事務局總裁由外相吉田茂自行兼任❸，於是終連對盟總的連絡工作，完全歸於外務省官僚之手。

　終連中央事務局的最大工作，在收集總司令部的情報給日本政府。外務省的官僚會講英語，也是外務省官僚壟斷終連的原因之一。他們與麥帥的幕僚接觸，得知總司令部的氣氛。他們將總司令部的決策傳達給日本政府，同時也探知總司令部之中，何人反日，何人親日，何人可以為日本政府利用。他們所帶來的情報，對日本政府是極有價值的。日本政府從這些情報，可以察知總司令部占領政策的方向，日本政府就可預

---

❷　吉田茂，《回想十年・第 1 卷》，頁 70。

❸　吉田茂，《回想十年・第 1 卷》，頁 70。

先決定必須實行盟總的指令，還是故意怠工破壞 (Sabotage) 其指令，並籌備應從總司令部的那一個單位或那一個人著手，從事破壞美國占領軍政策的工作。吉田茂其後從外相再升為首相的本錢，即在於掌握盟總的總情報。

終連中央事務局接到了總司令部的指令後，即傳達給日本政府內的有關各省廳，各省廳即與各自本位主義的總司令部各單位交涉，敷衍地或緩和地實行指令。日本政府的各省廳以及與其有關的利益團體，為了使總司令部的指令對其產生有利的解釋和實行，即狂奔於賄賂收買總司令部各單位的掌權者。他們贈送鑽石、設宴會以美女款待，使盡各種懷柔手段以收買麥帥之下的軍人。依魏德斯 (Harry E. Wildes) 的《東京旋風》(*Typhoon in Tokyo: The Occupation and Its Aftermath*, 1954)，「在占領的最初一年之間，幾乎不可能找到一個美國人說沒有被某種方式的『交易』污染的，這種交易使日本政府變成『賣春的政府』」❶。然而從另一方面來看，這是以終連中央事務局為中心的狡猾的日本官僚，用賄賂的方式，在戰略上戰勝了頭腦簡單的麥帥手下的軍人。

三、總司令部內的對立與抗爭

麥帥的手下是以「巴丹伙伴」(Bataan Boys) 為核心編成。巴丹 (Bataan) 半島位於菲律賓呂宋島的西南部，在馬尼拉灣之西岸。1942 年 1 月至 4 月，美軍曾與數量上占優勢的日軍苦戰於此。麥克阿瑟脫逃巴

---

❶　H. E. ワイルズ著，井上勇譯，《東京旋風——これが占領軍だった》（東京：時事通信社，1954 年），頁 55–57。

丹半島時的伙伴，約有十四名至十七名在戰後被麥帥羅致到總司令部當參謀。這些人又稱「巴丹參謀」(Bataan Staff) 或被謔稱「巴丹幫」(Bataan Gang) ⑮。

　　總司令部的組織，在最高司令官、參謀長之下，本來由軍事的參謀部 (General Staff) 所構成。軍事參謀部分屬四部，第一部 (G1) 掌總務，第二部 (G2) 掌情報，第三部 (G3) 掌作戰，第四部 (G4) 掌補給。然而為了管理日本政府，專門與日本的行政機關接觸，而設立掌理民事的「特別幕僚部」(Special Staff Section)，並依實際的需要設立民政局 (Government Section)、公共保健福利局、民間情報教育局、民間通信局、統計報告局、經濟科學局、民間運輸局、自然資源局等各局 ⑯。

　　麥帥即任命其「巴丹伙伴」充任總司令部下幕僚部局的長官，至於在本國受正規訓練的對日管理專家，則配置於此「巴丹參謀」之下。因此巴丹伙伴成為麥帥統治日本的左右手，壟斷了總司令部的樞要地位。唯一的例外是惠特尼 (Courtney Whitney) 准將，他於 1946 年 8 月 26 日接替克利斯特 (William E. Crist) 准將而當民政局 (Government Section) 局長，成為民事的特別幕僚部的中心人物。跟民事的特別幕僚部對立的，是軍事的參謀部，其第二部 (G2) 掌管情報的部長威洛貝 (Charles A. Willoughby) 少將，則是參謀部的中心人物。因此盟總之內的對立和競爭，主要是民事的幕僚部和軍事的參謀部之間的敵對和猜忌，惠特尼和

---

⑮　William Manchester, *American Caesar ─ Douglas MacArthur 1880–1964* (Boston: Little, Brown and Company, 1978), pp. 275, 286, 303, 418.

⑯　木村正明，〈GHQ──構造と權力〉，思想の科學研究會編，《共同研究日本占領軍その光と影・上》（東京：德間書店，1978 年），頁 92–95。

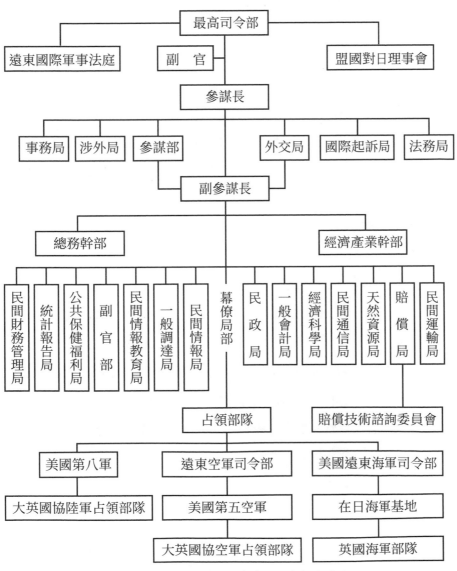

▲ 圖 3-2　盟國最高司令官總司令部機構圖

威洛貝的思想和政策上的對立❶。在另一方面，也反映了美國本身在政治上、思想上的分裂和對立。

四、民主化政策先占優勢

惠特尼從 1927 年到 1940 年間在馬尼拉當律師，在這馬尼拉活動時間得麥帥的知遇。他在日美開戰之前回國，不久以空軍軍官入伍。1943 年，被麥克阿瑟召喚至澳洲，領導策謀組織菲律賓人抵抗日軍，以圖奪回菲律賓。當日本投降而美軍占領日本以後，他就成為麥帥周圍最親近的一個人。他因為非常得麥帥的信任，幾乎成為美軍在日獨裁者麥克阿瑟的宰相。

惠特尼任用前羅斯福總統「新政派」(New Dealer)，以及「太平洋協會」 (Institute of Pacific Relations) 系統的左派日本研究者比遜 (Thomas A. Bisson)、明尼蘇達大學的奎格萊 (Harold S. Quigley) 教授、西北大學的柯爾格勞夫 (Kenneth W. Colegrove) 教授等日本專家為屬下，推行日本的民主化政策。惠特尼有市民出身的性格，因此他屬下的人也都對日本的改革有思想和熱忱。他們在麥帥初期占領日本時，曾對保守的總司令部「軍人政治」從內部牽制而領導民主化政策。故以惠特尼為中心的一股勢力，成為推進日本民主化政策的原動力。新政派的著名人物，在民政局有行政課長凱茲 (Charles L. Kades) 和擔任憲法修改的赫西 (Alfred

---

❶ C. A. ウイロビー著，延禎監修，《知られざる日本占領──ウイロビー回顧録》（東京：番町書房，1973 年），頁 135-159。吉田茂，《回想十年・第 1 卷》，頁 85-86。

R. Hussey)；在經濟科學局有擔任財閥解體的魏爾希 (E. C. Welsch) 和海德里 (Eleanor M. Hadley)，擔任勞工問題的康斯坦丁諾 (A. Constantino)、季倫 (James S. Killen)，在自然資源局有擔任農地改革的拉德金斯基 (Wolf I. Ladejinsky)。

然而，在軍事參謀部掌管情報的第二部部長威洛貝，是 1892 年出生於德國海德堡，1910 年歸化美國籍，從最下級的士兵磨練到准將以至少將的典型軍人。他在 1941 年任麥克阿瑟司令部的諜報部長，為 1942 年麥軍脫逃巴丹半島時的「巴丹伙伴」之一，故在 1945 年美軍占領日本之後，即接任總司令部的參謀第二部長。他雖然是麥帥的側近手下之一，但是在重視軍階權威的麥帥作風之下，形式上必須經過參謀長蘇瑟蘭中將的轉報，才能晉見麥帥，不像惠特尼隨時可以敲門求見那樣地親近麥帥。

威洛貝因為要製造與麥帥親近的機會，也就安排日本的軍人與麥帥會見，以增加自己的影響力。例如威洛貝親自去拜訪日本陸相下村定，而安排 10 月 18 日由日本陸相去拜見麥帥。然後威洛貝又親自到海軍省拜訪海相米內光政，為其安排拜見麥帥。11 月 26 日米內海相帶海軍省英語最好的溝田專員去拜見麥帥。當會談四十分快要終了時，米內鼓起勇氣問：「元帥閣下對天皇的地位如何想呢？」麥帥答說：「我對天皇的地位，完全沒有變更的想法。」日本海相從麥帥親口獲得不變更天皇地位的情報，這給日本統治階層很大的安心與鼓舞。

跟市民精神的惠特尼對比，威洛貝是軍人精神的體現者，也是集權主義官僚獨裁的信奉者。他第一信奉的是總司令官麥帥，第二尊敬的是西班牙的獨裁者佛朗哥將軍❶，同時他也是堅決的反共主義者。因此威洛貝蔑視惠特尼手下的「新政派」，認為他們是傾向共產主義的「粉紅

色的傢伙」(pinkers)，故威洛貝有占領軍中的「麥加錫」(McCarthy) 的綽號。

　　惠特尼和威洛貝的鬥爭，民政局 (GS) 和參謀第二部 (G2) 的對立，所象徵的是美國國內的市民精神和軍人精神、自由主義和獨裁主義、民主化的前進形態和反共的保守形態的對立和相剋。

五、反共勢力迎頭趕上

　　總司令部之內的這種意識形態的對立,民政局和參謀第二部的競爭,在占領初期是惠特尼派占優勢。惠特尼及其屬下，深知麥帥喜歡名聲和榮譽，就對他勸說:「如果閣下在日本實行這種民主化政策，名聲一定不朽。如果閣下實行這種開倒車的政策，一定會傷害你的榮譽。」麥帥因此也就支持了民政局的民主化政策。當時參謀第二部，以對蘇戰略為藉口，想牽制民政局的民主化政策而不易收到效果。可是隨著冷戰的加深，美國的世界戰略之中，對蘇政策成為最主要的因素時，美國就不得不從對蘇戰略來重新檢討日本的占領政策。於是麥帥的反共思想，逐漸壓倒其他的因素和條件，反共的參謀第二部的勢力也就乘機抬頭起來。於是威洛貝派漸漸轉變成優勢,民政局和參謀第二部的輕重地位也倒轉過來。

　　曾經當過京都第一軍團的民間情報官，並在總司令部的民間情報教育局服務二年多的泰克斯陶 (Robert B. Textor)，在他的著作《在日本的失敗》(*Failure in Japan*, 1951) 說：除少數例外，總司令部的各機關的首長都是陸軍的軍官 ❶，說這些正規的軍官對民主化的任務沒有什麼用處

---

❶　Manchester, *supra* note 15, at 506.

是有點過分，但整個說來很難期待有一個好的結果。

這種軍人政治的保守性，又因總司令部內的官僚主義而加強。盟國最高司令官麥帥，等於是占領軍的皇帝，他的一紙命令或一句話就決定了一切，而他又超然於幕僚們之上，不容易讓下屬接近。故各單位的幕僚長官，都拚命的想辦法接近麥帥，互相競爭得寵，互相嫉視對方，而在總司令部內產生各單位行政的本位主義。因為各單位的主管，連高位的少將們都不容易見到麥帥，只見從最高司令官傳來一紙備忘錄，而奉命行事。可是這些備忘錄，都是抽象的一般性指令，對他們所面臨的實際問題，並沒有多大幫助解決，故只得由各單位各自設立勢力範圍閉門造車了。各單位掌管的勢力範圍，也是分配給各自的「特殊權限的利益地區」，是各幕僚單位的官僚恣意裁奪的「私有帝國」。

總司令部各單位競相爭取麥帥的寵信和互相之間的嫉視而產生的本位主義，以及從此形成的各幕僚部的「私有帝國」，在受其牽連影響之下，在日本政府內也形成了官僚主義。日本政府的各官廳，各自隸屬於總司令部的各局各課指揮，總司令部的官僚本位主義，就變成保存日本政府之內的官僚主義的有力支柱。

---

❾　R. B. テクスター著，下島連譯，《日本における失敗》（東京：文藝春秋新社，1952 年），頁 312–319。

第四章

驅逐公職 ── 使政敵下臺的政爭工具

　　日本人所謂「公職追放」就是「褫奪公職」的意思，亦即從公職的工作崗位驅逐。日本戰敗以後，凡戰爭罪犯、職業軍人、國家主義團體幹部，以及戰爭中扮演重要角色者，一律被革除原職，並禁止再任同樣職位。這是依波茨坦宣言所提出：「永遠鏟除軍國主義政權及勢力」的方針，對日本軍國主義者的整肅。

一、驅逐中央軍國主義者

　　盟軍總司令從 1945 年 10 月開始，在政治、教職、勞動三方面，對軍國主義者進行驅逐公職。10 月 4 日罷免內相、警保局長、警視總監以下的特務警察及憲兵全體，可以說是政治驅逐的先聲。10 月 31 日驅逐軍國主義教員，此與撤廢檢閱制度和廢止《治安維持法》的言論解禁，成為日本民主化的基礎。12 月 14 日驅逐勞動界的軍國主義分子，使產業報國會、勞動報國會、海軍報國會等御用勞動團體的幹部，從勞工戰線清除，連社會黨的幹部也有因此被驅逐的。

　　1946 年 1 月 4 日，總司令部全盤性的指令軍國主義者的驅逐公職，以及超國家主義團體二十七個的解散。

　　對於軍國主義者的驅逐公職，本來在總司令部內有對立的兩種主張。掌管情報的參謀第二部 (G2) 部長威洛貝少將等保守軍人，為了將來的對蘇戰爭，認為將日本的保守勢力保存下來比較有利，而反對將日本的各種制度根本改革。相對的，民政局 (GS) 的幕僚大部分是民間出身的，而以「新政派」為主流，主張對日本的各種制度的根本改革❶。

　　在 1945 年 12 月中旬，兩派對日本戰犯從政界驅逐問題展開激烈的對立。在會議中，民政局主張實行極嚴格的驅逐公職計畫，而參謀第二部為主的參謀，都認為徹底的驅逐將使日本陷入混亂而誘發革命，驅逐應限於最高領導者而依順序實行。當時麥帥較偏祖民政局局長惠特尼的意見，才變成 1 月 4 日的指令。

　　依照盟總 1 月 4 日的《罷免排除不適宜從事公職者的備忘錄》，應罷免公職者為：(A)主張軍國主義國家主義，而為積極侵略的代表者。(B)極端的國家主義團體，恐怖暴力或祕密愛國團體，乃至其代理機關，或其有關團體等的有力份子。(C)大政翼贊會、翼贊政治會、大日本政治會等活動的有力份子。其應政治整肅的範圍包括：(a)戰爭犯罪人；(b)職業陸海軍人、特務警察官，以及陸海軍省的特務憲兵官員；(c)極端的國家主義團體，暴力及祕密愛國結社的有力份子；(d)大政翼贊會、翼贊政治會、大日本政治會活動的有力份子；(e)與日本對外擴張各官廳有關係的金融及開發機關的幹部；(f)日本在海外占領地區的總督及長官；(g)其他應驅逐的軍國主義者及極端的國家主義者❷。

---

❶　信夫清三郎，《戰後日本政治史・I 占領と民主主義──1945 年 1 月～1946 年 5 月》（東京：勁草書房，1974 年），頁 246。

❷　辻清明編，《資料戰後二十年史・1 政治》（東京：日本評論社，1966 年），

　　為了依新選舉舉行戰後的第 22 屆眾議院議員總選舉，對候選人的資
格有重新審查的必要，幣原內閣即先後發表該當驅逐者的範圍。2 月 9
日先發表 c 項的國家主義團體和 d 項大政翼贊會、翼贊政治會、大日本
政治會等該當褫奪公職者。2 月 28 日發表 b 項職業軍人、e 項日本海外
膨脹有關係的金融機關和開發機關及 f 項占領地行政首腦的應褫奪公職
者。3 月 10 日發表 e 項的追加部分和 g 項官界、財界、言論界的國家主
義者及軍國主義者的褫奪公職範圍。至於 a 項的褫奪公職，屬於戰犯性
質，由盟軍直接以東京審判處理。

　　因為驅逐公職令，各政黨受打擊非常之大。進步黨因為網羅戰時的
「大日本政治會」擁有兩百七十四名議員，但是從總裁町田忠治以下，
前田米藏、大麻唯男、島田俊雄、鶴見祐輔等兩百六十名都被褫奪公職，
剩下齋藤隆夫、川崎克等十四名，於是從一大黨瞬間轉變為一小黨。自
由黨的四十六名議員之中，安藤正純、松野鶴平、牧野良三等十九名被
褫奪公職，所幸領導者的鳩山一郎、三木武吉、河野一郎等當時尚未被
指定為該當驅逐，而得救一時。社會黨的十七名議員之中，河上丈太郎、
松本治一郎、阪本勝、彬山元治郎等十一名被褫奪公職。1945 年 12 月，
在代表農村和中小企業利益的日本協同黨所屬議員二十三名之中，黨魁
千石興太郎以下二十一名都被褫奪公職❸。

　　至於幣原內閣之內也是軍國主義者累累，如果依盟總的驅逐標準，
則恐怕只有首相幣原、外相吉田、厚相蘆田，尚可保得住，其他閣員都

頁 35。

❸　戶川猪佐武，《吉田茂と復興への選擇――昭和の宰相第 4 卷》（東京：講談
　　社，1982 年），頁 66–67。

該被褫奪公職,而幣原只有內閣總辭職一途了。幣原內閣不願總辭,乃向麥帥懇請說藏相澁澤敬三、法相岩田宙造、商相小笠原三九郎、國務相松本烝治此四人是「必要不可缺之人物」,請求免除褫奪公職,而得麥帥允許❹。於是內相堀田善次郎、文相前田多門、運輸相田中武雄、農相松村謙三、書記官長次田大三郎,即被褫奪公職下野。1月13日幣原發表內閣改組:內相為三土忠造、文相為安倍能成、運輸相為村上義一、農相為副島千八、書記官長為楢橋渡、法制局長為石黑武重❺。

從 1946 年 1 月 4 日驅逐公職令發出以後的一年之間 , 政府審查了8,899 人,通過 7,832 人,褫奪公職者 1,067 人。這是為了 1946 年 4 月的選舉,而先行過濾軍國主義的「不歡迎人物」,故以中央的政界和行政機關為主要對象,可稱為驅逐公職的第一階段。首當其衝的是樞密院顧問官,其次是國會議員,再來是政府各省官員,以內務省 340 人為最多,貴族院 118 人居其次。

二、驅逐地方軍國主義者

但是總司令部並不以中央政界的軍國主義者的褫奪公職為滿足,民政局 (GS) 副局長凱茲尚考慮地方上軍國主義者的整肅。1946 年 8 月 17日,總司令部又半正式的通知日本政府將驅逐公職推廣到地方上去。因為盟總認為第一階段的驅逐公職所引起的政界混亂已經平靜,政府也重

---

❹　住本利男,《占領祕錄・下》(東京:每日新聞社,1952 年),頁 43。

❺　天川晃,〈幣原內閣——「民主」改革の始まり〉,林茂、辻清明編集,《日本內閣史錄・5》(東京:第一法規,1981 年),頁 32。

組而安定下來，這時候是進入第二階段驅逐的好時機。如果地方政府仍
殘留軍國主義者掌握權力，則日本的民主化前途將來仍有遭受威脅的危
險，同時也會阻止新的領導階層抬頭的機會。再者，有很多投書湧到總
司令部，建議實行地方上的驅逐公職。這些投書的日本人，都是在地方
上長期受抑壓的人們，其中也有日共和左翼派的投書在內。

　　總司令部的初案是，1937 年到 1945 年敗戰為止的市町村長全部過
濾審查是否為軍國主義者。吉田內閣猛烈反對，而派新的終連政治部長
山田久就與盟總民政局交涉。民政局說這是在華盛頓的遠東委員會的指
令不能變更，但是可以略為緩和以翼贊會牽連者為驅逐的範圍，並修改
為 1940 年秋翼贊會成立以前擔任市町村長的可以免除驅逐。可是吉田首
相以及內相大村清一等閣僚，皆反對市町村長的褫奪公職。交涉的山田
政治部長見民政局副局長凱茲堅持驅逐，乃擬出一個妥協案，即兼任翼
贊會支部長的市町村長，此後四年間不可擔任市町村長，但是現任町長
雖然不能當町長，不過可以擔任市長或町會議員，而勉強獲得民政局凱
茲同意。然而山田政治部長回來報告折衝結果時，吉田首相大發脾氣而
猛烈反對 。當時吉田經終連次長白洲次郎從參謀第二部 (G2) 所獲得情
報，認為總司令部以華盛頓的指令為藉口驅逐公職，但這並不是華盛頓
的指令，不過是民政局的「新政派」的意思，只要日本當局採強硬立場，
美方也會軟下去。於是吉田寫一短信，表示反對市町村長的驅逐公職，
理由是這將使共產主義猖獗。當時山田政治部長建議，應更詳細的敘述
反對的理由，以及提供反對的資料，讓麥帥去說服遠東委員會，可是白
洲次長主張信不要寫得太長，只要寫會「使共產主義猖獗」就好。吉田
首相照白洲的話，在小紙張寫了半張左右的短信送出去。依白洲所獲得
的情報判斷，只要首相向麥帥寫反對驅逐公職的信，民政局就會軟下來。

然而結果是民政局的凱茲叫山田去訓了一頓。10 月 23 日民政局長惠特尼交給終連總裁麥帥的備忘錄，其內容跟山田部長辛苦折衝的內容不同，而是依最初的原案，從 1937 年到 1945 年戰敗為止的市町村長，以及翼贊會的地方支部長，通通驅逐公職❻。

　　硬嘴巴的吉田首相，不得已再派山田政治部長去與民政局交涉。10 月 31 日並寫一長信給麥帥，詳細說明如此驅逐是不公正的，而對民政局指示的備忘錄舉出四點不服理由，陳情修改❼：第一、對中央官吏審查的標準，應適用於地方官吏的審查，不然一次審查通過，再依新的標準審查，可能有不同的審查結果，此將影響政府威信。第二、禁止戰時的市町村長繼續擔任其職的規定不妥。第三、原則上同意大政翼贊會的地方支部長褫奪公職，但支部長以外的幹部不要驅逐公職。第四、地方官員對戰爭責任擔任重大角色，這種說法不敢贊同，他們才是日本復興和民主化所必需的人物。

　　麥帥收到吉田信函的第二天即覆信，對吉田首相所提要求一一加以反駁，內容要點有三：第一、免除地方官吏的驅逐公職是不對的；第二、市町村長不能繼續擔任其職位，但如果並不符合其他驅逐條款，可以就任現職以外的中央或地方的職位；第三、有關大政翼贊會地方支部的條款，有更明確規定的必要，決定以後立刻實施。

　　既然總司令部決意實施地方上的驅逐公職，吉田首相等人的反對也到此為止打住，所剩的戰略僅能依其備忘錄的原則儘量從寬解釋。山田部長一再與民政局交涉的結果，大政翼贊會的顧問、評議員等掛名者，

---

❻　住本利男，《占領祕錄・下》，頁 79–80。

❼　住本利男，《占領祕錄・下》，頁 82。

得以免除褫奪公職，驅逐公職的只限於實際搞運動的人。既然原則不能變動，在戰略上也要儘量將該當驅逐者減少。

11 月 8 日政府召開內閣會議，正式決定擴大政治驅逐的範圍。總司令部只指示地方議會及地方政府的主要職位者為審查對象，可是吉田內閣又自行將在鄉軍人會的支部長也加入審查範圍之內，這是吉田派想乘機剷除東條派等舊軍部在地方的勢力。隨著驅逐公職擴大到地方，在縣以及人口五萬以上的市，都設立審查委員會。在 1947 年 1 月 4 日，從驅逐公職令發布起剛滿一年，新的驅逐方式和制度也就成立了。其中最引起爭議的是驅逐公職及於「三等親」的辦法。吉田內閣說這是模倣中國「夷三族」的封建古法，加以猛烈的反對，但總司令部不允，吉田首相也終於屈從。驅逐及於「三等親」的首次該當者，是第一任吉田內閣的鐵道局長佐藤榮作。吉田要提名佐藤為運輸大臣而遭受總司令部的否決，因為佐藤的親哥哥岸信介是 A 級戰犯，當時監禁於巢鴨監獄。吉田首相常在幕後暗中逞強反抗總司令部的指令，可是從未自己出面去反抗，每次都是向日本人的部下發威斥責，然後由其部下灰頭灰臉的去向總司令部抗議交涉，見抗議沒效果也就乖乖實行。所以日本人譏笑吉田對日本人是旁若無人的「獨霸者」(One Man) 而對美國人是唯唯諾諾的「應聲蟲」(Yes Man)❽。

總司令部不僅如此，後來對驅逐者又加上「禁止政治活動」的一項。因為被驅逐的鳩山一郎曾揚言，吉田首相及林讓治（書記長官）等人常常來拜訪請教他，此消息使總司令部認為驅逐公職者還在影響日本政府的決策。又在徵收財產稅的決策過程，總司令部指示三萬圓以上課稅，

---

❽　板垣進助，《この自由黨》（東京：理論社，1952 年），頁 83–84。

而自由黨主張十萬圓以上課稅。當時自由黨的三木武吉、河野一郎、北吟吉三人，到大藏省出席局長會議，猛烈的反對三萬圓案。大藏省將此事轉達總司令部，據說這才是三木武吉選上眾議院議長時被列為驅逐名單的真正原因❾。

三、財經界的驅逐

跟地方官員的驅逐並行，總司令部也著手財經界的驅逐。因為過去財經界與軍部勾結博得鉅利；並進出海外榨取殖民地，所以財經界的肅清也被認為必要。這是為預防將來軍國主義者或極端的國家主義者領導日本財經界去支持侵略。財經界的驅逐是由民政局次長凱茲的智囊比遜 (Thomas A. Bisson) 和海德里 (Eleanor M. Hadley) 小姐，尤其是海德里小姐為主擬案❿。例如，一億圓以上的公司，不論是軍需產業與否都列入驅逐公職的範圍，被限制的公司如果是財閥關係的有力公司，資本金不可超過三千萬圓，武器生產公司則不論資本金多少都該當驅逐，有獨占性的公司，如果操日本全生產量百分之十的公司也是列入驅逐之列。

依海德里的主張，財經界的驅逐即漸漸擴大範圍。資本金雖少，但以掌握實際支配力為由，金融關係者也加入驅逐之列。日本當局極力反對公司的「普通理事」也被驅逐。1947 年 1 月 3 日發表財經界驅逐標準的前一天，終連政治部長山田久就和次長田中三男到民政局，堅持交涉

---

❾　住本利男，《占領祕錄・下》，頁 86–87。

❿　E. M. ハードーレー著，小原敬士、有賀美智子監譯，《日本財閥の解體と再編成》（東京：東洋經濟新報社，1973 年），頁 103–105。

廢止「普通理事」的驅逐。依美國制度，監事的地位很重要，可是日本則監事和普通理事都不重要，經過一再的解釋說明和爭取，最後民政局長惠特尼也同意「普通理事」不必驅逐。

另一個免除驅逐的是財閥的指定繼承人，日本人稱為「御曹司」。本來總司令部的意思是要驅逐，日本當局以三菱的指定繼承人為例，說他正在求學中，列入驅逐甚不合理，依照《財閥支配力排除法》，財閥的指定繼承人在財經界，至少不能到自己系列的公司去任職，這種懲罰就足夠。如果不能進入財經界，那麼要到地方政府當官吏嗎？這是不合理的。最後總司令部也免除財閥的指定繼承人的驅逐。

財經界的驅逐，在 1946 年 4 月的選舉過後，由民政局為主，與經濟科學局 (ESS) 協調進行。8 月 20 日總司令部通知日本政府趕快擬定財經界驅逐案，9 月日本提出試案，總司令部指示該當驅逐標準的機關要全部列名，於是重新擬案，10 月 22 日正式提出。民政局與經濟科學局檢討後，又以備忘錄交付日本政府更改，11 月 21 日提出新案，才獲得總司令部認可。該當驅逐者有：國策公司、特殊銀行五十家、指定為臨時需給調整法的機關六十家、依特別法成立的機關及接受政府補助的公司五十四家、認為經濟力過度集中的公司兩百三十八家。此案又經過檢討，內容有一些變更，於 1947 年 1 月 4 日以勅令實施。最後案與日本的原案比較起來，該當驅逐的公司更為增加。國策關係公司減為二十六家、特別法成立的機關增為七十八家、經濟力過度集中的公司達兩百七十八家。日本的財經界人士約有三千兩百人該當驅逐，他們很多在勅令發布之前即辭職。日本財經界的領導者是否就如此總崩潰呢？

從 1946 年 1 月到 1948 年 5 月，在政界和財界的肅清工作，交付審查委員會審查人數總共達七十一萬七千四百餘人，經審查而被指定驅逐

的人數達二十一萬餘人❶。列表如下：

表 4-1　驅逐公職人數統計圖

(A)戰犯	3,422
(B)職業軍人	122,235
陸軍軍官	53,854
陸軍勅任文官	62
海軍軍官	37,691
海軍勅任文官	109
憲兵隊員	39,394
陸軍特務機關	1,055
海軍特務機關	70
(C)祕密愛國團體	3,381
(D)翼贊會關係團體	34,396
(E)海外開發機關	488
(F)占領地行政長官	89
(G)其他	46,276
大臣、官吏	145
特別高等警察	319
思想檢察官	37

個人案例	385
言論報導界	831
財經界	1,410
類似祕密團體會員	57
推薦議員	434
在鄉軍人會	41,378
武德會	1,219
總計	210,287

在以上這些眾多的驅逐案件中，引起最大爭議的是 1946 年 4 月鳩山一郎就任首相前夕的褫奪公職。其他如第一次吉田內閣的藏相石橋湛山、參議院副議長松本治一郎、片山內閣的農相平野力三的驅逐，都發生問題。因為這些皆超出純粹軍國主義者的驅逐公職，而有「政治驅逐」的意味。

四、自由黨總裁鳩山一郎案

鳩山一郎是「終戰派」之一。東大法科畢業，戰前屬於政友會，1927 年當田中義一內閣的書記官長，1931 年就任犬養內閣的文部大臣，1932 年齋藤實組閣時，仍留任。從 1934 年牽連大藏省疑獄事件，到 1936 年的「二二六事件」後，一時為政友會總裁候補，隨後抬出久原房之助；1939 年 5 月間政友會分裂時成為久原派的中心人物，1942 年翼贊選舉，以無推薦當選，但是面臨政黨政治的黑暗時代，自稱代表日本自由主義者的鳩山也就隱退在輕井澤，但戰爭末期又常常上京從事「終戰

工作」。1945 年「八一五」投降時，就有擁立鳩山的政黨運動。此新黨即稱為「日本自由黨」，在 11 月 9 日開組黨大會，推選鳩山一郎為總裁，河野一郎為幹事長。鳩山一郎稱日本自由黨為「救國政黨」強調「國體護持」，1946 年 2 月 20 日為了救國而提倡「排擊共產主義」的反共聲明。在1946 年 4 月 10 日選舉，自由黨獲得一百四十一名議席成為第一大黨。1946 年 5 月鳩山組閣前夕，被「褫奪公職」，自由黨總裁即退讓給吉田茂。

　　總選舉後，幣原內閣應該總辭職才對。然而幣原內閣卻賴皮的開始從事「留任」不走的活動。從事此活動的中心人物就是內閣書記官長的楢橋渡、內相三土忠造、法制局長官石黑武重。他們對幣原內閣留任的策謀是，拉攏進步黨，成立舉國聯合內閣。其表面上的理由是：第一，幣原內閣有將憲法修改案提出特別議會而使其成立的義務。第二，在日本國內沒有比幣原更獲得國際上信任的人物。第三，選舉結果沒有一黨獲得過半數。第四，第一大黨自由黨的總裁鳩山一郎可能被「褫奪公職」。根據以上的四個理由，在實際上要使鳩山不能上臺掌政，必須打擊鳩山在國際上的信用而促使其被驅逐公職。

　　書記官長楢橋因為與幣原有勾結，與鳩山之間的間隙越來越深。楢橋在公眾宣傳美國華盛頓當局指示要驅逐鳩山的消息，在幕後又策謀驅逐鳩山的實現。楢橋擅長法語，與喜歡講法語的民政局行政課長凱茲頻頻溝通，終於達成驅逐鳩山的目的。

　　當時鳩山的自由黨正與社會黨談判聯合提攜不成，幣原也就用「拖延」術，假裝與鳩山談下任內閣如何組成，說如果沒有具體案不能上奏天皇等，而拖延辭職一個月之久。等到鳩山要組閣前夕，總司令部即下令鳩山的「褫奪公職」了。

　　鳩山所領導的日本自由黨為第一大黨，能否組閣的障礙，其實在於

是否被驅逐公職，因此鳩山派也全力去收集情報，一說總司令部絕對不會驅逐鳩山，一說是如果鳩山不當首相，全力與幣原首相合作而擔任不管部大臣，就不會被褫奪公職。鳩山是否被驅逐，完全看總司令部的臉色。

總司令部的有關驅逐鳩山的情報來自三方面，第一當然是楢橋渡直接提供給盟總民政局凱茲的。第二是共產黨提供給盟總情報第二部 (G2) 和「政治諮詢局」(Political Adviser's Office) 的。因為鳩山的「反共宣言」使日共也要挖鳩山的「舊瘡疤」。可是共產黨員皆剛從監獄釋放，根本就沒有資料在手中。第三是石原莞爾的中國情報部提供給共產黨的。依近衛側近的記者岩淵辰雄的話，當時 GHQ 民間情報局的人來調查有關鳩山一郎的資料，反問其資料來源時卻答說是楢橋和共產黨提供的 ❷。

綜合這些驅逐鳩山的情報資料，鳩山的政治經歷污點為何，依終連政治部長到總司令部防諜部 (CIS) 去查問的結果如下：

㈠ 1927 年田中義一內閣時鳩山為書記官長，主持侵略大陸政策的「東方會議」。

㈡田中義一內閣對日本的民主化有最惡劣影響的是 1928 年治安維持法，而鳩山是起草此法時的書記官長。

㈢ 1933 年齋藤實內閣鳩山為文相時處分自由主義學者，即京都大學教授瀧川幸辰，毀損他為左翼學者，這是以政治權力干涉大學自治。

然而總司令部對鳩山是否驅逐公職仍很難決定態度。

鳩山驅逐公職的決定性風暴是在總選舉前的 4 月 6 日引起的。東京的外國記者團，為了聽各政黨的選舉政見，招待四黨代表到「丸之內」

---

❷ 岩淵辰雄，《岩淵辰雄選集第 3 卷‧戰後日本政治への直言》（東京：青友社，1967 年），頁 157。

的外人記者俱樂部，這時盟總內的「進步分子」和蓋恩等急進記者，提出鳩山在戰時中的著作《世界之顏面》，其中有讚美希特勒和莫索里尼，並提議日本奪取中國的北部六省的話。據說在開會之前，有盟總的民間情報教育局的人，將《世界之顏面》的抽譯部分，事先散布給記者團。按鳩山在 1937 年外遊之際，有隨行的記者山浦貫一替他捉刀寫了此外遊印象記《世界之顏面》，但著者當然是以鳩山的名字刊行，當時他沒有仔細推敲，現在文責非由他負不可。美國記者蓋恩等即向民政局施壓力，驅逐鳩山❸。

　　然而鳩山仍是泰然地在 4 月 27 日宣稱，只要讀《世界之顏面》全篇就知道我是和平主義者，而「反共聲明」在身為自由主義者也是當然的。鳩山已經準備好組閣名單，正等待天皇下大命組閣時，5 月 4 日上午總司令部交給日本政府驅逐鳩山的指令，日本政府匆忙的不以公文，而以英文的原文通知鳩山。鳩山被褫奪議員公職，同時也喪失首相的資格。

　　1951 年 8 月，當鳩山被解除驅逐時，他因腦溢血而半身不遂。恢復後，在 1952 年的總選舉中以全國最高票當選，而要求吉田移交政權。吉田不肯，於是吉田與鳩山的政權鬥爭在自由黨內激烈的展開。1953 年 3 月，鳩山成立「分派自由黨」，1954 年 11 月與改進黨聯合成立「日本民主黨」，就任總裁。加上國內的反吉田輿論日漸高昂，迫使吉田內閣總辭職，12 月鳩山得社會黨支持組閣。他以糾正美軍的占領政策為政治信條，提出憲法修正問題，並依財界的要求與壓力，在 1955 年實現保守黨的合併，建立自民黨政權的基礎❹。他是戰後日本政治路線轉換時的換

---

❸　住本利男，《占領祕錄・下》，頁 89–91。

❹　辻清明編，《資料戰後二十年史・1 政治》，頁 121–122。經濟四團體，〈安定

班演出者。

戰後在美蘇冷戰體制下，吉田茂等日本政治家一直追隨美國的路線，但得罪了蘇聯，而被蘇聯以否決權排除日本在聯合國之外。鳩山內閣換班採親蘇路線，於 1956 年 10 月實現日蘇恢復邦交，12 月聯合國即通過日本的加入案，鳩山以完成重大政治使命而退休❶⑤。

五、社會黨松本治一郎案

社會黨的松本治一郎被驅逐，牽涉了日本政府當局的策謀。GHQ 指示要驅逐翼贊會關係團體的有力分子，於是政府即積極的策謀戰爭中「東條選舉」的推薦議員的驅逐。社會黨的松本治一郎也是當時（1942 年）推薦議員的一名 ， 所以 1946 年 1 月 6 日也被指定褫奪公職 。 松本是 1887 年生於福岡縣的未解放部落，一直受社會歧視。1923 年任九州「水平社」委員長，1924 年，松本勸告德川家達公爵辭職，當局以德川家達暗殺未遂事件，投獄 4 個月。1926 年向福岡連隊長提出抗議文，反對對部落出身者的差別和暴行，被拒，於是鼓動未解放部落出身者脫離在鄉軍人會，拒絕一切軍事訓練，拒絕福岡連隊入營，煽動反軍反戰運動，當局以「福岡連隊爆破陰謀事件」投獄 3 年 6 個月。1926 年以後為全國水平社中央委員會議長，曾被投獄數次，1936 年以後，以社會大眾黨當選眾議院議員三次，故辯說：「我從 1922 年起組織水平社，從事部落民的解放運動。東條選舉時，內務省以解散『水平社』為條件，才要推我

政權の確立要望〉，1952.10.3。

❶⑤　內田滿，〈鳩山一郎・石橋湛山內閣〉，白鳥令編，《日本の內閣・II 支那事變から安保闘爭まで》（東京：新評論，1986 年），頁 175–176。

為推薦議員的候選人,而遭我拒絕。後來政府知道我不要推薦也能當選,又考慮水平社的情緒,及偽裝翼贊選舉是公平的,才推薦我為議員。」

幣原內閣不願解除松本的驅逐公職,松本即拜託首相祕書官福島慎太郎去與總司令部交涉。福島即寫明松本的經歷,及其一生為部落解放運動貢獻,戰爭期間受鎮壓失去政治自由的事實,應免除驅逐公職的理由書,去向民政局的凱茲副局長陳情交涉。凱茲說:「總司令部並沒有發出一切推薦議員都要驅逐的命令,此案是日本政府的構想。故應由日本政府決定。我只是企畫原則而已,實施是防諜部 (CIS) 的馬康 (Carlos P. Marcum) 中校負責,你去跟他說吧!」

1946 年 4 月 3 日是議員候選申報的最後一天,早上十點鐘左右馬康中校打電話給終連政治部長曾禰益說:「松本治一郎應該免除褫奪公職。」曾禰政治部長奉命再拜訪馬康訴苦說:「日本政府的方針是不要有免除的例外。」馬康答以「總司令部認為尾崎行雄和松本治一郎,不論什麼理由都不要褫奪公職。」曾禰不得已問:「這是命令嗎?」馬康答以:「對了。」

當時日本政府,有由內閣、內務省、終連等的委員組織「資格審查委員會」,曾禰部長回來後,內閣書記官長楢橋渡因選務外出,即報告給副書記官長木內四郎,由他轉告幣原首相。另一方面又請地方局長郡祐一轉告給內相三土忠造。當時外相吉田茂回去大磯老家連絡不到,因此在申報議員候選的期限之內,不能解除松本治一郎的褫奪公職措施,使得松本不能登記為候選人,改由田中松月代替登記候選議員❶❻。

事後曾禰部長向吉田外相詳細報告總司令部要解除松本治一郎褫奪

---

❶❻　住本利男,《占領祕錄下》(東京:每日新聞社,1952 年),頁 44–45。

公職之事，吉田要貫徹驅逐松本而問道：「此命令是用文書來嗎？」曾禰答以：「用口頭說的。」吉田說：「口頭命令不接受。」曾禰不得已再到總司令部告訴馬康中校，口頭命令不執行，要正式公文。馬康中校非常氣憤，但是又怕出正式公文會成為證據把柄，被人攻擊盟總縱容松本等左派，而不得不對吉田的作風容忍。

總選舉後，內閣書記官長楢橋渡回來，聽到總司令部的有關解除公職驅逐的意向，認為「有解除褫奪公職的例子是最好不過，何必拒絕呢？」應該讓松本就公職虛應故事，於是在4月底任命松本為厚生省的社會事業委員。但是1947年3月松本又要登記參議院議員選舉，這時吉田茂第一次組閣成為首相，即採取被驅逐公職以後雖一度解除也不可以為候選議員的方針。曾經到總司令部為松本陳情的福島慎太郎，雖然隨著幣原的下臺而失去官職，但為松本再特地到總司令部拜訪馬康中校，凱茲副局長也在場，經過協調的結果表示，「總司令部對松本的解除案，去年許可，今年也是一樣。」並以正式公文通知日本政府。因此松本在登記申請候選的前三天取得資格證書，趕上登記參加選舉。當選後又被選為參議院副議長。可是松本其後的言論行動，引起保守黨的大風波。

他在就任副議長的演講說：「在廣田內閣時代，我倡議廢止貴族院，這時廣田首相答以：這是屬於天皇的大權，不用答辯。現在廣田在巢鴨監獄，我站在這臺上……。」這使得自由黨和民主黨的保守議員很是激動。

在1947年12月10日國會開幕典禮後，松本不去拜謁天皇。依慣例開幕典禮完畢後，兩院正副議長都有賜與拜謁天皇的儀式。可是松本說拜謁如「螃蟹的橫行」，過分將天皇神格化而拒絕之。因為拜謁時，大臣們認為讓天皇陛下看到自己的側面非常失禮，所以都正面向天皇行禮，而如螃蟹般一步一步橫行移步。此「螃蟹的橫行」事件，興起大風波，

而參議院的保守派議員即想提出對松本的不信任案，但因總司令部支持松本，不信任案才沒被提出來，其後召開皇室經濟會議時，當局決定贈送給皇族降為平民者總共兩千六百萬圓，松本認為這些人不缺衣食有很多財產而加以反對。雖然如此，還是多數決按原議通過。另外，松本看見赤坂離宮從皇室財產解除成為政府管理而未使用，當時政府又計畫興建法務府和最高裁判所，松本即提議說今日資材缺乏，不如利用赤坂離宮而免興建，政府當然不允。松本又動腦筋想利用赤坂離宮為其「水平社」的辦公室，而與民政局的國會課長威廉斯 (Justin Williams) 商量，得其同意，再向政府交涉，政府即慌張的將赤坂離宮改用為國會圖書館。

　　因為松本的言論大大激怒了吉田首相為中心的宮廷政治家，1948 年 9 月，松本的資格問題第三次被提出來，這次是由總司令部民政局提出的。有人說是宮廷政治家提供資料，也有人說是社會黨的左右對立，由右派提供資料給民政局。民政局即向特審局指示調查戰時中的「大和報國會」團體和松本的關係。特審局長瀧內禮的調查發現，松本治一郎曾列為「大和報國會」的理事，但獲悉大和報國會運動的目的在企圖解散松本的「水平社」，而松本只出席這次會為限，此後即與該團體斷絕關係。特審局認為如此則不能構成驅逐松本的理由，便將此經過以公文回答民政局。可是此公文卻放在民政局擔任驅逐公職案的奈皮爾 (Jack P. Napier) 的抽屜，一直沒有消息。松本即懇請熟悉的民政局國會課長威廉斯幫忙，威廉斯忠告松本由法務總裁鈴木義男陪同去見奈皮爾一探究竟，可是鈴木不願意同去而沒有結果。後來福島慎太郎當蘆田均內閣的官房副長官，有一天見到民政局的奈皮爾問及松本的資格問題，獲得「松本沒問題，OK！」的答案。

　　然而蘆田內閣在 1948 年 10 月，因昭電事件❶而總辭職，代之而起

的吉田內閣，在 1949 年 1 月 1 日寫信給盟總民政局長惠特尼，要求許可松本治一郎的驅逐公職（此信件在 1951 年 11 月號的 *Life* 雜誌，以〈我的將軍〉(My General) 的標題，揭露吉田首相給 GHQ 信函的內容），1 月 2 日吉田內閣的法務總裁殖田俊吉被傳喚到盟總民政局去，被告知決定驅逐松本之事。當時松本與其同黨田中松月、田原春次正在從事選舉運動，日本政府恐怕立刻宣布會被說是妨害選舉引起糾紛，等到選舉過後的 1 月 24 日，才宣布將松本、田中、田原三人再行驅逐公職。松本即由參議院事務總長小林次郎陪同，去與法務總裁殖田俊吉理論，不得要領。松本又向訴願審查委員會陳情解除褫奪公職，也不得要領。1950 年 10 月 13 日，政府發表 1 萬 90 名解除名單，可是松本除外。據說審查委員會決定的解除名單是包括松本在內的 1 萬 91 名，可是經過吉田首相之手送達總司令部時，則刪除松本一名的名字，成為 1 萬 90 名。跟松本以同樣理由被驅逐公職的田中松月、田原春次二人，這時都列入解除名單，只有松本未被解除。直到 1951 年 7 月 13 日松本的驅逐公職才被解除❸。

　　1951 年驅逐解除後，松本復歸政界，該年社會黨分裂，松本追隨鈴木茂三郎等左派，1955 年社會黨統一後，在黨內組織「和平同志會」獻身和平運動，松本在 1966 年以七十九歲去世。松本因獻身水平社運動，不抽菸不喝酒，一生不結婚，以「不可侵；不可被侵」為座右銘，一輩子討厭被束縛，沒結過領帶。

---

❼　田中二郎、佐藤功、野林二郎編集，《戰後政治裁判史錄 1》（東京：第一法規，1981 年），頁 277–301。

❽　住本利男，《占領祕錄・下》，頁 50–53。

六、大藏大臣石橋湛山案

　　第一次吉田內閣就任大藏大臣的石橋湛山是早稻田大學畢業的經濟
新聞記者出身。1946 年 4 月的選舉，從東京第二區出馬競選眾議員而落
選，才加入自由黨。落選的人還被吉田羅致入閣，是很稀奇的事，這是
吉田首相看重他的經濟知識。可是盟總經濟科學局 (ESS)，對石橋的財
政政策頗為不滿。

　　日本的財界，在幣原內閣時代不但要求臨時軍事費的支出，還要求
軍需補償金的支付。據估計，政府在戰爭中對投資軍需企業的銀行所約
定的軍需補償金的請求額高達七百五十億圓之鉅。財政學的權威大內兵
衛，曾向幣原內閣的藏相澁澤敬三建議大刀闊斧的切掉戰時債務，但是
澁澤藏相答以「今後的產業轉換的關鍵在於政府補償的履行如何。」 ⓳
到了吉田內閣，對於總司令部要求停止戰債補償，石橋藏相極力反對，
並以金融金庫為中心，採取促進通貨膨脹的政策。石橋藏相說他原則上
並不反對停止戰債補償，但是其損害直接由銀行或保險公司負擔，會動
搖日本經濟的根本 ⓴ 。雙方爭執之中，經濟科學局長馬喀 (W. F.
Marquat) 少將，因母親生病一時請假回國，由萊達 (William T. Ryder) 上
校代理局長執行，但是石橋拒絕而雙方交涉不能定案。直到馬喀回來後，
看見問題尚未解決，即氣憤的到開會當中的國會會見吉田首相、幣原國
務相、石橋藏相，以強硬的語氣傳達總司令部的停止補償的意向。

⓳　信夫清三郎，《戰後日本政治史・I 占領と民主主義──1945 年 1 月～1946
　　年 5 月》，頁 225。

⓴　住本利男，《占領祕錄・下》，頁 94。

但是為了保護財界利益的吉田和石橋共謀，使用最後的手段，由首相簽名直接上書麥帥，請其做主裁決。數日後的回信，除了極小細節有點修正之外，大體依總司令部的原案，要求吉田內閣遵守實行。這是對石橋的第一次打擊❷。

再來是關於美國為主的進駐軍預算問題。依大藏省調查，進駐軍預算鬆散，很是浪費，於是石橋藏相與各省局通謀，經由復興院總裁阿部美樹志，向總司令部表示日本政府守法，請進駐軍對預算的支出也要規制。從此進駐軍各地工事的預算較嚴，下級軍官非常不滿，而對藏相抱持反感。1947 年石橋兼任經濟安定本部及物價廳長官，當預算成立時，石橋要求雙方絕對不追加預算，可是盟總的一些機關要求增加終戰處理費，石橋藏相不允，而惹起經濟科學局的氣憤。於是經濟科學局就策動民政局驅逐石橋。當時民政局正考慮擴大到言論方面的驅逐，於是收集石橋在戰前為軍國主義幫兇的證據。石橋曾任《東洋經濟新報》的社長兼主筆，其編輯方針是支持在亞洲軍事上經濟上的帝國主義，首倡與軸心國同盟，助長與西歐各國不可避免戰爭的輿論，並正當化對勞動工會的鎮壓，推進對日本國民的極權統制。

對於驅逐石橋的傳說紛紛。有人說鳩山派想推舉石橋為自由黨副總裁，刺激了總司令部，因總司令部探聽到，政界的黑幕地下組織之一環的辻嘉六，為擁立石橋而大肆活動於自由黨幹部之間。也有人說這是自由黨內的派閥鬥爭，吉田首相和終連次長白洲次郎的陰謀❷。因為當時公職資格審查委員會為了言論方面的驅逐另組小委員會，這是由委員會

---

❷　住本利男，《占領祕錄・下》，頁 95。

❷　住本利男，《占領祕錄・下》，頁 96–97。

的松島鹿夫、加藤壽夫、岩淵辰雄、事務局長太田剛、終戰政治部長山田久就、次長田中三男等人組成。經過審查的結果，認為《東洋經濟新報》不符合言論驅逐的標準。可是民政局不高興，想要解散此小委員會，因此由終連政治部次長田中三男與總司令部聯絡擬案，決定《東洋經濟新報》為最低線的驅逐範圍。然而公職審查委員會在審查的最後一天5月2日仍全體一致決定石橋湛山不該當驅逐。5月6日民政局長惠特尼以「不承認」駁回。委員會不得已再議，但仍維原議不該當追放。5月6日石橋藏相親自拜訪經濟科學局長馬喀疏通。回到大藏省時，驅逐指令已出。石橋趕緊見吉田首相，吉田告以：「當作被瘋狗咬了就算了。」吉田首相無視公職委員會的決定，自己蓋章決定驅逐石橋，5月17日由內閣發表石橋的驅逐公職，然而同日商工大臣石井光次郎、司法大臣木村篤太郎的驅逐公職，則是由公職審查委員會發出的。石橋本來跟首任經濟科學局長克拉麥 (Raymond C. Kramer) 上校很要好，美軍到日不久的9月30日即被克拉麥傳喚去，為他提供經濟資料，石橋從疏散的鄉里山梨和福島運回調查資料到東京，每週到盟總提出報告書。可是1946年8月26日總司令部改組，馬喀擔任經濟科學局長後，關係就沒有那麼親近了。

　　1951年解除驅逐以後，石橋正面向吉田首相的獨霸作風挑戰，1954年11月，石橋和岸信介被自由黨開除，擁立鳩山一郎為總裁組成日本民主黨，迫使吉田引退。同年12月鳩山組閣，石橋就任通產相。1955年11月保守黨合併組成自由民主黨，1956年12月，鳩山引退後，石橋與岸信介爭自民黨總裁選舉，得石井光次郎援助，在決選投票時擊敗岸，就任自民黨總裁而組閣。但因過勞，石橋首相在職二個月，就讓政權給岸。

七、農林大臣平野力三案

公職追放令，被利用為政治謀略的例子是 1947 年社會黨片山內閣的農相平野力三的驅逐公職。平野是早稻田畢業，1936 年以「日本農民組合」（日農）為背景，第一次當選眾議院議員，戰後參與社會黨的組成，就任選舉對策委員長。1947 年片山組閣，被起用為農相，其間因反共以及支持社會黨的行動被「日農」開除，另組「全國農民組合」（全農）❷❸。片山內閣的官房長官西尾末廣與農相平野力三，是戰前的勞工運動和戰後的社會黨組成的同志。可是 1947 年 1 月自由黨策動與社會黨成立聯合內閣時，平野偷偷的與吉田首相勾搭，兩者間產生間隙，5 月當片山內閣組閣時，這次由西尾瞞著平野與民主黨的蘆田勾搭，策謀排除自由黨，由社會、民主、國民協同三黨組聯合內閣，可是平野主張包括自由黨的四黨聯合內閣，而與之對立。

7 月有「黑函」散播，標題為「問戰爭挑撥者西尾末廣的責任」，內容為西尾勸告近衛文麿為獨裁者，又在片山內閣時向蘆田領一百萬圓，從社會黨藤田某某接受五十萬圓捐款等。西尾派人調查此黑函的來源，判斷是平野所主辦的《社會新報》搞的。因此西尾和平野的敵對更是險惡。8 月平野農相發表《農業報》獎金四十億圓案，經濟安定本部總長官兼物價廳長官和田博雄和藏相票栖糾夫，以破壞物價體系為理由反對。西尾也加入和田與票栖的陣營攻擊平野❷❹。

❷❸ 深谷進、新井義雄、朝野勉，〈戰後農民運動史〉，古島敏雄編集，《日本資本主義講座・戰後日本の政治と經濟・7 勞動者と農民》（東京：岩波書店，1954 年），頁 364。

　　到了秋季，米價問題爭執時，西尾又加入和田與票栖陣營，抑壓平野的意見，平野從此對西尾掌握領導權的內閣會議，開始常常缺席或退席。10 月 11 日，平野在出差地奈良向記者表示，政府內部紛爭的解決辦法是解散，近期舉行總選舉。10 月 21 日，自由黨總裁吉田在和歌山演講說「保守新黨的構思是以反共自由經濟為前提，平野農相跟我們的路線接近，改組時期在 11 月末」。10 月 23 日平野向國際通信社的外國記者說「煤礦國家管理案不能成立，應該內閣總辭職，以後將是自由黨內閣」。10 月 25 日總司令部民政局的凱茲副局長到首相官邸，要求對平野農相的資格問題，交付公職資格審查委員會再檢討。

　　當然平野也利用白洲次郎的線，與參謀第二部接近，常常與威洛貝的部下戴特 (David S. Tait) 見面，這一情報傳入民政局的手中。與參謀第二部對立的凱茲認為，平野在入閣時，本來資格就有問題，為了牽就片山首相暫緩追究，可是現在他的行動幾乎完全背叛片山內閣，日本政府應再審查其資格。片山首相請法務總裁鈴木義男勸告農相自行辭職，可是平野堅持不肯。11 月 4 日西尾提議，片山內閣依憲法第八十六條發動罷免權，以罷免農相平野力三，這是新憲法實行後，最初的發動罷免權❷❺。

　　對於平野的資格問題，「中央公職適否審查委員會」自 12 月 26 日起開始審查，問題在於平野於 1933 年到 1942 年之間為「皇道會」（由預備

---

❷❹　戶川豬佐武，《吉田茂と復興への選擇》（東京：講談社，1982 年），頁 179。

❷❺　大森彌，〈片山內閣——戰後初期的「民主」を象徵した社會黨首班の中道連立政權〉，林茂、辻清明編集，《日本內閣史錄・2》（東京：第一法規，1981 年），頁 126。

役軍人和日本農民組合會員所組成）的常任幹事，為《皇道》雜誌的編輯發行人，而在 1947 年 4 月選舉的公職資格調查表卻未添入。12 月 26 日的委員會投票是七比二，決定「不該當」驅逐。可是民政局的擔任驅逐公職官奈皮爾和次長凱茲召來委員長牧野英一，要求委員會以任何理由都要驅逐平野。法學博士牧野為委員長，審查委員會包括委員岩淵辰雄、原安三郎、加藤萬壽夫、大河內一男、谷村唯一郎、白銀朝則、熊本虎藏、海野晉吉共九名。前次投票「該當」驅逐的是跟社會黨有關係的海野和熊本二人，於是牧野先勸導白銀加入「該當」派，再偕同白銀去說服大河內一男加入「該當」派，在 1 月 13 日的再審查為四比四同數，加上牧野委員長一票，變成「該當」驅逐。支持平野的岩淵辰雄委員，非難此投票決定太政治性而提出辭呈。平野也向麥帥提出訴願狀，並向東京地方裁判所提訴，但是 2 月 5 日，決定「該當」驅逐公職❷❻。

平野於 1950 年解除驅逐公職後，第七次當選眾議員，但是 1954 年牽涉保全經濟會貪污事件脫離社會黨❷❼，以後一再落選，而不得不從政界引退。

八、所謂「Y 項」驅逐公職

總司令部的驅逐公職是從 A 項到 G 項，而由吉田 (Yoshida) 個人的判斷驅逐的稱為「Y 項」驅逐公職。終連的政治部長曾襧益在幣原內閣

---

❷❻　住本利男，《占領祕錄・下》，頁 116–117。

❷❼　田中二郎、佐藤功、野村二郎編集，《戰後政治裁判史錄・2》（東京：第一法規，1981 年），頁 339–354。

時代，曾於 1946 年 4 月 3 日接到總司令部來電話，通知松本治一郎的驅逐應該除外之事，他將此報告給幣原首相，卻延遲報告給外相兼終連總裁的吉田，使吉田跟總司令部的關係一時不和諧，而使曾禰負責提出辭呈❷，但繼續其職務。接著發生鳩山一郎的驅逐問題，吉田懷疑曾禰偏袒鳩山，迫使曾禰憤而辭職。

繼任曾禰的終連政治部長山田久就，在 1949 年春吉田第三次組閣時，亦遭到吉田的 Y 項驅逐。當時為了鳩山褫奪公職的解除問題，山田久就與伊關祐二郎（後為駐印度大使）、木村四郎七等連絡，到總司令部活動解除，而觸犯了吉田的忌諱，被迫下臺❷。山田其後在岸內閣時復出，為藤山外相之下的事務次官。

另外，在 1947 年 5 月天皇與麥帥會談，傳說外務省的情報部長奧村勝藏洩漏其會談內容而被「Y 項」驅逐。其實洩漏者是別人，而誤以為是奧村。總之，Y 項驅逐，都與總司令部的驅逐政策有所牽連。

九、驅逐公職的效果

由於政界、官界、財界、言論界等的驅逐，一一除去天皇制軍國主義的支柱，使舊秩序一時陷入非常混亂的狀態。舊日本帝國的支配層，本來一直以為侵略戰爭是包賺的，面臨驅逐公職的事態，才陷入恐慌狀態，並誤以為他們的被驅逐是永久性的，因為《波茨坦宣言》宣布將永久的鏟除日本軍國主義的要素，而悲嘆自己政治命運的乖舛。

---

❷　住本利男，《占領祕錄・下》，頁 45–46。

❷　辻清明編，《資料戰後二十年史・1 政治》，頁 341–343。

　　然而，總司令部的驅逐令，本身包含著形式主義和非實用主義的缺陷。在形式上要從日本人中區別軍國主義者，正如要在羊群中區別山羊那樣的不可能。而在實際的運作上，是那些應該被驅逐的舊官僚或其同類在擔任和執行驅逐的工作。再加上驅逐處分不是以司法手續而是以行政程序執行，以致驅逐公職被政治所利用，而有「政治驅逐」的意味。結果，應該被驅逐的沒有驅逐，不應該驅逐的反而被驅逐，產生不公正的現象而為人所詬病。驅逐公職所招來的政治糾紛，除了日本政府內部的對立、日本政府和總司令部民政局之間的對立外，還有總司令部內部的民政局與參謀第二部之間的對立纏絡在一起，更呈現複雜的樣相。

　　以新政派為主的民政局，熱烈追求日本的非軍國主義化和民主化，但是考慮對蘇作戰為戰略目標的參謀第二部，則憂慮驅逐政策的過分推展，而想加以緩和牽制。不但如此，美國國內隨著冷戰的加深，也慎慮驅逐政策的過度發展。美國冷戰型權力支配層，認為經濟驅逐趕走了日本國民之中最富活動經驗，最具文化而有國際性的部分，及最熱心於跟美國合作的人們。這是最熱心推進驅逐政策的蘇聯所最高興的，而且是由美軍自己在抹殺日本的親美勢力，他們甚至建議議會派遣調查團到日本調查此「美國占領政策的祕密」。

　　本來占領政策是「不帶流血的斷頭臺」，其目的在遂行日本的「民主革命」，可是結果使人們感到「民主化的目的」和「權威主義的手段」之間的矛盾和對戰敗者苛薄無情的懲罰和復讎。

　　總司令部最初為了日本的非軍事化和民主化，認為驅逐政策是最強有力且有效的手段，但是隨著恐懼「民主化」轉為「反美化」，以及美國國內的疑懼聲音和國際情勢的變化，不得不對占領政策全盤的修改。為了決定讓日本重整軍備，總司令部命令日本設置警察預備隊（日本自衛

隊的起源），並宣稱財閥解體完了並為重整軍備而調整經濟基礎。隨著重
整軍備的轉向，驅逐政策及解散團體的刀鋒從超國家主義者或軍國主義
者轉向相反的左翼團體，這就是驅逐政策的倒轉，1949 年 4 月的團體規
正令就是總司令部將驅逐政策倒轉的信號，將左翼團體歸類為 C 項的超
國家主義團體，這跟 1948 年 7 月 29 日政治資金規正法配合，是掣肘左
翼團體政治行動的工具❸。將驅逐政策一百八十度轉向的總司令部，在
1949 年 9 月，命令在日朝鮮人連盟和在日本朝鮮民主青年同盟等團體解
散，驅逐這些團體的領導者。接著在 1950 年 6 月 6 日，韓戰發生前二十
天，又驅逐日共中央委員二十四名。韓戰爆發的翌日 6 月 26 日，命令
《赤旗》停刊一個月，驅逐其編輯幹部十七人，7 月再命令解散日共的
東京新宿區委員會及日共的大日本印刷細胞組織，8 月命令解散日共東
寶攝影所支部及全國勞動工會協議會，並驅逐其領導者。其他與日共有
關係者六十二名也被驅逐。除了以上的驅逐公職以外，1950 年 2 月左右
對東京及其他地方的教員實行「赤色肅清」(Red Purge)，同年 7 月，對
各報社的從業人員也「赤色肅清」，將左翼分子從其職業驅逐。

　　隨著驅逐政策的倒轉，而促進重整軍備效果者，是右翼分子及舊職
業軍人的解除驅逐和回歸大眾傳播，以及青年層的流入預備隊。1948 年
6 月廢止的訴願委員會，為了解除驅逐，於 1949 年 2 月再設立起來。誤
信驅逐是永久性的舊支配層，狂喜的湧到訴願委員會來。結果，在 1950
年 10 月 13 日發表一萬名的首次大量解除驅逐公職，11 月 10 日，舊職
業軍人也被解除驅逐。1951 年 4 月 11 日盟軍總司令官麥帥被罷免，由

---

❸　信夫清三郎，《戰後日本政治史・III アジアの革命と日本》（東京：勁草書
　　房，1968 年），頁 829–830。

李奇威 (Mathew B. Ridgway) 將軍代替以後，更加速解除的速度。5 月新司令官聲明允許《波茨坦政令》的「再審查」。依此聲明，日本政府設置政令諮詢委員會，討論解除驅逐公職問題，而實行三次大量的解除。到 1952 年 4 月舊金山和約生效而日本獨立時，各界被驅逐者二十一萬餘人中，解除了大部分共二十萬餘人，於是總司令部的驅逐軍國主義者的政策幾乎完全停止功能。到最後未被解除的，都是各團體名目上象徵上的不解除者，人數也僅有八千七百餘人而已。值得注意的是戰前的特務警察官和思想檢察官全部解除，而完全的吸收在新的支配體制內。

第五章

財閥解體——經濟力集中的死灰復燃

　　日本的資本主義隨著每次戰爭而飛躍的發展，相應的日本的財閥也隨著每次戰爭飛躍的累積和集中資本膨脹起來，財閥既然在日本資本主義占領導的地位，財閥也就帶有軍國主義的性格。

　　日本財閥之中稱為「綜合財閥」的有三井、三菱、住友三家，再加上安田，稱為四大財閥，此四大財閥之中，三井和住友是江戶時代初期以來就存在的財閥，而三菱和安田是到幕府末年，特別是明治初期才發展的財閥，但是財閥之中，還是三井和三菱為領導巨頭。

一、財閥解散政策的形成與發展

　　到第二次世界大戰終了以前，三井、三菱等財閥對日本的產業經濟有絕大的支配力，因此日本戰敗後被占領日本的盟軍總司令部斷定為超國家主義和軍國主義的支柱。為了促進日本經濟的民主化，必須實行排除財閥壟斷經濟的措施，亦即分散財閥團體經濟力的集中，這就是財閥解體。因此總司令部的財閥解體政策有二個性格，一是非軍事化政策，即認為財閥不可以成為協助日本軍事侵略的手段和機構；二是經濟民主化政策，即禁止財閥壟斷的政策，此二個性格是相互相關連的。

　　本來在美國國內,對日本占領政策是否要實行財閥解體可分為二派。中國派的國務次長艾奇遜、遠東局長溫生特、亞洲通的賴提摩爾等,不但主張廢止天皇制,同時也主張財閥壟斷支配的解除;然而日本派的前副國務卿葛魯、杜曼等則反對之。居最高決策地位的杜魯門總統和柏恩茲國務卿等最後決定,對天皇制採葛魯等日本派保存的意見,對財閥解體則採艾奇遜等中國派的意見❶。

　　在日本投降不久的 1945 年 8 月 29 日,美國的國務院、陸軍部、海軍部調整委員會的「美國對日本投降後的初期政策」第四章經濟的第二項「民主勢力的助長」之中規定:「支配日本工商業的大部分,而在產業上和金融上的大企業聯合,應促使其解體。」❷9 月 22 日,總司令部以指令第 3 號交給日本政府 「美國對日本投降後的初期政策」。 10 月 11 日,麥帥指令五大改革,其中的一項即日本經濟機構的民主化,追究財閥的戰爭責任,要求財閥解體。

　　當時在總司令部內擔任財閥解體的單位是經濟科學局 (Economic and Scientific Section),在初期陣容尚未齊全,因此對於日本複雜的財閥機構也尚未充分掌握和瞭解。故第一任經濟科學局長克拉麥也就期待財閥解體政策由財閥自動推行。克拉麥是美國東部賓州出身,賓夕凡尼亞州立大學畢業後,加入纖維關係企業,為紐約的生絲廠經理;第二次世界大戰時從軍,任陸軍上校,戰後為美國陸軍步兵第十四師團長,駐留日本的四國;從 1945 年 9 月至 12 月的短期間,任總司令部的經濟科學

❶　住本利男,《占領祕錄・上》(東京:每日新聞社,1952 年),頁 160。

❷　辻清明編,《資料戰後二十年史・1 政治》(東京:日本評論社,1966 年),頁 16。

局長，擔任日本戰後的經濟改革。

　　克拉麥不是經濟學者，也不是理論家，也就聽從總司令部內的年輕經濟學者的意見。總司令部的改革派認為，日本的四大財閥三井、三菱、住友、安田之中，三井為榜首，只要先促成三井解體，其他財閥也就輕易就範。但是對財閥解體的方法與陸海軍解體或驅逐公職不同，不採取對日本政府直接指令的方式，而是暗中引導財閥自動解體。

二、四大財閥解散的經過

　　9 月 27 日，克拉麥上校到布置名畫和古董的三井別邸，即三井財閥的迎賓館，與三井本社的首席常務理事住井辰男、次席常務理事松本季三志、三井物產經理宮崎清三人會面。當天三井以名廚師的法國餐隆重招待，由三人之中英語較好的松本季三志當翻譯。克拉麥一方面大吃料理，一方面數落財閥與軍閥勾結的罪狀。住井辰男以山西事件為例反駁，說在蘆溝橋事變之初，為了從山西省榨取物產，軍部以小小的經濟違反事件非難三井物產不跟軍部的作戰合作，公然譴責三井為「國賊」，結果迫使三井的總帥三井高公提出「謝罪文」，三井物產從山西省撤出。克拉麥問山西事件的軍部負責人是誰，要給與處分。住井辰男雖然明知負責人是「支那派遣軍」參謀長花谷正中將，可是卻答以名字忘了而敷衍一番。

　　10 月 1 日，克拉麥又與三井的代表在帝國大飯店會面，克拉麥諄諄勸導之後宣告，財閥解體是總司令部既定的方針，三井抵抗亦無益。三井方面，為了把握總司令部的意向，在四面八方布置情報網收集有關情報。三井總公司即有外國記者頻繁的進進出出。日本政府方面，也由大

藏省的官房企畫課長渡邊武為中心，收集有關總司令部的情報。當時促使財閥解體的空氣險惡，如果日方猶豫不決，恐怕會像內務省的解體那樣，忽然被總司令部指令解體。因此大藏省的渡邊課長，在 10 月 6 日於勸業銀行五樓，召集三井、三菱、住友、安田的四大財閥代表，勸告趕快作成財閥改組的具體案，然後由日方主動的與總司令部交涉。渡邊說，從最近與克拉麥上校接觸而獲得的確實情報，總司令部對「財閥」的見解如下 ❸：㈠站在反托拉斯法 (Anti-trust Law) 的觀念，認為財閥是由少數者支配控制龐大的組織而對一般人民不利。㈡要特別注意財閥的本公司，亦即財閥本社的改組是不可避免的。㈢財閥的本公司支配其傘下的分公司，犧牲分公司優秀的人員而維持劣質人員是不合理的，不如切斷傘下分公司的關係，公平的競爭和經營，才對一般人民有利。㈣但是企業單位本身的規模大小，並不成為問題。

　　財閥方面也覺得，與其等總司令部下令改革，不如自己先行改組。10 月 6 日，三菱財閥決定改革組織，10 月 10 日，住友財閥也進行改組，然而這些改革實際上是財閥首腦部以改組之名，想要保存其實力的策謀。三菱將現任社長岩崎小彌太改為會長，現任副社長岩崎彥彌太為社長，而副社長才由岩崎家以外的人員選任，如此三菱本社以下的各分公司，皆將幹部改為顧問而採取不退出的方針，特別是首腦岩崎小彌太和岩崎彥彌太的領導力仍舊保有下來。住友雖然切斷傘下各企業與本社的關係，採取解除本社的支配權，讓各企業獨立的方針，但是股份仍舊不公開，本社以持有股份會社的方式保存實力。至於三井，雖然本公司有意解放其傘下各公司的支配權，而整理本公司成為純粹的持股公司，

---

❸　住本利男，《占領祕錄・上》，頁 162–163。

但是本公司的組織仍然有保存下來的意思。

10 月 16 日克拉麥發表聲明說，關於財閥解體，總司令部站在輔導的立場，避免從當初即採取高壓手段，而期待日方自動為達成此目的而採取適當的改革措施，但是日方如果無措施，則將發出命令實行❹。克拉麥發表聲明之後的當天下午，又親自到三井總公司，告以財閥解體是盟國的至上命令，現在日方以種種理由拖延解體，則將產生何種後果呢？一旦蘇聯進來了，恐怕不能以如此寬大的措施了事，故現在解體還是比較得策。克拉麥的發言暗示，以美國的政策來實行財閥解體，可以比較「寬大」了事。

因為克拉麥主張財閥一定要解體而不肯讓步，三井方面只好轉換策略推動政府去保全財閥。10 月 17 日，三井的首席常務理事住井辰男和次席常務理事松本季三志，連袂去拜訪外相吉田茂，懇請幫忙，然後又去拜訪藏相澀澤敬三和商工相小笠原三九郎，懇請幫忙。政府因此也就開了二次經濟閣僚懇談會，檢討財閥解體之事，10 月 19 日，吉田外相在外國記者團的會談中放言擁護舊財閥，他的論點是「獲得戰爭利益的是新興財閥，至於像三井、三菱等舊財閥反而是受軍閥壓迫的被害者。」❺吉田的發言，表示他是財閥的代辯者，而財閥擁有巨大的軍需工廠在其傘下，為戰爭的最大獲利者是不爭的事實。因此他的發言引起內外批評，反而有更促進財閥解體的效果。

10 月 20 日，克拉麥再到三井別邸，進行最後的折衝。三井提出妥

❹　信夫清三郎，《戰後日本政治史・I 占領と民主主義──1945 年 1 月～1946 年 5 月》（東京：勁草書房，1974 年），頁 192。

❺　吉田茂，《回想十年・第 2 卷》（東京：新潮社，1957 年），頁 70。

協案，說三井家族從公司的第一線撤退，但是本公司以純粹的持股公司保留，股份公開而完全的一般社會化。但是克拉麥仍然主張一定要解體，如果到 24 日為止不自動解體，要發動命令權強迫解體。10 月 21 日，三井集合同族本公司，由住井首席報告經過，同族之間也就沒有人反對，於是住井首席即到總司令部經濟科學局拜訪克拉麥局長，呈報三井將無條件解體之事。

10 月 22 日，幣原內閣的藏相澀澤敬三和商工相小笠原三九郎發表共同聲明，說政府對財閥改組的盟國根本方針沒有反對的意思，今後也沒有反對的意思。因此對其自動的改組，遵照盟國的方針將講求適當的措施。此共同聲明可以說是對吉田外相放言所產生惡果的擦屁股。10 月 23 日，安田財閥的大本營「安田保善社」發表自行解體案，決定將安田保善社解散，停止對其直系銀行安田銀行的支配，將其所持股份讓渡給統制委員會，這與三井不徹底的「改組」案不同，是真正徹底的「解體」案❻。安田是金融財閥，沒有大的工業，因此也比其他三財閥，最先提出自動解體案。安田財閥因為抵抗最小，解體最徹底，因此到日本獨立，韓戰過後財閥重編時，其他財閥再復活重編成功，在日本的經濟上或產業上占領導地位時，安田也就因為解體徹底的後遺症無力重振旗鼓了❼。

住友在四大財閥之中，規模比起三井、三菱小得多，根據地在關西，跟占領政策的基地東京，有一段隔距。住友對解體問題，不自動行動，

---

❻ T. A. Bisson, *Zaibatsu Dissolution in Japan* (University of California Press, 1954), pp. 241–243.

❼ 持株會社整理委員會，《日本財閥とその解體‧1》（東京：原書房，1974年），頁 157。

採順應大勢的態度，向三井、三菱看齊。日本的財閥之中，最積極搞軍需產業的是住友，換言之，最跟軍部合作的是住友這個新興軍需工業集團❽。當然日本軍需產業的主柱是三菱，可是三菱有濃厚的產業資本的色彩，從當初就搞重工業，在技術方面有時不聽軍部的話，例如曾經在建造戰艦問題上得罪軍部。總之，三菱還有反抗軍部的經歷，而住友與軍部合作無間，因此對盟國的財閥解體政策，不敢抵抗，只有順應大勢所趨。看安田財閥、三井財閥解體，也就決定解體了。

　　對財閥解體一直頑固抵抗到最後的是三菱財閥。三菱的總帥是本社社長岩崎小彌太，因為其東京本邸被空襲轟炸，住於熱海別莊，在戰爭末期的 1944 年末，還乘坐特製汽車到東海道的傘下飛機工廠巡視，可是戰敗後即臥病，很少到東京，如果上京時就住宿本社總務部長石黑俊夫家。三菱對財閥解體之事，也一直耿耿於懷，由住在東京的三菱商事社長田中完三為中心收集有關情報，然後再由石黑俊夫將情報報告給社長岩崎小彌太。三菱的體制，可以說是由岩崎小彌太獨裁，要不要財閥解體由他一個人的意向就可以決定，而且三菱與三井不同，未曾與總司令部有所接觸，也不表示對解體的意見❾。

　　到了 10 月中旬，情勢漸明朗，三菱瞭解財閥解體是盟國的既定方針。東京的本社也緊張起來，一直催促社長上京，可是岩崎小彌太不動聲色。10 月 21 日克拉麥以電話招藏相澁澤敬三到總司令部去，說要發表三井、住友、安田的三財閥已經自動申請解體。藏相吃了一驚，飛告幣原首相。幣原娶三菱的創業者岩崎彌太郎的幼女稚子為妻，首相與岩

❽　持株會社整理委員會，《日本財閥とその解體・1》，頁 118–121。

❾　持株會社整理委員會，《日本財閥とその解體・1》，頁 171。

崎有姻親關係。藏相說如果幣原內閣將三菱財閥避開，只宣布三井、住友、安田的三大財閥解體，一定會招致誤會。幣原首相也認為，他自己是不贊成解體，但是既然決定要解體了，也不可將岩崎家除外。

10 月 22 日，終戰連絡中央事務局總裁兒玉謙次到熱海別莊拜訪三菱的社長，兒玉是前正金銀行的董事長，可以說是三菱銀行的社外董事，國際知識豐富，美軍上層也有很多熟人，常能適切的掌握情報。岩崎瞧得起兒玉，兒玉也心服於岩崎。兒玉和岩崎的因緣是在勝田主計當藏相時代，正金銀行受大藏官僚的干涉，甚至要介入其人事而破壞正金銀行的人事獨立時，岩崎小彌太運用政治力助其一臂之力，從此兒玉和岩崎即肝膽相照。現在兒玉諄諄善誘岩崎，告以總司令部的決策和情勢，岩崎也就死了心，在 10 月 22 日下午拖著病軀上京。一到東京，藏相的祕書官宮澤喜一立刻打電話去要約談，三菱的石黑總務部長即代安排在翌日晨於三菱本社會面。10 月 23 日，藏相澁澤敬三到三菱本社會見岩崎小彌太，勸其解體，可是岩崎還是一直頑固地拒絕，岩崎說：「財閥解體說是盟國的既定方針，可是日本政府對財閥解體又如何想呢？如果你以大藏大臣身分命令解體的話，我不得已聽從吧，但是以總司令部的命令解體，絕對拒絕。」藏相沒有辦法，一再地婉轉請諒解，岩崎最後提出一個條件，就是解散時要分配紅利，五分也好，六分也好，解散要分配紅利。藏相答應此條件，回去報告首相，三菱也決心解體了 ❿。岩崎小彌太不久即病逝，然而其最後抵抗的防衛線「解散分紅」終於也被總司令部扼殺了。

總司令部於 10 月 20 日指令十五財閥提出其事業內容和資本構成

---

❿　持株會社整理委員會，《日本財閥とその解體・1》，頁 173–174。

的報告書，10 月 31 日指令 15 財閥在
處理方針決定之前買賣證券或轉讓證
券必須事先得總司令部的承認，11 月
2 日指令十五財閥的資產凍結和解
體。11 月 4 日幣原內閣向總司令部提
出財閥解體計畫案，亦即設「持股整
理委員會」，將三井、三菱、住友、安
田四大持股會社的所有證券，皆讓渡

▲ 圖 5–1　財閥解體──扣壓財閥證券

給此委員會，財閥的幹部辭職，持股委員會將特殊會社解散或自身經營
企業，被讓渡證券的原所有者，代價為受領償還期十年以上不得處分或
讓渡的國債❶。

　　11 月 6 日總司令部承認日本政府的有關三井、三菱、住友、安田四
大財閥的解體案，並命令日本政府立即著手實行，同時要求日本政府提
出下列追加案：㈠持股會社整理委員會的設立。㈡四大財閥本社及四大
財閥家族關係的一切財產處分轉移的禁止。㈢四大財閥以外的工業、商
業、金融、農業的企業團體的解體。㈣制定法律排除或阻止私人獨占以
及交易限制等，而給予工業、商業、金融、農業等基於民主主義的自由
競爭機會❷。總司令部所以發出這個指令，是認為財閥的支配關係，第
一是以持股公司掌有股份，第二是人事的結合，第三是金融機關而來，
現在切斷這些關係，不但對四大財閥，同時對其他財閥有類似性結合的，
都促使其分散，這是設防將來又產生財閥集中經濟力的措施。但是 11 月

---

❶　持株會社整理委員會，《日本財閥とその解體・1》，頁 158。

❷　持株會社整理委員會，《日本財閥とその解體・1》，頁 164–165。

8 日，總司令部又以指令表明其對財閥解體案尚保留修正的完全自由，
以「保留條件」預先設防將來的修改。11 月 11 日，總司令部將以前指
定的十五財閥，再加上三財閥，對此十八財閥系列的三百三十六家指定
為限制會社，限制其資產和活動。其後限制會社逐次追加。到 1946 年 6
月 4 日，總司令部再指令限制個人的金融活動，除了上述四大財閥之
外，加上鮎川等十大財閥，其家族個人禁止將所有的動產、不動產賣掉、
贈與、讓渡或移轉。

　　財閥解體的具體措施狹義地說包括(一)持股公司的解除。(二)財閥家族
對企業支配力的排除。(三)股份所有的分散化。但是廣義的說，還應包括
排除經濟力集中政策，亦即排除財閥的獨占體制。

三、《愛德華茲報告書》與日方的對策

　　1946 年 1 月，以愛德華茲 (Corwin D. Edwards) 為團長的日本財閥解
體調查團來到日本。愛德華茲是米蘇里大學畢業的經濟學者，曾到紐約
大學、康乃爾大學進修，在紐約大學教十年書後加入羅斯福政權，1939
年為司法部反托拉斯局政策委員長。1944 年回西北大學任教，1946 年 1
月受國務院和陸軍部的委託，擔任日本財閥解體調查團團長，率領美國
各機關赴日調查，為美國政府作成財閥解體的方針。該調查團於 1 月 7
日到達日本，3 月向國務院和陸軍部提出《愛德華茲報告書》 ❸ 。

---

❸　U. S. Mission on Japanese Combines. *Report of the Mission on Japanese
　　Combines. Pt. 1, Analytical and Technical Data.* Washington, D. C.:
　　Government Printing Office, 1946. X, 23CP. (Dept. of State Publication 2628;

依愛德華茲報告團的論點，財閥是日本軍國主義的基礎，曾被利用為戰爭手段。財閥的戰爭責任，與其在人事上毋寧說在制度上，每個財閥的組織成為軍事侵略最好的手段。因為由財閥獨占了產業支配權，促使勞資之間保存了半封建的關係，妨礙工資的提高和工會的發展，並妨礙獨立企業家的創業，妨礙日本中產階級的興起。日本因為缺乏中產階級，就不能培養對抗軍國主義的有力勢力，又因為低工資和利潤的儲蓄，使國內市場狹隘，提高海外市場的重要性，驅使日本走向帝國主義的侵略。因此必須破壞財閥的特權形態，使日本像其他國家那樣，培養對抗軍國主義來支配政府的集團，這才是美國的對日財閥解體政策的中心目的❹。《愛德華茲報告書》建議，在於經由財閥解體破壞日本的軍事力，排除經濟力的集中，一般性的禁止財閥的獨占，可見其著眼點在廣義的「排除集中」政策。

然而日本的經濟學者對此論點有相當不同的看法。日本戰敗後在外務省設立的特別委員會，網羅了日本學界的最高人材，包括有澤廣巳、井上晴丸、宇野弘藏、太內兵衛、龜山直人、近藤康男、東畑精一、中山伊知郎、山田盛太郎、脇村義太郎等著名學者，此委員會的幹事如大來佐武郎、後藤與之助、並木正吉等，後來都成為政府官廳重用的經濟專家。他們的研究在 1946 年 3 月發行的《日本經濟重建的基本問題：後篇——日本經濟重建的方策》❺，表達了當時日本經濟學者的見解。

Far Eastern Series 14)

❹　持株會社整理委員會，《日本財閥とその解體・1》，頁 156–157。

❺　柴垣和夫，〈財閥解體と財閥再編〉，《社會科學研究》第 23 卷第 3 號，1972 年，頁 200。

　　日本的經濟學者對美國為主的盟國的非武裝化和民主化的基本政策並不表示反對，但是對占領軍的經濟民主化的方向有相當的批判。首先列出世界的主要民主主義的型態有美國型、英國型、蘇聯型三種，可是從日本的條件來說，任何型都無法機械性的適用。第一、日本經濟顯著的貧窮化，因此要恢復生產，維護國民的生活，必須強力的統制經濟，故對自由放任政策提出相當否定的見解。第二、關於財閥的問題，占領軍指摘財閥的害處，可是財閥在過去日本經濟所扮演的積極角色也應該肯定而維持。財閥的積極面有：第一、以網布世界的商業機構在貿易上的貢獻，特別是外國無前例的像三井物產、三菱商事這種總合商社的角色。第二、以大資本的力量培養高度的技術力和現代的經營能力，擔任各種調查研究、中間性工業化試驗等。第三、對各種企業的投資，即以危險的分散謀求經營的相對性安定。第四、以大資本力培養重化學工業❶。以上列舉的財閥的各種功能，他們主張在今後的日本經濟也應該以某種形態維持下去。

　　日本的經濟學者批評美國占領軍無視日本的經濟條件，對美國「自外部給與的民主化方向」，提出「日本經濟為主體的民主化方向」，主張日本經濟的民主化，必須將金融機關和重要基礎產業的公共化，同時將經濟計畫化而施與相當強度的國家統治。然而《愛德華茲報告書》的缺點，也就是對日本金融方面的考察薄弱，其財閥解體及禁止獨占的自由放任政策，日本經濟學者不敢苟同而抱著很大的危機感，故特別強調有國家統制的必要，當然執行此統治的政府，不應該再是舊的官僚機構，

---

❶　柴垣和夫，〈財閥解體と財閥再編〉，《社會科學研究》 第 23 卷第 3 號，頁 201。

而是民主化的代表人民的政府。也許是日本學者的見解戰勝了美國學者的見解，美國政府將《愛德華茲報告書》的意見擱置下來，直到 1947 年 5 月才將該報告書提送給遠東委員會，但是這時候總司令部的對日占領政策已有了很大的轉變。

　　日本的財閥解體，如果從狹義來看，即從持股公司的解體、財閥家族支配力的排除、股份所有分散化的三點來看，尤其是前面兩點幾乎完全的達到目的。但是從廣義的排除經濟力集中或禁止獨占方面來看，則在其後的過程中反而倒退，而讓財閥以新的姿態重編起來。

四、持股會社整理委員會的成立與運作

　　在持股公司的解體方面，1946 年 4 月 22 日制定持股會社整理委員會令，但是到 8 月 8 日才正式成立，8 月 27 日召開第一次大會。第一次指定三井、三菱、住友、安田的本社及富士產業（中島飛行機）五大財閥為持股會社，決定持股讓渡的根本方針如下：㈠原則上以有價證券為先，不動產及其他財產為後。㈡有價證券全部轉讓。㈢轉讓的有價證券實際上移為委員會占有。11 月 21 日該委員會第二次指定川崎重工業等四十社為持股會社，但是從第二次指定開始，不再以純粹持股會社為對象，就是以事業經營為主的會社也列入指定對象。12 月 3 日第三次指定財閥的子公司之中的大會社如三井礦山等二十社為持股會社，從此對其下列的限制會社，也經由議決權的行使，對其整理及營運上掌有廣大的權限。1947 年 3 月 15 日第四次指定國際電氣通信等二社為持股會社，9 月 18 日第五次指定大倉、片倉等地方財閥十六社為持股會社。於是財閥解體逐漸進展，在 1946–1947 年之間被指定為持股會社的總共有八十三

社，被指定為財閥家族的有十家五十六名（但是持股會社之中解散者僅財閥本社二十七社、其他五社而已）。這些被指定為持股會社者，將其有價證券讓渡給持股會社整理委員會，然後被處分，在市場上公開❶。

關於財閥家族支配力的排除，因為被指定為財閥的家族必須將其所有的有價證券讓渡給持股會社整理委員會，並限制其就任會社的董監事，而財閥家族的同族及財閥會社的董監事者，在十年之間禁止就任其財閥系統會社的董監事。於是財界的人事機構刷新，即 1947 年 2 月 20 日指定三井、岩崎、住友、安田等財閥家族五十六名，全部從其系列會社的董事等重要職位辭職❶，接著財閥理監事兩千兩百一十名也從六百三十二會社引退。這些財經界有勢力者的引退，與其說是靠財閥解體引退，不如說是依總司令部的財界驅逐令，一齊從其掌持的會社驅逐。他們移讓給持股會社整理委員會的股票，經由證券處理調整協議會放出到一般市面。

五、集排法的成立與演變

關於日本經濟力集中的排除，是由總司令部經濟科學局的「反托拉斯及卡特爾課」 (Anti-Trust and Cartels Division) 課長魏爾希 (E. C. Welsch) 策劃並與日方折衝，於 1947 年春向遠東委員會提出《日本的經濟力集中排除計畫案》，稱為 FEC 第二十三號文書❶。其本來的目的，

---

❶　持株會社整理委員會，《日本財閥とその解體・1》，參照頁 188–290。

❶　持株會社整理委員會，《日本財閥とその解體・1》，頁 299。

❶　E. M. ハードーレー著，小原敬士、有賀美智子監譯《日本財閥の解體と再

對日本的獨占企業及持股會社的解體，提示總司令部所應採取的措施。
可是美國政府在 1947 年 3 月 12 日發表杜魯門主義，開始採取封鎖共產
勢力的政策以後，隨著中國大陸共產勢力的興起，美蘇冷戰的激烈化，
到 1948 年 2 月，對西德的美英占領地的經濟政策有極大的轉變，即大幅
度地緩和排除經濟力集中政策。

在日本方面，在 1947 年 7 月 1 日成立「公正交易委員會」，12 月
18 日公布實施《排除過度經濟力集中法》。這一部日本版的反托拉斯法，
是經過日本人的相當的抵抗，例如東大經濟學教授脇村義太郎不斷地與
總司令部折衝，最後始得在「經濟力集中」的前面冠上「過度」的字
彙❷。

日本學者的見解為，財閥的解體以及企業的分割，目的在使美國的
資本有利的輸出日本。總司令部的反托拉斯課長魏爾希在 10 月的記者會
說：以分散股份為基礎而設立強化的新公司，如果再導入外國資本，一
定對日本經濟產生安定的效果。因此美國認為，日本企業的分割已經造
成了對日資本輸出的前提，而於 12 月 26 日由副國務卿宣布日本的財閥
解體已經完成。

美國以馬歇爾計畫 (Marshall Plan) 實行以德國的復興為中心的歐洲
復興計畫之後，現在要著手以日本的復興為中心的亞洲復興計畫。美國
的亨利‧士洛德 (J. Henry Schröder) 銀行的副總裁波古丹 (Robert
Bogudan) 訪問日本之後，在 10 月 28 日發出給美國 800 家廠商的報告中

編成》（東京：東洋經濟新報社，1973 年），附錄 IX，頁 558–577。
❷ 柴垣和夫，〈財閥解體と財閥再編〉，《社會科學研究》第 23 卷第 3 號，頁
202。

強調：日本是外國資本投資的好地方。因此亨利‧士洛德銀行建議為了振興日本商品的出口，最先給予日本紡織業棉花貸款六千萬美元。此計畫的最先倡議者為英國的士洛德 (E. Schröder) 銀行，美國的金融資本呼應的，除亨利‧士洛德銀行以外，有紐約全國市立 (New York National City) 銀行、蔡斯全國 (Chase National) 銀行、美國銀行 (Bank of America) 等❹。隨著占領政策的轉換為日本經濟的復興，例如 1948 年 2 月《斯特萊克報告》、5 月《德瑞沛報告》（強斯敦報告），都勸告要緩和排除日本經濟力集中政策，1948 年 5 月 4 日，美國為了審查排除日本經濟力集中政策，派遣「五人委員會」訪日。

五人委員會又稱康貝爾委員會，委員長是紐約造船公司董事長兼總經理康貝爾 (Roy S. Campbell)，其下為羅賓遜連接器公司經理羅賓遜 (Joseph B. Robinson)，克利夫蘭州的公共服務公司副經理柏格 (Edward J. Burger)，前司法部長特別助理賀勤森 (Walter R. Hutchinson)，及證券交易委員會法人金融部副部長伍德賽 (Byron D. Woodside)❷。此排除集中審查委員會，與日本的財經界懇談檢討的結果，在 9 月 11 日發表排除集中的四個原則❸。

第一、除非會社限制競爭，並在其事業的主要部分有妨礙其他事業

---

❹　信夫清三郎，《戰後日本政治史‧II 冷戰と占領政策の轉換——1946 年 6 月—1948 年 2 月》（東京：勁草書房，1974 年），頁 671。

❷　Hamm, *Deconcentration of Economic Power*, August 9, 1950, p. 45, World War II Record Division, National Archives and Records Series, Suitland, Md. pp. 30–31.

❸　E. M. ハードーレー著，小原敬士、有賀美智子監譯《日本財閥の解體と再編成》，頁 202–203。

的明白證據，不可發動排除過度經濟力集中措施。第二、不可以因會社擁有無關連的事業，就指定為經濟力集中。第三、以自發的方針提出重編計畫時，持股會社整理委員會不可據此發出排除集中法的指令或賦與權限。第四、依持股會社整理委員會的排除集中法所指令的措施，必須與過度經濟力集中的決定所下的各種事實有直接的關聯性。依以上四個原則，對排除經濟力集中，施與大幅度的緩和。

　　依照此基準，五人委員會在 1948 年 11 月，對日本鋼管、扶桑金屬工業及神戶製鋼所的分割，提出了不同的勸告。並且提出對一百七十五社的有關資料重新審查的勸告。重新審查的對象於是從一百七十五社再行擴大，最後被指定會社總共三百二十五社之中，有兩百九十七社被解除，而只剩二十八社，其中被認定為經濟力過度集中的僅十七社而已。而此十七社之中，被指定要企業分割的僅十一社（大建產業、大日本麥酒、日立製作所、三菱重工業、日本化藥、日本製鐵、王子製紙、井華礦業、帝國石油、東洋製罐、東京芝浦電氣），其餘六社只止於工廠、或證券的資產處分❷❹。

　　被排除集中措施除外的，有日本通運、電氣事業會社等十家公司。日本通運其後被指令處分國有鐵道、私營鐵道所有地內的車站設施，特定機帆船、艀船、及特定保有股份。對電氣事業會社（日本發送電、北海道、東北、關東、中部、關西、北陸、中國、四國、九州等十家配電會社）在 1950 年 11 月 24 日公布電氣事業再編成令，12 月 5 日施行。據此在 1951 年 1 月 8 日，持股會社整理委員會將十社的一切職權委任給公益事業委員會❷❺。

---

❷❹　持株會社整理委員會，《日本財閥とその解體・1》，頁 318–319。

　　然而，對於執經濟財政牛耳的銀行，因為在 1948 年 7 月 30 日持股
會社整理委員會決定銀行和信託不適用排除集中法而種下其後日本財閥
重編的楔子❷。因為財閥雖然解體，但是財閥系統的各會社，其後對設
備和技術的革新發展，其重新結合就不再像過去以財閥本社為中心來多
數企業的結合，而以三井銀行、三菱銀行等財閥銀行為中心，重新成立
企業結合，這稱為日本財閥的復活。

　　美國政府為了趕快達成日本經濟的自立，以減輕其對日援助，及使
日本成為東亞自由陣營圈的安定勢力，在美國陸軍次長德瑞沛 (William
Henry Draper) 的勸告之下，於 1948 年 12 月發表《日本經濟安定九原
則》，即㈠財政均衡。㈡徵稅的加強和促進。㈢限制融資。㈣工資安定。
㈤強化價格統制。㈥改善貿易、外匯管理。㈦振興出口。㈧重要原料等
的增產。㈨改善糧食供給❷。此經濟政策在 1949 年 2 月隨著美國政府
特使道奇 (Joseph M. Dodge) 的赴日，成為道奇方針 (Dodge Line) 的具體
實現。

　　道奇是於 1933 年就任底特律 (Detroit) 銀行董事長，在第二次世界大
戰中的 1943 年才就任公職為陸軍部價格調整局的契約委員會議長。負責
對軍需生產的支付估算。戰後任德國占領軍政部的財政部長，擔任德國
的通貨改革和銀行改革等的決策和執行。 1946 年 6 月又回歸底特律銀
行，1947 年被選為全美銀行家協會會長。1948 年美國政府決定促進日本

---

❷　持株會社整理委員會，《日本財閥とその解體・1》，頁 319。

❷　持株會社整理委員會，《日本財閥とその解體・1》，頁 314–315、342–345。

❷　渡邊武，《占領下の日本財政覺え書》（東京：日本經濟新聞社，1966 年），
　　頁 185–186。

經濟的重建計畫，11 月由杜魯門總統邀請其為麥帥的經濟顧問，1949 年
2 月率領數名專家赴日，分析日本經濟的實際狀態，設定通貨緊縮政策，
編 1949 年度超均衡財政預算，削減各種輔助金和失業對策費，停止復興
金融金庫的融資，而強化徵稅，加強出口，並設定一美元為三百六十圓
的單一匯率❷，將日本經濟編入美元的經濟圈而隸屬美國。道奇方針的
這種強硬的通貨緊縮政策，使日本政府的大幅赤字財政一舉轉換為黑字，
使通貨膨脹停止，不過因為強行行政整頓、企業整頓而大量的裁員，引
起企業的倒閉與經濟的停滯。但是經濟不景氣在 1950 年 6 月因韓戰爆
發帶來戰爭特需而轉為景氣，日本走向經濟高度成長的道路❷。

六、財閥的復活

　　於是在這日本經濟的安定和復興過程，被解體的財閥即開始復活和
重編。首先在 1949 年 6 月 18 日，公布獨占禁止法的修正，緩和了限制
取得股份的條件，並開放外資導入之道，於是受此刺激開始商社的重新
合併運動。

　　本來在財閥的解體過程中，依總司令部的指令，商社也被解體細分
化。例如三井物產被解體細分化為兩百多社，三菱商社變為一百三十九
社。這是美國認為日本的總合商社是世界上獨特的企業組織，專門在海

---

❷　〈占領下對 GHQ 折衝の顚末〉──證言者渡邊武，大月高監修，《實錄・戰
　　後金融行政史》（東京：金融財政事情研究會，1985 年），頁 183–185。

❷　中山伊知郎監修，戰後經濟史編さん室編，《戰後經濟史──總觀編》（東
　　京：大藏省印刷局，1957 年），頁 326–359。

外活動，成為日本帝國主義的尖兵。可是隨著美國占領政策的轉換，日本被細分化的商社在韓戰的動亂期間開始進行重新合併的活動。

　　首先由以前所謂「關西五綿」的伊藤忠、日綿、東綿、丸紅、江商五個棉紡織企業為主的商社，開始總合商社化。雖然在 1952 年的韓戰動亂景氣的反動影響一時停滯，但是物產、商事不久也重新結合，到 1953 年三菱關係約集中為四社，1954 年四社再合併為「三菱商事」，成為企業界的鰲頭。三井則內部紛爭較多，在 1953 年僅集中為九十社左右，到 1955 年才合併為第一物產和三井物產二社，此二社 1959 年再合併為「三井物產」。此財閥商社的再合併運動是財閥復活的第一步。舊財閥系統的各企業社長即經常集合起來組成「社長會」，例如三井的「月曜會」、三菱的「金曜會」、住友的「白水會」等。形式上是親睦懇談會，但實際上是失去本社的舊財閥關係各企業尋求集團化的一種努力。而且在美軍占領下禁止使用「三井」、「三菱」等財閥稱號的，隨著日本的講和獨立而解除禁止了。

　　在第一步商社的再合併運動完成之後，舊財閥系列在經濟復興過程的第二步，就是進行金融機關為主的金融系列化。例如三井銀行就以三井系列的企業為重點融資促進其再結合。在商社的再合併時，因為只限於商社，所以尚無多大議論，現在舊財閥系列的社長成立「社長社」，又形成金融系列，自然引起議論說財閥以集團重建而「財閥復活」。特別是 1953 年 9 月 1 日第二次獨占禁止法的修改，決定性的促進所謂「財閥復活」。因為依新修改法，容許不景氣或合理化下的卡特爾組織，承認再販賣價格維持契約，大幅度緩和禁止競爭會社持有股份和合併的規定，廢止了事業者團體法等，使金融機關對事業會社的股份持有限度，從 1949 年第一次修改時規定得以持有該事業會社發行股份的百分之五，擴大為

百分之十，而競爭會社之間，也相當程度的容許理監事的兼任，使其間以股份的互持或理監事兼任的方式，非常容易的以股份持有或人事結合為基礎集團化，而更形促進再合併運動❸⓿。

而且在 1953 年到 1955 年的時間，除了三井、三菱、住友等舊財閥系進行再結合之外，戰前的所謂金融財閥或產業財閥，也在金融系列之下形成富士銀行集團、第一銀行集團、三和銀行集團的大集團。結果，戰後的所謂六大企業集團，即三菱集團、三井集團、住友集團、芙蓉集團（即富士集團）、第一勸銀集團、三和集團❸❶，在 1955 年左右都一齊出籠了。

以上的財閥復活，與戰前的財閥有什麼斷絕性和連續性呢？從舊財閥的本社解體，舊財閥家族的支配力喪失的方面來看，其間存有斷絕性，不能說戰前財閥的原本復活。但是以商社和金融機關為樞軸形成集團的方面來看，還有其連續性，跟戰前財閥有共通的特性。但是企業集團化，這只是初步的階段，還要等到進入經濟高度成長期，產業結構方面才躍入嶄新的激變。

---

❸⓿　柴垣和夫，〈財閥解體と集中排除〉，東京大學社會科學研究所戰後改革研究會編著，《戰後改革‧7 經濟改革》（東京：東京大學出版會，1981 年），頁 92–93。

❸❶　參閱角谷登志雄，《日本經濟と六大企業集團──現代日本資本主義の支配構造》（東京：新評論，1982 年）。野口祐編著，《日本の六大コンツエルン──三菱、三井、住友、第一勸銀、富士、三和》（東京：新評論，1979年）。奧村宏，《日本の六大企業集團》（東京：ダイヤモンド社，1982 年）。

第六章

農地改革 —— 經濟結構的根本變革

　　二次大戰後，盟軍在日本推行了一連串的「民主化」改革。其主要的目的就在於解除日本的軍國主義體制。「和平憲法」的制定，規定了戰後日本民主政治的架構，並廢除了「軍事天皇制」的法律基礎。然而，更為徹底的，是改造作為軍國主義社會經濟基礎的土地制度。從 1945 年到 1950 年所推行的農地改革，就是其中最重要的一環。

　　戰後，美國也曾在其他亞洲各國推行土地改革，日本是少數成功的個案之一。而外力支持固然是日本改革成功的重要原因，但日本既有官僚機構也扮演了主動而重要的角色，這和許多國家由於既得利益的阻撓而使改革失敗的情形大異其趣。要瞭解此一問題的答案，必須分析戰後日本土地制度的特性及政治社會狀況、日本農政官僚的立場、以及占領軍內部關於農地改革的政策過程。

一、農地改革前史

　　日本在明治 31 年（西元 1898 年）制定新的《民法》，將土地的所有權法制化，以適應日本走向資本主義的需要。然而，這種作法卻使傳統的貸借權受到相當的打擊。自德川幕府時代以來，只要連續耕作二十年

即可取得永久土地佃租權的習慣已經形成❶。因此，土地所有權的法制化，對於佃農是相當不利的。而且這種情況隨著資本主義的進展而更加惡化。甲午戰爭之後，日本政府為了擴大徵稅的基礎，大力推行「農政改革」，不但讓地主獲得國家資金與技術的援助，更透過《治安警察法》對佃農的抗租行動加以鎮壓。由於土地制度的不平等，再加上日本本來就是地狹人稠，使得糧食不足成為戰前政治不安的主要因素。1922 年日本農民組合成立，農民運動開始以近代大眾運動的面貌出現。日本政府雖然在 1924 年和 1926 年先後公布《佃農調停法》及《自作農創設維持補助規則》，但由於當時代表日本地主階級利益的「政友會」，在 1930 年代之前一直是最大的政治力量，所以戰前的土地改革，目的並不是在「創立」自耕農，而是要防止既有自耕農的沒落，而自耕農正是地主制的基礎。

　　1930 年代初期的世界經濟大恐慌，促使日本的農業問題更進一步的惡化。而在 30 年代前期所發生的一連串右翼分子刺殺政府官員的事件，例如 1932 年的「五十五」事件及 1936 年的「二二六」事件，更將日本推向軍國主義國家的道路。如果要探究這些事件的起因，可以追究到當時農業的破產。「二二六」事件的爆發，就是出身農村的下級軍官為了要打破財閥政黨政治而發動「尊王討奸」的政變。

　　日本的政治學者丸山真男認為，日本的軍國主義，如表現在政治體制上是一種「超國家主義」。地主與財閥固然是其重要的支柱，但正因為農村問題是促成政體轉變的動因，所以當日本完成「法西斯化」後，必然設法對農業結構加以改編，以作為意識形態上的回應。丸山教授甚且

---

❶　江藤淳，《もう一つの戰後史》（東京：講談社，1978 年），頁 305。

認為日本的「法西斯主義」具有「農本主義」的色彩❷。

　　從中日戰爭到太平洋戰爭，由於戰時的統制經濟，使日本政府有機會進行農地重編。1937 年的「農地法案」和 1938 年的「農地調整法」將原來的「自作農創設維持補助規則」法制化，並擴充為「適當規模自作農創設法」。此外，在國家總動員之下，在 1939 年實行「佃租統制令」、1941 年實施「臨時農地價格統制令」等保護佃農的政策。此外，在 1941 年時也將米價分為地主價格和生產者價格而採取二元價格制度，希望藉此間接達成佃租的金納化（即以現金繳納佃租）。從 1943 年推行預計在二十五年內完成的土地自耕農化計畫，涉及約占全國農地四分之一的一百五十萬町步（一町步約等於一公頃弱，即〇點九九公頃），政府以低利貸款給佃農，而販賣土地的地主則須繳納「報獎金」。45 年 6 月，農林省且計畫利用政府即將通過的《戰時緊急措置法》，來一舉達成佃租的金納化❸。這一連串的政策，不但使日本的農政官僚具備了處理農地重編的實際經驗，更透過詳細的實地調查而留下豐富的資料，此對於戰後推行農地改革時即有很大的幫助。

　　不過，戰時日本政府所推行的農業改革，主要的性質乃屬於戰爭總動員下「統制經濟」的一環，因此僅在於透過對價格和產銷的統制來限制地主的活動，並未消除其對土地的所有權。在農村固有習慣法的支持下，地主仍掌握相當大的經濟力量。在 1946 年時日本全國仍有百分之七十左右的農民人口依賴佃地生活，而且由於土地的零細分化，使平均每人的耕地面積只有〇點二一英畝（約為八百五十平方公尺），是東亞各國

---

❷　丸山真男，《現代政治の思想と行動》（東京：未來社，1970 年），頁 44。

❸　江藤淳，《もう一つの戰後史》，頁 302–303。

中面積最小的。由於佃農處於極端不利的地位，當時只好任由地主擺布，其所收穫的產米百分之五十以上要支付給地主作為佃租❹。此外，隨著戰局的惡化，糧食的生產亦陷入絕境。戰爭末期的產量跌至 1935 年的水準，約為六千萬石。但當時還有臺灣和朝鮮米的補充。1945 年戰敗時，產量跌到四千萬石，不僅失去了殖民地米的補充，還有復員歸來的軍人和回國的僑民要供養❺。農業改革即成為解決糧食問題最重要的一環。

　　一般都認為日本海外侵略的原因在於農村和農民的貧困，而農村、農民的貧困除了農村人口過剩且耕地過於零細化，地主和佃農的關係也很重要。

　　基於這種認識和現實的糧食危機，農地改革即成為美國占領軍當局的重要任務之一。但戰後日本的農業政策，在占領的計畫階段、占領初期、及 1948 年占領政策轉換期，隨著人事的變動、占領政策的改變，而各有不同的表現。

二、第一次農地改革

　　在有關農地改革的決策過程中扮演重要角色的，除了日本當局的決策階層之外，還包括美國國務院和在東京的盟軍總部。在美國國務院內，對於如何進行日本的農地改革，依派系的不同而產生意見上的分歧。其

---

❹　J. B. コーヘン著，大內兵衛譯，《戰時戰後の日本經濟・下卷》（東京：岩波書店，1951 年），頁 261, 267。

❺　升味準之輔，《日本政治史 4・占領改革、自民黨支配》（東京：東京大學出版會，1988 年），頁 142–143。

中的「對日嚴罰派」，認為日本的農業問題主要出在農村內部地主和佃農的階級關係上，因而主張大力改革土地所有制度。另一方面，有所謂「對日安撫派」，認為日本的農業問題在於農村整體的凋蔽，因而主張經由租稅的減輕和公平化、財政政策的調整、價格政策的修正、強化產銷政策等措施來加以改善❻。

　　1945 年 6 月 23 日，美國政府根據 SWNCC（國務院、陸軍部、海軍部調整委員會）　第一百號指令召開　「跨部會對日經濟政策委員會」(Interdivisional Committee on Economic Policy Toward Japan)。會中國務院的菲利 (R. A. Fearey) 和農務部的拉德金斯基 (W. I. Ladejinsky)，提出日本農地改革案，結果因為「對日安撫派」官員的反對而未獲通過。反對的理由，包括農地改革將對糧食的生產發生惡劣的影響、不能對農民的經濟地位產生長久而本質性的改變、而且必須投入大量的軍政要員、一旦失敗將導致共產主義化等。日本的農地改革政策，因而未被正式列入盟軍的占領計畫中❼。

　　然而，1945 年 8 月，美國國務院隨著日本的投降而進行人事改組，「安撫派」失勢，「嚴罰派」上臺，起草農地改革計畫的菲利也在 1945 年 9 月擔任盟總司令麥克阿瑟手下艾傑遜 (G. Atcheson) 的政治顧問，而發揮相當大的影響力，美國對日的農地改革政策，遂朝「分散所有權」的方向發展。1945 年 9 月 26 日，英國的《曼徹斯特衛報》(*Manchester*

---

❻　思想の科學研究會編，《共同研究，日本占領軍──その光と影・上卷》（東京：現代史出版會，1978 年），頁 387。

❼　岩本純明，〈占領軍の對日農業政策〉，中村隆英編，《占領期日本の政治と經濟》（東京：東京大學出版會，1979 年），頁 179。

Guardian) 刊出一篇名為 〈農業改革是日本邁向民主化的第一步〉 的社論，代表西方國家要求農地改革的輿論動向。10 月 11 日，盟總發表了解放婦女、促進勞動組合、建立自由主義的學校教育、廢止祕密檢查及經濟自由化等「五大改革指令」。其中雖未直接提及農地改革，但 10 月中旬，盟總的自然資源局邀請了東畑精一等數名日本的農政學者，對土地制度等進行檢討，而盟總的民間情報局也著手研究日本的農業機構。

　　日本政府的農林省，經由和自然資源局的接觸，判斷盟總已確認農地改革的重要性，乃主動地著手規畫農地改革方案。戰後在占領軍所推行的各項「民主化」措施中，只有農地改革是日本政府先於占領軍的指令而主動推行的。究其原因，除了農地改革乃戰前的既定目標，當時日本政府還擔心若不能解決戰後的糧食問題，恐怕有導致革命的危機。最能代表這種看法的，就是幣原內閣的農相松村謙三。松村從戰前就以「完全的自耕農主義者」知名。他在戰後出任農相之後，首先面對的就是糧食供應極度不足的問題。若再加上地主和佃農的衝突，社會情勢將更趨不安。因此，松村謙三在確認了盟總有改革的意思後，就起用和田博雄為農政局長，祕密地進行土地改革計畫。松村之所以要探知盟軍總部的立場，一方面固然是如果和盟軍的政策相左就不可能達成改革，另一方面也有藉外力來與既得利益相抗衡的意圖。

　　松村謙三的腹案，是基於「完全自耕農」的立場進行大幅度的農地解放，將地主所保有的土地面積限定為一町步五反（一反約為九百九十一點七平方公尺），但農政局則不贊成一舉解除地主的土地所有權，而以佃租的金納化為改革的重點，並將地主的土地保有面積定為三町步。同時，農政局所提出的草案，也將山林地和原野排除在外，改革的範圍僅限於農地。在 11 月的內閣會議中，對於農林省的草案發生激烈的爭論，

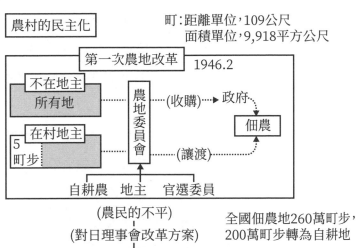

農村的民主化

町：距離單位，109公尺
　　面積單位，9,918平方公尺

第一次農地改革　1946.2

不在地主所有地

在村地主

5町步

農地委員會

（收購）→政府

佃農

（讓渡）

自耕農　地主　官選委員

（農民的不平）

（對日理事會改革方案）

（佃農創設特別措置法、農地調整法）

全國佃農地260萬町步，200萬町步轉為自耕地

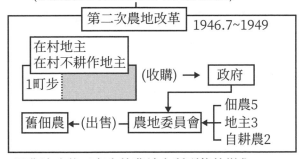

第二次農地改革　1946.7~1949

在村地主
在村不耕作地主

1町步

（收購）→政府

舊佃農←（出售）農地委員會

佃農5
地主3
自耕農2

因農地改革而產生的農地有所型態的變化

▲ 圖 6–1　農地民主化示意圖

有人甚至認為農地改革將促進共產主義化。經過松村謙三的獨排眾議，才使草案獲得接受，但地主的保有面積仍由三町步提高為五町步。盟總曾在 11 月 12 日和 13 日，邀請農林省官員進行協調，但缺乏具體的替代案而未獲結論❽。

❽　信夫清三郎，《戰後日本政治史 1945－1952Ⅰ》（東京：勁草書房，1974 年），頁 214。

　　45 年 11 月 22 日，幣原內閣通過「農地制度改革要綱」，12 月 4 日，向第八十九屆國會提出，並依此一要綱而制定了「農地調整法」。這項被稱為第一次農地改革法的法案，是以 1938 年的《農地調整法案》為藍本加以修改而成，主要內容包括：㈠地主平均可保有五町步，剩餘的佃地於五年內進行強制開放；㈡原則上禁止地主收回佃地，如果有此要求，應經由市町村農地委員會同意；㈢佃租採取低額金納化。

　　這項法案的主要缺點，在於仍為地主留下許多後路。例如，對於佃地的交易，採取地主和佃農自行商議的方式，若發生爭議，則交由所謂的市町村委員會裁定。但這種委員會是由地主五人、自耕農五人、佃農五人所組成，明顯的偏向於地主❾。再者，由於日本的土地零細分化的程度極高，擁有五町步以上土地的地主原本就不多，因此，五町步的限制沒有太大的實質意義。

　　儘管如此，這項對地主的土地所有權加以限制的法案，在當時的日本已經是一種創舉，而國會也產生強烈的反彈。1945 年時的日本，由於尚未實施驅逐公職的措施，因此構成國會的主體者，仍是戰前「大政翼贊會」時代所遺留下來保守派議員，其中地主出身者尤占多數。另一方面，共產黨也表示反對此一農地改革案。內閣於 12 月 4 日向眾議院提出法案，結果由於議員的抵制而未能完成審議。

三、改革主導權的轉移與第二次農地改革

　　由於第一次改革法案在國會中遭受挫折，再加上盟總本身的改革案

---

❾　江藤淳，《もう一つの戰後史》，頁 320。

逐漸成形，農地改革的主導權遂轉移到盟總手上。45 年 12 月 9 日，盟軍總司令麥克阿瑟提出《農業改革備忘錄》和《農民解放指令》。在《農民解放指令》中，麥克阿瑟說明其目標在於「打破數世紀來使日本農民處於封建壓制奴隸下的經濟束縛」、「使耕者能享有其勞動的成果」，並訓令日本政府在 1946 年 3 月 15 日前向盟軍總司令提出農業改革案❿。

　　美國的態度使日本國會面臨強大的壓力，45 年 12 月 15 日和 18 日，眾議院和貴族院分別通過農地調整法修正法。但在會議中進步黨和自由黨的議員還是企圖儘可能地將改革的範圍縮小。這兩黨的議員除了在佃租的金納化問題上作文章外，還主張在市町村農地委員會的成員中加上三名「德高望重的經驗者」。所謂「德高望重的經驗者」，當然是出身地主者為多。最後，在所通過的法案中，不但加入了三名「官選委員」，還將佃租金納化的基準由草案的每石五十五日圓提高為七十五日圓⓫。

　　然而，盟總對於日方所通過的改革案仍不滿意，而於 1946 年 1 月 27 日發表聲明，表示不滿意日本政府的農地改革案。盟總此時的態度，是希望採取較徹底的方式來消除地主的政治經濟權力⓬。同時，盟總也作成了自己的改革案。

　　當時麥克阿瑟個人在推動進一步的農地改革上扮演了重要的角色，而在幕後提供意見的，就是在盟總政治顧問部任職的菲利。菲利自 1941 年哈佛大學畢業後就在美國駐日使館中任職，1942 年後又在國務院中負

---

❿　思想の科學研究會編，《共同研究，日本占領軍——その光と影・上卷》，頁 380。

⓫　信夫清三郎，《戰後日本政治史 1945－1952I》，頁 216。

⓬　Michael Schaller, *The American Occupation of Japan: The Origions of Cold War in Asia* (New York: Oxford University Press, 1985), p. 43.

責經濟事務，並曾參加對日經濟政策的制定。他的想法接近美國傳統的
傑佛遜 (Jefferson) 主義，即透過對地主有償收買來徹底地創設自耕農。他
曾在 1946 年 6 月的「對日經濟政策委員會」中提出這項構想，但未被採
納。但此一構想後來不但成為麥克阿瑟《農民解放指令》的藍本，也成
為日後盟軍對日理事會農地改革案的原型。他在 1946 年 10 月還發表了
「菲利文書」，除了主張透過由政府全面收買佃地來達成佃農的解放，並
且預言日本農業的根本問題在於土地過於零細分化，因此改革必然有所
限制❸。這對 1948 年後盟軍總部農地改革政策的轉變也有一定的影響。

　　麥克阿瑟在推行農地改革上的另一位重要參謀，是盟總自然資源局
局長顧問拉德金斯基。拉德金斯基於 1889 年出生於蘇聯，1928 年取得
美國公民權，不久後在哥倫比亞大學取得農經博士學位，並先後任職於
美國政府農業部和國務院，負責經濟方面的事務。他一貫的想法，是認
為亞洲地區農民的動亂和地主佃農制有密切的關係❹，因此在二次大戰
結束前就和菲利合作，規畫日本的農地改革。他對日本政府所提出的第
一次改革案採取批判的態度，因而著手推行第二次改革。除了日本之外，
拉德金斯基也曾參與臺灣、菲律賓、印度、緬甸、泰國、南越、印尼等
亞洲國家的土地改革。

　　1946 年初，日本內外的革新運動興起，盟總乃加快改革的腳步。由
於不信任日本國會，決策機關遂移轉至占領軍的諮詢機關，即對日理事
會上。1946 年 5 月 29 日，蘇聯在第五次對日理事會中提出改革案，其

---

❸　思想の科學研究會編，《共同研究，日本占領軍──その光と影・上卷》，頁
386。

❹　Gary L. Olson, *U. S. Foreign Policy and the Third World Peasant: Land Reform
in Asia and Latin America* (New York: Praeger Publishers, 1974), p. 25.

內容包括：㈠政府徵收全部的不在地主土地、三町步以上的佃地及休耕地；㈡六町步以上的地主採取無償徵收；㈢徵收所得之地用於再分配❺。對於蘇聯的提案，理事會的議長艾奇遜表示不滿。他認為這項改革案違反了波茨坦宣言和民主的精神。為了和蘇聯的方案對抗，英國在 6 月 12 日召開的第六次對日理事會，提出另一項改革案。其著眼點，在於修正第一次農地改革中由地主和佃農直接進行交易的作法。另一方面，英國也對盟總所發表的《農地改革備忘錄》提出了批評，認為備忘錄所描述的農地改革只適用於大土地所有制的國家，而日本並非此種國家。同時，英國也反對採取急進的改革方式。但在理事會中，中國支持英國的提案，美國為了和蘇聯對抗，也必須採取和英國一致的立場。英國的農地改革案是由曾經出版《日本‧敵人還是朋友》(*Japan, Enemy or Ally*) 一書的學者包爾 (William Macmahon Ball) 所起草，其重點包括：㈠地主保有地的限度由 5 町步減少為 1 町步，㈡由國家直接收買地主的土地賣給佃農以達成地主制的解體❻。6 月 17 日召開第七次對日理事會，經過中國提案修正後，通過了以英國案為架構的「對於日本農地改革之勸告案」，並將此一勸告案提交給占領軍當局。其主要的特色就是以國家直接強制收買作為改革手段。這也是中、美、英、蘇四國共同接受的作法。

　　6 月 17 日當天，盟總以勸告案的形式將理事會所通過的英國案交付日本政府。6 月下旬，盟總再根據此一勸告案，由拉德金斯基加以修改後，作成改革案交給日本政府。對於此案，日方沒有拒絕的餘地，也不

---

❺　東京歷史科學研究會現代史部會，《日本現代史の出發——戰後民主主義の形成》（東京：青木書店，1982 年），頁 107。

❻　東京歷史科學研究會現代史部會，《日本現代史の出發——戰後民主主義の形成》，頁 107。

敢加以修改，而在 7 月 26 日通過《關於徹底改革農地制度之措置要綱》
的內閣決議案，並以此一要綱為基礎，作成被稱為第二次農地改革法的
《自作農創設特別措置法》和《農地調整法》的再修正案。值得注意的
是，盟總並非以命令的形式對日本政府提出改革案，使農地改革在形式
上成為日本政府自由意志所產生❶ 。

　　此時擔任日本政府農相的，即是受到首相吉田茂提拔的和田博雄。
儘管內閣之中和國內興論反對改革的聲音還是不小，但由於和田得到吉
田首相和麥克阿瑟的完全支持，執政的自由黨乃表明支持其改革案。10
月 11 日，日本政府在獲得盟總的認可之後向國會提出法案，國會則以無
修正的方式通過兩項法案，並於 21 日公布實施。這兩項法案也成為日後
實施農地改革的基礎。

　　第二次農地改革案的主要內容包括：㈠政府在兩年內強制收買所有
不在地主的佃地和在村地主超過一町步（北海道為三町步）以上的佃地，
所徵收的土地原則上都賣給佃農。㈡農地全國平均價格規定為水田每一
千平方公尺七百六十日圓，旱田四百五十日圓。對於未滿三町步的土地，
付給地主補償金。㈢剩餘的佃租採取金納制，並預計將佃租率限制為水
田百分之二十五，旱田百分之十五。㈣佃租契約文書化，除非情況特殊
並得到知事許可，地主不得收回土地❶ 。此外，農地委員會的成員，也
改為地主三人、佃農五人、自耕農二人，以加強佃農的立場。

　　1946 年 12 月 20 日至 27 日，日本全國舉行市町村農地委員大選，
第二次農地改革正式進入實行階段。1947 年 3 月 31 日政府進行了第一
次農地收買，到了 1948 年 7 月，農林省共計收買土地一百七十五萬町

---

❶　升味準之輔，《日本政治史 4・占領改革、自民黨支配》，頁 144。

❶　有澤廣巳，《昭和經濟史・下》（東京：日本經濟新聞社，1980 年），頁 33。

步，並將其中一百二十二萬賣給佃農。10 月 2 日及 12 月 2 日進行最後
兩次收買後，收買的工作遂告完成❶。在實施改革時，地主雖然未採取
激烈的抵抗手段，但過程中仍有一些瑕疵。例如，在第一次改革案提出
後而尚未成立的空檔，許多地主即已採取急速的土地回收、分家，或是
將土地出售的措施，以逃避徵收。此外，儘管佃農已占農業委員會中的
五席，但其政治組織力原本就不如地主，再加上難以從原本對地主絕對
服從的關係中解放出來，因此委員會的主要功能成為維持地主和佃農間
的和諧關係，對於地主的脫法行為往往加以容忍。

　　對於佃農而言，如果要真正產生政治影響力唯有透過集體行動來達
成。事實上，第二次農地改革和第一次的最大不同點，除了由日本政府
主導變為盟總主導之外，農民運動由下而上地發揮了強大的監督力量，
也是不可忽視的事實。

四、農民運動的角色

　　二次大戰結束後，既有的政治體制出現權力真空，糧食危機惡化，
再加上對於戰時地主支配的不滿，日本各地展開一連串要求農政民主化、
揭發農會對於配給物資分配不公、反對地主回收土地的抗爭運動。農林
省提出第一次農地改革案後，社會黨在 1945 年 11 月 2 日舉行建黨大
會，主張採取有償收買地主土地來創設自耕農的方針，共產黨則進一步
主張無償收購。戰前的農民運動家，也在 11 月分召開農民組合全國懇談
會，決定成立全國單一的農民組合。

---

❶　J. B. コーヘン著，大內兵衛譯，《戰時戰後の日本經濟‧下卷》，頁 266。

　　1946 年 2 月 9 日，日本農民組合（簡稱「日農」）召開成立大會。
參與的包括戰前各派的農民組合。和戰前不同的是，此次參加的包含大
多數村落的農民，因此雖然號稱有一百萬成員，但組織顯得較為鬆散，
且社會黨和共產黨在一開始就因主張不同而發生衝突。大會中通過多項
綱領，並宣言將以降低佃租、佃租金納化、確立耕作權、改革供出米制
度、達成村町行政和農會的民主化為抗爭目標。

　　早在 1945 年 12 月 15 日，長野縣鹽尻村的農民即組成農民委員會，
展開反對地主回收土地、改善供出米分配的農民運動。1946 年 1 月 8
日，該村又組成了佃農組合、佃地共同管理組合，成為地方農運的先聲。
同年 5 月，新潟縣保倉村的農民向地主提出反對回收土地和要求佃租金
納化的主張。同月，「食米獲得人民大會」代表在首相吉田茂的官邸進行
靜坐，使其組閣發生困難，但也引來麥克阿瑟發表「不容許暴民示威」
的聲明，才將情勢壓制下來❷⓪。

　　從第一次農地改革到第二次改革期間的農民運動，主要是以維護耕
作權為目標，因此以地主和佃農之間的爭議為主。但隨著第二次農地改
革的進行，農運的抗爭議題出現分歧。除了反對地主的土地回收及爭取
佃租金納化，還產生如何因應地主勢力解除後管理極度零細化而分散的
農地的問題。同時，由於地主制的瓦解也意味著農業將進行資本主義的
重編，因此要求國家資金補助以防止農業的獨占資本化，並推行機械化
的大量生產、反對強制性米糧徵用、反對低米價重稅政策等，此所謂「生
產復興鬥爭」也成為農民運動的議題。

---

❷⓪　戰後日本政治史研究會編，《現代日本政治史年表·解說》（京都：法律文化
　　社，1988 年），頁 11。

　　1946 年 8 月 6 日，「日農」 的奈良縣連合會召開 「肥料的勞動節 (May Day)」，要求由人民管理肥料以及吉田茂下臺。同時，「日農」第二屆中央委員會也作成決議，要求由國家來管理肥料。新潟縣蒲原四郡和岩船郡的農民，並參加東洋合成新潟工廠的生產管理鬥爭，和勞動組合互相合作而組成「硫安製造委託組合」，創下由勞工和農民共同管理工業生產和產銷以解決糧食危機的先例❷1。同年 11 月，山形縣金井村的農民，為了對抗地主回收土地，決定採取集體共同耕作。這也意味著農民必須採取共同經營的方式來管理零細分化的土地。

　　在兩次農地改革之間，農民運動對日本發揮了相當大的監督作用。然而，隨著改革案的確立，如何實際經營改革後的農村，卻使農民運動內部產生貧農和富農的對立。

　　1947 年 2 月，「日農」舉行第二次大會，提出由「農地改革」進入「以新農業組織為中心的農業革命」。其構想，為採取農業協同組合的共同經營形態，來克服農地改革後農民的小土地所有和零細經營規模，以朝向「社會主義計畫經濟之一翼」發展❷2。然而，「日農」的組織不但包含佃農、也包括自耕農，還有小地主。因此，這樣的主張並不能獲得全體完全的支持。代表富農利益的右派平野力三等人，提出社會黨和吉田茂成立聯合內閣、支持米糧供出、反對徹底的農地改革、排除共產黨等主張，並宣布退出「日農」而組成以「反共、反法西斯、反資本主義」為目標的 「全國農民組合」（簡稱「全農」）。另一方面，1947 年 5 月片

❷1　東京歷史科學研究會現代史部會，《日本現代史の出發──戰後民主主義の形成》，頁 110。

❷2　東京歷史科學研究會現代史部會，《日本現代史の出發──戰後民主主義の形成》，頁 111。

山哲內閣成立後，反對容共的「日農」成員，提出日農應有主體性的主張，反對農民的反稅鬥爭及農地改革過度徹底，並在 1948 年 4 月組成了「日農主體性派」。

隨著 1948 年占領政策的轉變，急進派的農運份子紛紛遭到整肅。另一方面，隨著改革的落實，「日農」已由社會運動機關變為日常性機構，事權逐漸集中在幹部的手中。這些幹部，不是原來的自耕農，就是由改革而從佃農變成的自耕農，其中許多人紛紛投入地方的公職。組合的成員，也由 1948 年時的兩百五十四萬人，減少為 1951 年的五十萬人❷❸。再者，1947 年在盟總的指導下所成立的「農業協同組合」（簡稱「農協」），雖然採取農民民主的組織原則，但在人事、資產、業務上都繼承了戰前的農會。農協的主要任務在於農業貸款、協助政府進行價格統制，主要的幹部則由戰前的地主變為地方的名望家。這些幹部是地方政治的主力，50 年代後在政府的農業保護政策下，成為保守主義的基礎。

五、對農地改革的評估

1948 年，盟軍總部的占領政策，逐漸由初期的經濟民主化和非軍事化，轉變為強調經濟發展及反共的保守主義。這也對農地改革的推行發生重大的影響。首先，農地改革的範圍遂僅限定於既有耕地的土地所有權上。盟總原本計畫將林野地也劃入解放的範圍，到了此時則取消了此一計畫。1948 年 6 月 14 日，盟總自然資源局局長戴維斯 (R. H. Davis) 在會見記者時表示「不認為有進行第三次土地改革的必要」，顯示出盟總將

---

❷❸　升味準之輔，《日本政治史 4・占領改革、自民黨支配》，頁 147。

改革的範圍限定在第二次改革案之內。另一方面，農地改革原本強調經由農地所有權的分散來達成經濟民主化，此時則轉變為著重糧食的生產和維持保守政治的基礎❷。所謂「農地改革」，到此算是告一段落。

儘管如此，農地改革還是有相當的成果。根據日本政府農林省所發表的「農地等開放實績調查」，1945 年 11 月 23 日當時，日本全國的農地總面積共計五百一十五萬餘町步，其中佃地為兩百三十六萬餘町步，共占百分之四十五點九，經過五年的改革，政府收買的土地達一百九十三萬餘町步，其中一百八十九萬餘町步是佃地，共占原有佃地的百分之八十點一。到了 1950 年 8 月 1 日時，全國的佃地僅占所有農地面積的百分之九點九❷。

另一方面，政府對於地主的土地雖然進行有償收買（水田一反九百七十八日圓，旱田一反五百七十七日圓），但這個價格乃是依國家總動員法而以 1939 年 9 月時的水準為依據，並且打算以公債替代現金來支付。結果由於戰後的通貨膨脹，地價暴跌而使地主實際所得非常低❷。地主乃向法庭控告政府違憲。結果最高裁判所在 1953 年判決此為合憲。地主改向自民黨右派議員活動，到了 1965 年成立《農地報償法》，以「地主協力參與農地改革」的名義，每十畝給與兩萬日圓的補償價格（旱田則為六成），以公債❷支付。

---

❷　岩本純明，〈占領軍の對日農業政策〉，中村隆英編，《占領期日本の政治と經濟》，頁 181。

❷　安藤良雄，《近代日本經濟史要覽》（東京：東京大學出版會，1983 年），頁 149。

❷　J. B. コーヘン著，大內兵衛譯，《戰時戰後の日本經濟・下卷》，頁 263–264。

❷　有澤廣巳，《昭和經濟史・下》，頁 34–35。

　　縱觀整個農地改革的過程，可以發現其成功的因素包括㈠占領當局的強力推行，使既得利益者難以抵抗。㈡農民運動的興起，使日本政府產生不改革就有革命發生的危機感，農民組織本身也發揮了強大的監督效果。㈢日本在戰時就累積了改革的經驗，而其農政官僚體系在戰後仍能持續推行此項工作。日本本身的土地極為零細分化，再加上戰時的統制經濟已使地主勢力受到限制，因而使政府相對地具有較大的支配力。

　　由於推行改革的主體是占領軍當局和日本政府，因此改革必然有其一定的制約。經過此次農地改革，日本的地主制可謂已經解體，而新產生的大量自耕農，則成為日本保守政治的新經濟基礎。在執政的保守黨長期的農業保護政策下，農民運動在農村已經失去了支持層。另一方面，1955 年自民黨成立後，透過農業技術的改進以及政府的公共投資，日本的農業已經完全的資本主義化。因此而產生的「新中產階級」則成為戰後民主政治的支柱。

　　農地改革提高了農民的生產報酬，也加速了糧食的增產和技術革新。從 1945 年到五十四年，日本農業綜合生產指數增加了一倍，電動機械的使用量則成長了六倍❷❽。此外，農地改革也使原來的地主將投資的焦點轉向現代工商業部門。因此，若沒有農地改革的基礎，日本在五〇年代初期以後的急速工業化，必然會因人口大量流入工業部門而造成糧食供應不足，地主階層也將因糧食的價格高漲和工業生產成本的提高，而缺乏進行現代化投資的誘因。

　　由此可知，農地改革正是戰後日本政治經濟體制變革的關鍵。試看今日的菲律賓等亞洲的開發中國家，其經濟體制的未能變革以及經濟成長的受限，皆因未能遂行土地改革所致。

---

❷❽　安藤良雄，《近代日本經濟史要覽》，頁 159。

第七章

憲法制定──日美政治交易的原點

　　戰後日本國憲法的制定是跟日本軍國主義的解體並行，由外壓促成的。盟總司令官麥帥最初對日本要求憲法修改，是在 10 月 4 日，而且是向國務大臣近衛文麿提示的。

一、近衛文麿最先著手修憲

　　對近衛文麿的修改憲法動向，在幕後影響最大的是自由主義記者岩淵辰雄。他在戰爭末期，與吉田茂、殖田俊吉等為近衛的幕僚智囊，從事與英美講和的工作，因此被憲兵逮捕下獄。戰後東久邇宮組閣之後，岩淵認為其內閣都是舊官僚不能勝任改革，因此策謀更迭重光葵外相，由吉田茂取代，然後由國務大臣的近衛、小畑、緒方、加上外相吉田，共同修改憲法，從事國內的改革。

　　岩淵的修憲構想是，削除天皇的大權，使皇室不參與政治，而與皇位繼承無關的皇族都降下臣籍，使皇室沒有政治上的特權，僅保留為被國民尊敬的對象。然而小畑敏四郎不贊成岩淵的意見，他雖然贊成修憲，但是不贊成根本削弱皇室，吉田茂則更是盡忠皇室，絕對反對傷害皇室。只有近衛文麿贊成岩淵的意見，他認為從第一次世界大戰的經驗，盟國

必定實行戰爭裁判，到時天皇如以證人身分被法庭傳喚就糟糕了。為了防止此種事態的發生，日本必須先行修憲，表示皇室不負政治責任❶。

近衛為了請示總司令部的方針，於 9 月 13 日下午五點鐘第一次訪問麥帥。當時因為總司令部的翻譯人員日文差勁，近衛未能充分的把握麥帥的意思，但是麥帥勉勵他為日本的民主化努力，而這對他也好對日本也好都有利的一點，算是最清楚的聽懂了。近衛猜測這是麥帥暗示他去組織新黨的意思。近衛要訪問麥帥之前，其智囊岩淵曾提醒他，占領軍和日本政府的交涉，必須作成記錄文書，不然以後就空口無憑，因此近衛的麥帥會見記錄尚保存下來❷。

因為第一次訪問未能確實的把握麥帥的指示，10 月 4 日近衛第二次拜訪麥帥，這時除了麥帥以外，參謀長蘇瑟蘭中將，以及美國國務院派來的政治顧問艾傑遜也在場，近衛這次帶來終戰連絡中央事務局（終連）長官岡崎勝男當翻譯。麥帥指示，第一，必須修改憲法，充分的採取自由主義的因素，第二，議會是反動的，即使解散而依現行選舉法改選，還是沒有多大變動，因此必須擴大選舉權，承認婦女參政權和勞動者的權利，以上都必須盡快實行。近衛答以憲法的修改天皇有發議權，必須獲得天皇許可。麥帥說讓天皇知道盟軍總司令官指示修憲就好了。近衛說，今後在麥帥的勉勵和忠告之下願為國服務。麥帥說，你尚年輕，應該勇敢的站在領導的陣頭，如果你的周圍集合自由主義者，公開憲法修改的提案，則議會一定追隨你。從這次會談，近衛認為麥帥將修憲工作

---

❶ 岩淵辰雄，〈憲法改正と近衛公〉，《岩淵辰雄選集・第 3 卷》（東京：青友社，1967 年），頁 103–115。

❷ 住本利男，《占領祕錄・上》（東京：每日新聞社，1952 年），頁 73–74。

交付給他去做❸。近衛的二次拜訪麥帥，其意圖在自己保身之計還是拯
救天皇，有種種猜測和說法。

　　近衛回去以後，將他與麥帥會談的事報告給天皇，天皇即說你就進
行修憲工作吧，於是近衛認為自己又獲得天皇「內命」而開始籌劃憲法
的修改。可是內大臣木戶幸一以及樞密院議長平沼騏一郎並不高興近衛
的作風，尤其是木戶幸一，認為修憲事關重大，反對給近衛一人勅命。

　　當近衛和麥帥會談的 10 月 4 日，正是總司令部下令罷免內相山崎
巖以下一切特務警察及憲兵全體，迫使東久邇宮在翌日辭職，10 月 9 日
由戰前推行國際協調外交聞名的幣原喜重郎組閣。

　　在幣原組閣的前一天 10 月 8 日，近衛率領其美國專家幕僚高木八
尺、松木重治、牛場友彥等拜訪在總司令部的政治顧問艾傑遜，徵求有
關憲法修改的意見。艾傑遜即說明總司令部的基本構想十二項。高木八
尺博士在《近衛文麿》傳記所記錄的十項目❹，跟總司令部民政局所刊
行的《日本政治的重編》所列舉的十二項目❺，內容略有出入。高木博
士的記錄表示當時總司令部的構想，而民政局的報告書可能是代表美國
華盛頓當局的想法。依民政局的記錄十二項為：㈠擴大眾議院的權限，
特別是預算權，㈡削除貴族院的否決權，㈢確立議會的責任制，㈣貴族
院的民主化（高木記錄缺此項），㈤廢止天皇的否決權，㈥縮小依詔勅和
勅命的有關天皇的立法權（高木記錄對天皇的權限皆未論及），㈦對基本

---

❸　住本利男，《占領祕錄・上》，頁 74-75。

❹　矢部貞治編，《近衛文麿・下》（東京：近衛文麿傳記編纂刊行會，1952
　　年），頁 591。

❺　聯合國最高司令部民政局，〈日本の新憲法〉，《國家會雜誌》65 卷 1 號，
　　1951 年 6 月 1 日，頁 20。

人權設立有效的條項，㈧設立獨立的司法部，㈨加彈劾和罷免官吏的條
項，㈩從政府排除軍人的影響力　（高木記錄中，將軍部大臣改為文官
制），㈠廢止樞密院（高木記錄為改革樞密院），㈡加入得依人民創議和
國民投票修改憲法。

　　高木記錄，其他還有「像英國那樣，實行政府對議會負起責任的制
度」，「警察制度、教育制度的改革、削除中央集權之弊」❻。從艾傑遜
的十二項來看，當時美國對憲法的修改，尚未考慮到國民主權、天皇的
象徵化、軍備的廢止等問題。這與後來日本國憲法「放棄戰爭」的條項
比較起來，構想尚稱溫和，例如其第十「排除軍人的影響力」的項目，
即表示以存留軍人為前提。

　　近衛獲得艾傑遜的有關憲法修改的十二項目指示後，去拜訪內大臣
木戶幸一，傳達總司令部的意向，並說，日本如猶豫不決，美國可能交
付修憲案來。木戶不得已，與樞密院議長平沼騏一郎商量，勸近衛出任
「內大臣府御用掛」。近衛起先反對就任，說我得天皇勅命修憲，不需要
當「內大臣府御用掛」，但是木戶堅持其主張，說天皇用口頭說，不等於
勅命，天皇也不可能下勅命給一個人去修憲，應該在內大臣府先檢討是
否有修憲的必要。雙方爭論的結果，最後近衛屈服內大臣的意見，10月
11日天皇正式任命近衛為「內大臣府御用掛」，著手調查有否修憲的必
要、修憲的範圍，以便奉答天皇。

　　在此之前，近衛即斟酌由誰來起草憲法修改案，他想到京都帝大在
學中的老師佐佐木惣一，而高木博士也極力推薦佐佐木，因此派祕書細
川護貞到京都去交涉。佐佐木詢問美國的態度和天皇的「御意向」後，

---

❻　矢部貞治編，《近衛文麿・下》，頁591。

考慮一天以後才答應接受憲法修改案的起草工作，而到東京❼。近衛以為，接受勅命時，設立憲法審議會，花半個月擬定草案，形式上得樞密院附議後，提出議會。

二、政府和內府爭奪修憲

10月9日幣原內閣成立，因此內大臣木戶幸一將總司令部要求日本修憲的事情轉告給幣原首相，幣原憤慨並拒絕近衛的干預修憲。可是10月11日，天皇正式任命近衛為「內大臣府御用掛」調查修憲問題，並由宮內大臣石渡莊太郎將此事轉告首相。當天下午的內閣會議，首相報告此事，國務大臣松本烝治等即主張修憲是國務，應該由內閣著手，不應由宮內省或內大臣府去做。其他閣僚亦贊成，而內定由松本去著手修憲工作，首相並將此決定以電話通知石渡宮相。木戶內大臣即召集石渡宮相、內大臣祕書官長松平康昌、高木八尺、牛場友彥開會商議的結果，認為修憲雖然說是國務之事，既然是天皇的「御發議」，由宮中調查也未嘗不可。因此決定還是跟政府的調查不同，另行由宮中調查，以備輔弼天皇之責。

近衛被任命御用掛的10月11日黃昏，幣原首相第一次去拜訪麥帥。本來幣原在10月9日組閣之日即想去拜訪，可是木戶內大臣和石渡宮相以幣原反對修憲會冒犯麥帥，極力勸阻其延期拜訪。現在首相決定著手修憲並要奪取修憲的領導權，必須去請示麥帥，獲得修憲的指令。麥帥以口頭要求憲法的自由主義化，並指令民主化的五大改革，內容包

---

❼ 矢部貞治編，《近衛文麿‧下》，頁592。

括婦女解放、獎勵勞工組織、學校教育民主化、撤廢祕密審問的司法制
度、經濟機構民主化五項目❽。

　　幣原得到麥帥授權修憲之後，10 月 13 日召請近衛到首相官邸，在
松本國務大臣的面前宣布，修憲是國務，應由政府籌劃，決定任命松本
為調查主任，開始研究修憲問題，至於內府要調查修憲請便，但雙方不
要連絡也不要妨礙彼此的修憲工作。近衛聽了幣原的話甚感意外，因為
天皇在前天才正式任命他調查修憲問題。10 月 25 日，政府正式設立「憲
法問題調查委員會」，委員長為松本。從此修憲的領導權歸於幣原內閣。
但是委員會的名稱沒有「修改」的字樣，其目的在調查有否修改憲法的
必要。

　　自從近衛奉勅命擔任修憲之事公開傳出以後，內外的輿論都在抨擊
此事。東大的憲法學者宮澤俊義在 10 月 16 日的《每日新聞》發表〈違
反憲法精神的內大臣府審議〉❾，評論內大臣府審議修憲問題是違反立
憲主義的精神，《紐約時報》也在社論批評，像近衛這種應該列為戰犯投
入監獄的人被選為新日本憲法的起草人，美國的占領目的能否達成甚有
疑問。

　　10 月 21 日近衛與外國記者會面時，被問到修憲問題，他不但說要
縮小天皇的大權，修改貴族院，甚至提到天皇的退位問題。AP 通訊社
的東京支局長，也是麥帥最親近的記者布萊恩斯 (Russell Brines) 打出電

---

❽　信夫清三郎，《戰後日本政治史・I 占領と民主主義──1945 年 1 月─1946
　　年 5 月》（東京：勁草書房，1974 年），頁 185。

❾　宮澤俊義，〈憲法精神に反する內大臣府の審議〉，《每日新聞》昭和 20 年
　　10 月 16 日。

報說：依近衛的話，日本如果履行《波茨坦宣言》的話，天皇可能退位。此通電話使內閣和內府都感驚愕；為什麼與天皇這麼親近的近衛會說出這種話？於是興起一股排斥和打擊近衛的風潮。近衛的祕書牛場友彥立刻去拜訪布萊恩斯說：近衛的意思是天皇接受《波茨坦宣言》，故有履行的義務，但《波茨坦宣言》尚未完全實行，因此從國際信義上天皇也還不退位。布萊恩斯說對不起聽錯了，但是打出電報的反應消失不了。翌10月22日，幣原首相到內大臣府拜訪近衛，抱怨其對國家的重要問題亂講話，松本國務大臣也怒斥：像您這種身分的人還講出天皇「御退位」的話。近衛只好紅著臉一再的辯解不是那個意思。10月23日，近衛接見內閣記者團，發布聲明，說他不是那個意思，並透露關於皇室典範的修改他並沒有得到天皇的「御下命」❿。

　　然而關於修憲問題，仍舊由政府和內府並行調查。本來近衛急著督促佐佐木博士趕緊作成修憲案，現在政府也開始調查，又遇到輿論的抨擊，因此感到立場困難。站在宮內省的立場來說，這只是提供給天皇個人參考，並沒有強迫內閣接受的意思。內大臣木戶在此狀態下，甚至主張政府和內府並行作業，可是有人建議說，如果幣原首相和石渡宮相之間加以溝通的話，就不會產生對立了。內大臣祕書官長松平康昌向近衛建議溝通之事，於是陪近衛去見擔任修憲問題調查的松本國務大臣。經過這次松本的居間調停之後，木戶內大臣的意見也改變了，10月24日交給近衛一封意見書，說修憲成了重大的政治問題，給人有政府和內府兩頭調查的印象，因此只要把修憲的必要和大綱報告天皇，其他細目由天皇下命內閣調查。

---

❿　住本利男，《占領祕錄‧上》，頁79。

　　如此，內府和政府分兩頭各自調查修憲問題，其間全無聯絡。近衛曾經與總司令部接觸，而艾傑遜提示十二項修憲的構想等，政府完全不知。自從幣原在 10 月 11 日會見麥帥之後，以為總司令部並沒有強制修憲的意向，因此內閣的氣氛都以為日本可以自主的慢慢修憲，像明治憲法伊藤博文於明治十七年 （1884 年） 到美國調查，至明治二十二年（1889 年）生效也費了五年多的歲月。何況戰前因天皇機關說而被追放的美濃部達吉博士，在報紙評論修憲問題說，明治憲法非常簡潔，如果運用得好，也能充分的達到民主化的目的，修改憲法不應該在敗戰的混亂時期，應該等獨立以後才實行❶。

　　日本政府設立「憲法問題調查委員會」的目的，在先行調查有沒有必要修改憲法，並不一定即刻要修改憲法。委員長松本國務大臣徵求樞密院議長平沼騏一郎的意見，任命東北帝大教授河村又介、清宮四郎、東京帝大教授宮澤俊義等為委員，其他委員為樞密院書記官石黑武重、法制局長楢橋渡、法制局第一部長入江俊郎、法制局第二部長佐藤達夫、補助員刑部莊、佐藤功等。並聘美濃部達吉、清水澄、野村澄治三人為顧問❷。清水澄為樞密院副議長，本來不適合擔任顧問，但是以委員會非官制解釋，得以承認其聘任。但清水顧問儘量避免發言，保持沉默。美濃部顧問一直主張明治憲法仍然可以運用，野村顧問則主張以美國的方式修憲，例如，首相如美國總統那樣由國民選舉，行使強力的行政權，使行政、立法、司法三權分立，天皇仍舊保留；但不參與政治。

　　近衛和松本，內府和政府競行調查修憲之事遭受內外輿論抨擊時，

---

❶　美濃部達吉，〈憲法改正問題〉，《朝日新聞》10 月 20 日、10 月 22 日。

❷　長谷川正安，〈戰後憲法史·4〉，《法學セミナー》1977 年 4 月號，頁 35。

11 月 1 日總司令部的發言人聲明，近衛從事修憲工作與總司令部無關，近衛的資格自東久邇宮總辭職而失效，故一口否定總司令部委由近衛修憲之事。從近衛的立場來看，他經過二次拜訪麥帥，深信總司令部委任他從事修憲的工作，並且在 10 月 5 日東久邇宮內閣總辭職之後，10 月 8 日近衛與總司令部政治顧問艾傑遜會面時，還提示了削減天皇的立法權等修憲的十二項目構想。幣原內閣成立（10 月 9 日）之後的 10 月 15 日，高木八尺博士還代表近衛與艾傑遜懇談修憲之事。因此現在內外輿論有所批評以後，總司令部即變更否定前言。依富田健治（1940–1941 年第二次和第三次近衛內閣的書記官長）的話，總司令部的有關單位，在聲明之後偷偷的向近衛說對不起，請其以後不要為修憲事再來聯絡❸。

當時在國內的輿論升高對近衛的批評，齋藤隆夫、川崎克等不斷的攻擊近衛，甚至說東久邇宮內閣搞不好也是因為近衛當國務大臣之故。國外的輿論以《紐約時報》為始，也對近衛做無情的非難，民主黨的上院議員陶邁斯 (Elbert D. Thomas) 抨擊近衛不是自由主義者，追究其戰爭責任。對於近衛的從事憲法調查的批判，牽連了對麥克阿瑟起用近衛的批判，這牽涉到近衛為戰犯嫌疑的問題。當初近衛會見麥帥時，美國尚未決定戰犯追究的範圍，至少未將近衛列為戰犯，可是其後美國的戰犯政策急速的決定，輿論也變成強硬之後，總司令部也不得不變更，發出與事實不符的聲明。

除了輿論之外，日本政府對內大臣府的憲法調查的批評，也是使總司令部的態度變更的原因之一。給近衛的修憲工作最大的打擊的還是吉田茂，自從 9 月 17 日他上任外務大臣之後，完全杯葛近衛為中心的修憲

---

❸　住本利男，《占領祕錄‧上》，頁 83。

工作，使其自由主義的幕僚岩淵辰雄不得不放棄官方的修憲路線，去找民間的左派室伏高信等 「文化人聯盟」 在 11 月 5 日成立 「憲法研究會」，由高野岩三郎、森戶辰男、杉森孝次郎、馬場恒吾、鈴木安藏等共同研究， 12 月 27 日發表 「修憲草案要綱」，包括擬定天皇為象徵的內容❶。

　　近衛在內外的夾擊之下，仍然硬著頭皮進行修憲案，以便奉答天皇。授權草擬修憲案的佐佐木惣一博士，與其門生磯崎辰五郎、大石義雄，在箱根的別館進行草擬修憲案，其幕僚牛場友彥、高木八尺、松本重治等則與總司令部接觸，聽其有關修憲的意向，再加上近衛戰前內閣的書記官長富田健治、其祕書細川護貞，共同討論。陸軍中將酒井鎬次也提供意見。只是佐佐木博士不大理會牛場友彥等從美軍所聽來的有關總司令部的修憲意向。

　　11 月 19 日，佐佐木的憲法修正草案擬成，與高木八尺、酒井鎬次等在小田原的別莊檢討，因酒井中將的積極建議，內容再相當的修改，成為近衛案。近衛案與佐佐木原案相比，天皇的大權更形縮小，廢止樞密院，貴族院則削弱改為特議院等，只是尚未採用主權在民，以及美國的地方分權，特別是警察的地方分權的措施。依酒井中將的建議，近衛於 11 月 22 日將修憲調查的結果寫成大綱，以意見書（近衛案）上奏天皇❶。11 月 24 日，佐佐木又親自將自己草擬的修憲案（即佐佐木案）八章一百條的詳細內容晉謁天皇說明。可是當天，政府宣布廢止內大臣

---

❶　佐藤達夫，《日本國憲法成立史・第 1 卷》（東京：有斐閣，1962 年），頁 784–846。

❶　矢部貞治編，《近衛文麿・下》，頁 596–597。

府，近衛的「內大臣府御用掛」的頭銜也就落空了。12 月 6 日，總司令部對近衛發出戰犯逮捕令，16 日近衛自殺死亡，近衛的修憲工作於是終了，對政府修憲作業沒有任何實質的影響。

優柔寡斷的近衛一面講究天皇制的護持，一面又說：「關於國體，應該舉行國民投票來確立天皇制較好。陛下退位後，我認為使高松宮任攝政為佳」，因此才會走上被消滅的命運。天皇制的存續，並不是在於國民投票，而是全在於麥克阿瑟，近衛雖然是個政治家，卻未注意到此點。

三、日本政府的《松本草案》

近衛的修憲工作遭受重大的打擊時，如果對政府有什麼影響的話，就是促使對修憲消極的幣原內閣，改變態度漸漸趨於積極。以法制局的集團，入江俊郎、佐藤達夫、佐藤功、渡邊佳英等為中心，參考委員會的意見，從 11 月底開始著手草擬修憲案。可是松本為委員長的草案方向，因為不像近衛案先獲得艾傑遜的修憲十二項目指示，可以預料是非常保守的。12 月 1 日司法大臣岩田宙造聲明，議論天皇制者將以「不敬罪」鎮壓。12 月 8 日國務大臣松本烝治發表修憲的四原則，其第一個原則就是天皇的總攬統治權不變。到 1946 年 1 月 4 日，松本委員會才草擬成憲法修改的甲案和乙案，甲案與明治憲法差不多，乙案則修改幅度稍大，但保守的程度，也是五十步與百步之差而已。

松本委員會認為國家機關說是正統的法理論，對《明治憲法》的第一條到第四條天皇為國家之元首總攬統治權，都保留下來，只是對第三條「天皇為神聖不可侵」在文字上修改為「天皇為至尊不可侵」而已。其他如「天皇為執行法律、或為達成行政目的，得以發布必要之命令」、

「天皇統帥軍」（明治憲法為統帥陸海軍，現在加上空軍，故以籠統的「統帥軍」表現），只是對明治憲法作最少必要限度的修改而已❻。1月7日，松本還去拜謁天皇，費二個多鐘頭的時間說明內容，天皇甚至「御下問」「天皇之司法權以天皇之名……」是什麼意思？第一條天皇統治，和第三條「天皇為至尊不可侵」是否內容重複？松本向天皇說明之後，才開始交由內閣會議檢討，總司令部一直催促提出憲法草案，可是日本政府以研究中敷衍，並未提出。

「國體護持」是日本接受《波茨坦宣言》的唯一條件。極力主張接受此宣言的東鄉外相主張：「現應提出為條件的，唯有保皇室之御安泰一條件而已」，而在御前會議上，對於應以國體護持為絕對的要件而對《波茨坦宣言》持保留態度的這種看法，並沒有任何異議❼。於是，日本政府以「不包括要求變更天皇的國家統治之大權的情形下」為條件提出接受《波茨坦宣言》的申請時，聯合國給與的答覆卻是「應依照日本國國民之自由表明的意思而決定」❽。因為聯合國的回答並不直接言明天皇制的存續，所以日本的支配階層對於天皇的命運，只能完全仰望於美國了。

1月4日，美國政府顧問艾傑遜在給杜魯門總統的書簡中報告說：「為了使民主化的改革能夠有效的進展，利用包含天皇的日本政府機關——尤其是天皇——乃是最有效的。今後如要繼續利用天皇，就必須

---

❻　佐藤達夫，〈日本國憲法成立史・1〉，《ジユリスト》81 號，1955 年 5 月 1 日，頁 8。

❼　東鄉茂德，《時代の一面》（東京：改造社，1952 年），頁 343。

❽　辻清明編，《資料戰後二十年史・1 政治》（東京：日本評論社，1966 年），頁 4–5。

使天皇免除戰犯；為了實施日本投降的條項，天皇在位是有其必要
的。」❶1 月 24 日，幣原首相以生病（肺炎）時美軍贈送特效藥盤尼西
林的答禮為藉口去拜訪麥帥。幣原說自己年紀很大（75 歲），不知什麼
時候會死，但在瞑目之前希望看到天皇制的存續，而請麥帥幫忙。麥帥
說，在美國有強硬的主張廢止天皇制的意見，但是鑑於美軍占領日本，
未花一顆子彈、流一滴血，全靠日本天皇的力量，對天皇表示尊敬，而
願意為維持天皇制協力合作，如果憲法規定天皇為象徵，而又放棄戰爭，
則能贏得蘇聯、荷蘭、澳洲等盟國的信任。1 月 25 日，麥克阿瑟在拍給
陸軍參謀總長艾森豪 (Dwight David Eisenhower) 的電報中主張：「天皇是
日本國民統合的象徵，若將其破壞，則日本國大概也要瓦解了。」❷「象
徵」之辭，就是起源於這裡的。因此，象徵天皇制應該可以說就是麥克
阿瑟所先行決定的。

　　麥帥未經其本國政府的同意，逕自與日本政府妥協，決定保存天皇
制，於是策謀在遠東委員會開會而盟國對天皇制或國體護持問題尚未下
決策之前，造成憲法修改保存天皇制的既成事實。因此，麥帥依 1 月 24
日與幣原首相的妥協，亦即日本維持天皇制和放棄戰爭的條件，於 2 月
3 日指示給總司令部民政局修憲的基本原則，一方面支持「皇位繼承為
世襲」而肯定日本的國體護持，另一方面要求日本「放棄國家主權中的
戰爭權利」而封鎖日本軍國主義的再起。麥帥認為如此修憲最符合美國
的利益，而且也算依循盟國的意向，如果盟國對天皇制的保存有所批評，

❶　竹前榮治，《占領戰後史——對日管理政策的全容》（東京：雙柿舍，1980
　　年），頁 94。

❷　竹前榮治，《占領戰後史——對日管理政策的全容》，頁 83。

也就先鞭一著造成既成事實，盟國也無可奈何。

　　另一方面，幣原首相在 1 月 24 日與麥帥妥協「放棄戰爭」，然而狡猾的幣原並未將此事通知負責草擬修憲案的國務大臣松本烝治，松本委員會當然不瞭解麥帥要求日本改為「象徵天皇制」和「放棄戰爭」之事，因此 2 月 1 日在《每日新聞》發表的〈松本草案〉，仍然還是天皇主權不變的部分內容修改而已。2 月 13 日總司令部否決憲法修改的松本草案，並交付總司令部的麥帥草案。以幣原為首的日本統治階層至此才體會，「要維持天皇制，護持國體，在此時必須斷然地廢棄戰爭，確立和平的日本」❷❶。於是在 22 日的內閣會議，決定接受總司令部的所謂「麥帥草案」。

四、總司令部的「麥帥草案」

　　2 月 1 日《每日新聞》政治部記者西山柳造的採訪，搶先發表松本委員會「乙案」的內容，總司令部認為這保守的《松本草案》是吉田外相為探測總司令部的意向而故意打出的「觀測氣球」，麥帥即命令民政局作成拒絕《松本草案》的理由書❷❷。2 月 2 日，總司令部民政局長惠特尼向麥帥建議，在日本正式提出憲法修改案以前，有給日本政府指針的必要，並請麥帥作成修憲的基本原則。2 月 3 日，麥帥將修憲「三原則」指示民政局長惠特尼。2 月 4 日起民政局在極機密裡開始作成憲法草案，

❷❶　幣原平和財團編著，《幣原喜重郎》（東京：時事通信社，1958 年），頁 692。

❷❷　每日新聞百年史刊行編集委員會編，《每日新聞社百年史》（東京：每日新聞社，1972 年），頁 223。

到 2 月 10 日草案大體作成。其效率的迅速，與日方的慢吞吞成為對比。

　　總司令部的積極作成日本新憲法草案，是有其國際背景的。到 1945 年 12 月的莫斯科「三國外長會議」以前，日本的占領在事實上是美國的單獨占領，依總司令官的命令，可以隨意改廢舊法令，頒布新的占領法令，不受任何掣肘。可是 12 月 26 日的《莫斯科協定》，依蘇聯和英國的希望，決定設置「遠東委員會」和「對日理事會」兩個機構。「對日理事會」只有諮詢的權限，可是「遠東委員會」是決策機關，不但在總司令部之上，對美國政府發給總司令部的指令尚有審查權。美國政府雖然可以運用否決權杯葛遠東委員會的決策，但是對於憲法問題則有例外規定。在 1945 年 12 月美英蘇三國外相的莫斯科會議協定 ：「關於日本的憲法結構 (Japanese Constitution Structure) 或管理制度的根本變革的指令，必須得遠東委員會事前的協議及意見一致以後才能發布」❷❸，因此總司令部在當初認為對修憲沒有權限，而不很積極。故對於修憲問題，不以行使最高司令官的權限的方式，而以日方的提案這種溫和的形式進行。

　　然而 1946 年 1 月 17 日，遠東諮詢委員會至日訪問總司令部時，有菲律賓的代表康弗索 (Thomas Confesor) 質問是否民政局在研究憲法修改，民政局行政課長凱茲答以總司令部所關於的是日本的民主化的問題，至於憲法修改是屬於遠東諮詢委員會或遠東委員會的任務。康弗索再問：「現行憲法不包含最高司令官的民主改革嗎？」「為什麼憲法修改不是民政局的工作？」❷❹1 月 30 日，麥帥又向遠東諮詢委員會的委員說明，憲

---

❷❸　國際法學會編，《平和條約の綜合研究・下》（東京：有斐閣，1952 年），頁 318。

❷❹　田中英夫，《憲法制定過程覺え書》（東京：有斐閣，1979 年），頁 16–17。

法修改的權限依莫斯科協定不在總司令部。

　　因為與康弗索的問答，促使總司令部民政局的人員檢討最高司令官對憲法修改是否有權限的問題，於是由凱茲研究有關的文書，作成民政局的建議案，於2月1日提給麥帥一份「給最高司令官的報告──關於憲法修改」，內容為，最高司令官在遠東委員會作成政策決定之前，對憲法修改有無限制的權限，如果有限制的話，第一是對採取天皇退位的措施必須與統合參謀協議，第二是遠東委員會發出有關憲法改革的政策指令時，但這時對日理事會（中、美、英、蘇）的一員如果行使否決權的話，也不能成立政策的決定，而無拘束力❷❺。這表示，現在麥帥對日本的憲法修改問題有完全的行動自由，但是，遠東委員會成立以後，如該委員會作成政策的決定，則麥帥就不能自由行動了。

　　2月4日，惠特尼召集民政局的行政課 (Public Administration Division) 的全體人員，分配憲法起草的工作。擔任民政局行政課長的凱茲負責調整全體作業的營運委員會，擔任國會和選舉運動的斯伍普 (Guy J. Swope) 負責立法權次委員會，擔任中央政府組織的赫西負責前文的起草，擔任法院、法律、國家主義者各種協會的羅斯特 (Pieter K. Roest) 負責人權次委員會，擔任地方行政組織的狄爾頓 (Cecil G. Tilton) 負責地方行政次委員會，擔任外務的黎卓 (Frank Rizzo) 負責財政次委員會，擔任國會議事錄和新聞記事要錄的郝琪 (Osborne Houge) 負責立法權次委員會，擔任公務員制度的艾斯曼 (Milton J. Esman) 負責行政權次委員會，擔任外交的浦爾 (Richard A. Poole) 負責天皇、條約、授權規定次委員會等，並參照美國的國務、陸軍、海軍調整委員會 (The State War Navy

---

❷❺　田中英夫，《憲法制定過程覺之書》，頁17。

Coordinating Committee，簡稱為 SWNCC）於 1 月 11 日送達最高司令官的 SWNCC-228「日本統治制度之改革」，進行草擬憲法草案❷。

　　SWNCC-228 號文書（1946 年 1 月 7 日發），並不是正式的指令，而是以「情報」(Information) 的方式送給麥帥，這是美國當局顧慮這種作法是違反莫斯科協定，必須由遠東委員會作成政策決定。依此「日本統治制度之改革」的一般目的有七：㈠政府應對有廣泛選舉權的選民負責；㈡行政府的權威，來自於選民或完全代表國民的立法府，而對之負責；㈢完全代表選民的立法府，對預算的任何項目，都有完全的權限增加、減少、或削除、或提議增列新項目；㈣預算如無立法府的明示同意不得成立；㈤對日本國民及日本統治權所及範圍內之所有人，保障基本的市民權利；㈥縣級職員儘量民選或由地方官廳任命；㈦以日本國民表明自由意志的方法，修改憲法或起草，採擇之。

　　接著還有三個特別規定必須採入：㈠得代表國民的立法府承認而成立的立法措施，包含憲法修改，其他任何機關只有暫時的否決權。但立法府對財政上的措施有專斷的權力；㈡內閣的閣員，不論如何，必須是文民 (Civilian)；㈢立法府可隨意集會。

　　再者，如果要維持天皇制，必須實行以下六項辦法：㈠依代表國民的立法府的勸告和同意而選任出來的國務大臣，必須對立法府負連帶責任而構成內閣；㈡內閣如失去立法府的信任時，必須總辭職或訴之於選民；㈢天皇對一切重要事項，只能依內閣的勸告行之；㈣天皇要剝奪明治憲法第一章第十一條、第十二條、第十三條、以及第十四條所規定的有關軍事的一切權能；㈤內閣給予天皇勸告而輔佐之；㈥一切皇室收入

---

❷　田中英夫，《憲法制定過程覺え書》，頁 70–76。

編入國庫，天皇費用必須在每年度預算獲得立法權承認❷。

　　在以上的 SWNCC-228「情報」指示，對於天皇制是要廢止或維持，並沒有作最後的決定，但是如果要維持的話，非將天皇的大權去勢而加以改革不可。至於「戰爭的放棄」，此時並未言及。但是此「情報」指示，無疑的成為日本新憲法的基本原則。

　　天皇制的存續、以及「戰爭放棄」條款，是在 2 月 3 日麥帥指示民政局的修憲「三原則」中才出現。麥帥的三原則為：第一、天皇為國家元首 (The Emperor is at the head of the State)。皇位繼承為世襲，天皇的義務和權能必須依憲法行使、依憲法所規定，對人民的基本意志負責。第二、廢棄國家主權中的戰爭權 (War as a Sovereign right of the nation is abolished)。日本放棄以解決國家紛爭為手段的戰爭，甚至為維護自己安全 (even for preserving its own security) 的戰爭也放棄。日本將其防衛和保護，委由現在正鼓舞世界的崇高理想。決不許可有任何日本陸海空軍，絕不給與日本軍任何交戰者的權利。第三、廢止日本的封建制度。除了皇族之外，華族的權利僅限於現在生存者一代。華族的授與，爾後不包含任何國民或公民的政治權力。預算的形式要模倣英國制度❷。

　　麥帥的三原則，無疑的成為總司令部民政局起草新憲法的基本原則。但是，民政局的幕僚，並不是完全的遵照麥帥的意思行事，而是稍微加以修改。在積極方面，規定天皇為「象徵」，主權在日本國民；在消極方

---

❷　長谷川正安，〈戰後憲法史・5〉，《法學セミナー》1977 年 5 月號，頁 58–59。

❷　佐藤達夫，〈日本國憲法成立史・2〉，《ジユリスト》82 號，1955 年 5 月 15 日，頁 9。

面，將麥帥所指示的「自衛戰爭的否定」和「華族的授與」的規定刪除。

　　民政局的作成憲法草案是在極機密的狀態下進行，民政局的門戶緊閉，以防對外部洩露風聲，因此日本政府完全不知道總司令部在起草憲法案。2 月 8 日，松本國務大臣將憲法草案（即《松本草案》）提出給總司令部，這是憲法學者宮澤俊義將《松本草案》寫成綱要草案，再由松本加筆修訂的試案（甲案）。民政局的憲法起草工作人員全體日夜趕工，到 2 月 10 日民政局的草案擬定工作大體完了，提出給麥帥過目。麥帥指示，將「戰爭放棄」條款從前文移到本文，另行設立專章（即成為第二章），2 月 13 日交付印刷。2 月 13 日民政局長惠特尼打電話給幣原內閣的楢橋書記官長，說對憲法問題有重要的提案，書記官長立即連絡松本委員長。於是美方有惠特尼局長、凱茲行政課長、羅威爾法規課長、赫西中校四人，到外相官邸，與日方代表吉田外相、松本國務相、白洲次郎終連次長、長谷川元吉翻譯官會面。惠特尼代表總司令部，傳達不能接受日方的憲法修正案，同時將民政局草擬的「麥帥草案」交給日方，並以威脅的口氣說，如果像這種的憲法都不能成立的話，可不能保證天皇的命運，這話使日方愕然。吉田和松本翻了一下草案，內有天皇為象徵、放棄戰爭、一院制、土地及其他資源歸國有等條項，更是驚愕，只好以好好研究再答覆暫退❷❾。從 2 月 8 日到 2 月 13 日，可以說是日本制憲領導權的「暗轉」（Dark Change），日方的憲法草案（《松本草案》）的全面否定，和麥帥憲法草案的迅速作成，使制憲領導權完全操在占領軍總司令部之下。

---

❷❾　Mark Gayn, *Japan Diary* (Tokyo: Charles E. Tuttle Company, 1981), pp. 128–129.

五、日本政府和總司令部的妥協

　　松本回到內閣，一方面向首相報告，另一方面請外務省趕緊將此「麥帥草案」譯成日文。日本政府當局所受打擊之大超乎想像之外。2月15日，白洲次郎寫私信給惠特尼局長，婉轉的陳述總司令部的方案是美國式的，不一定適合日本的風土❸。2月21日，幣原首相再往訪麥帥，試探讓步的餘地。麥帥告以總司令部的草案是為護持天皇而擬的，第一章象徵天皇，第二章戰爭放棄是基本線，必須遵照。

　　日本當局見總司令部的態度相當堅強，為了換取天皇不被戰犯裁判的安全，只好含淚接受麥帥草案。2月22日上午的內閣會議，幣原首相報告麥帥的意思，並說總司令部的草案還有若干細節修改的可能性。閣議決定接受總司令部的提案，重新起草憲法草案。內閣會議之後，幣原首相馬上參內上奏天皇，請示天皇的意見。裕仁天皇說不得已了，可以不必顧慮天皇的大權修憲。可是民政局的報告說，天皇下諭最徹底的改革，即使是剝奪了天皇的一切政治權限，也全面支持❹。民政局的報告，可能是為維護天皇制的策略而寫的。民政局的報告說，幣原是上午去拜謁天皇，可是當天的拜謁是閣議之後下午才去的。民政局的報告又說，幣原是帶吉田外相和楢橋書記官長共同去拜謁，吉田是支持松本案的頑固的政治家，而楢橋是贊成麥帥案的自由主義者。幣原的意圖是將吉田

---

❸　聯合國最高司令部民政局，〈日本の新憲法〉，《國家會雜誌》65卷1號，頁44–45。

❹　聯合國最高司令部民政局，〈日本の新憲法〉，《國家會雜誌》65卷1號，頁46。

和楢橋的意見對立由天皇裁決，然而，吉田茂的回顧談（1955 年 10 月 5 日談，1977 年 4 月 18 日《朝日夕刊》），否認他與幣原同行拜見天皇。

2 月 22 日下午，松本烝治、白洲次郎到總司令部民政局，交涉修憲的細節問題。松本要求將「戰爭放棄」不列為獨立一章而加入「前文」之中，民政局長惠特尼告以將「戰爭放棄」不放在第一章而放在第二章，是表示對天皇及天皇在日本國民心目中的地位表示尊敬，總司令部甚至想將「戰爭放棄」放在新憲法草案的第一章。擔任起草憲法前文的赫西也幫腔說，「戰爭放棄」應放在基本法的本文，如此這一條款才能真正強有力 ❸❷。板本、吉田等發現總司令部對第一章象徵天皇和第二章戰爭放棄非常敏感而不肯讓步，但是對其他的條款就比較柔軟而有妥協的餘地。例如總司令部案為一院制，但是如果都改為民選，則二院制也認可。

日方摸到總司令部的意向之後，日本政府正式命法制局重新改寫憲法草案，這是以法制局第一部長佐藤達夫為中心，按麥帥的基本原則草擬。2 月 26 日，遠東委員會正式在華盛頓成立，舉行第一次會議。總司令部不斷的催促日方加速作成草案，以便遠東委員會置喙之前造成修憲的既成事實。3 月 1 日總司令部嚴命日方在四天之內提出憲法草案。3 月 2 日，日方的新修訂草案大體擬成。此 3 月 2 日案並未完全依照麥帥草案，以天皇制的護持為中心，加以技術上的修飾。第一、將麥帥草案的前文刪除，日方認為原案的前文如果採日本國民宣言的形式，將違反明治憲法第七十三條以勅命修改的規定。第二、規定天皇為象徵的第一條，將「Sovereign will of the people」譯為「日本國民至高之總意」，這是日

---

❸❷　佐藤達夫，〈日本國憲法成立史・3〉，《ジユリスト》83 號，1955 年 6 月 1 日，頁 6–7。

方為避開明示「人民主權」而玩弄筆墨，再將「國會制定之皇室典範」刪除「國會制定」字樣，將「皇室典範」的發議權保留給天皇❸。日方的理論為皇室典範是皇室的自治法，應與普通法律區別，保留給皇室。第三、削除土地及其他一切天然資源國有化的規定。第四、將原案的一院制改為二院制，參議院為地域性職業性的代表，但以眾議院為優越的原則。第五、新設如明治憲法的緊急勅命那樣，可以取代法律或預算的「閣令制定權」給內閣的規定。第六、皇室財產的歸屬國庫部分加以削除。其他對基本人權的規定也有相當的修定，只是對第九條「戰爭放棄」按照原案，沒有動什麼手腳❸。

　　3月2日雖然草案擬成，但是松本和法制局長官入江俊郎、法制局第一部長佐藤達夫仍不願立刻提出，在慢慢推敲文字如何對日方有利，然而總司令部一再來催促提出草案。日方使出拖延術，說草案雖擬成，但尚未經過閣議協議，並且只有日文，要翻譯成英文尚需要相當時間，因此4日恐無法提出。總司令部說，日文草案即可，送過來共同翻譯為英文草案。

　　3月4日，松本國務相率領白洲次郎、佐藤達夫，以及外務省擅長英文的小畑薰良、長谷川元吉到總司令部提出3月2日草案。當時民政局長惠特尼有事，由副局長兼行政課長凱茲接洽。凱茲代表總司令部要求立刻作成確定草案，於是由日方擅長英文的二人及美方的西洛達(Beate Sirota)小姐等，共同英譯3月2日草案。翻譯好一部分，即馬上送到另室等待的松本和凱茲，逐條審議❸。

❸　佐藤達夫，〈日本國憲法成立史‧3〉，《ジユリスト》83號，頁9。
❸　佐藤達夫，〈日本國憲法成立史‧3〉，《ジユリスト》83號，頁10。

　　美方深恐日方會用細節修訂的伎倆，將總司令部草案的基本原則脫胎換骨，因此日方越企圖將天皇制保存傳統的形式，美方對天皇制的用字審查越嚴。總司令部草案對天皇的國事行為，規定應經內閣的「勸告和同意」(Advice and Consent)，而日方的 3 月 2 日案則僅規定為「內閣的輔弼」，因此引起凱茲和松本的「輔弼」論爭。松本主張輔弼含有「承認」(Consent) 的意思，但是不願意對天皇說應經內閣的「承認」的話，凱茲認為這是固執於明治憲法的原理，不希望改革而以言辭修飾而已。居中當通譯的白洲次郎也束手無策，激烈論爭的結果毫無成果，最後白洲次郎向松本耳語一切委由第一部長佐藤達夫處理，而自行回家去❸❻。

　　於是日方僅留下佐藤達夫一人負責，與總司令部的凱茲、赫西、羅威爾、黎卓等人，圍著一個大圓桌，將英譯好的條文對照著麥帥草案逐條審議。例如對於第三條「內閣的輔弼」就依總司令部案改為「內閣的輔弼和贊同」，雖然日方仍避開使用「承認」，而以「贊同」的字彙代替，但也達成妥協。如此不眠不休的徹夜逐條審議，至 3 月 5 日下午 4 時左右趕工完成英文草案。

　　此草案與原案相比，有的部分恢復麥帥草案原案，有的部分承認了日本的修改。例如被日方刪除的前文，照原案的形式復活；第一條「國民至高之總意」偷渡成功；但是皇室典範的特別保留為皇室自治法被否決；二院制獲得承認，但是參議院不是地域性職業性代表，二院都是公選；取代法律和預算的「緊急閣令」的規定被否決；麥帥草案有最高法

❸❺　佐藤達夫，〈日本國憲法成立史・5〉，《ジユリスト》85 號，1955 年 7 月 1 日，頁 8。

❸❻　佐藤達夫，〈日本國憲法成立史・3〉，《ジユリスト》83 號，頁 8–9。

院的違憲審查得國會再審的規定，日方將國會再審部分刪除成功；原案規定法官退休年齡為七十歲，日方改為達到法律所規定之年齡時即可退休；原案關於土地及其他一切天然資源國有化的規定，日方加以刪除而總司令部默默認可 ❸ 。

　　3月5日日美雙方徹夜作成了草案，立刻送給3月4日以來徹夜不眠的麥帥核可。總司令部急著要發表草案，由白洲次郎和佐藤達夫連絡徹夜不眠而等待的幣原內閣，閣議也只好決定接受此草案。幣原首相立刻參內，上奏天皇，佐藤等又徹夜將草案寫成要綱。3月6日，日本政府以天皇勅語發表《憲法改正草案要綱》 ❸ ，麥帥發表聲明完全支持此草案要綱。楢橋書記官長交給總司令部的赫西中校十二份內閣閣員簽名的草案要綱，其一份留在麥帥手中，餘十一份由赫西中校立刻乘軍機送到華盛頓，交給遠東委員會的十一個國家代表。總司令部在遠東委員會對憲法修改下決策之前，已經造成修憲的既成事實了。

六、國內外的批評和應付

　　3月12日，日本政府決定修憲案待總選舉後才提出特別議會。3月12日，民主人民戰線聯盟也同時提議憲法制定程序的民主化。3月20日，遠東委員會全體一致表明該會將保留有關日本新憲法草案的最後審

---

❸　佐藤達夫，〈日本國憲法成立史・6〉，《ジユリスト》86號，1955年7月15日，頁52–53。（有3月5日的日本國憲法案全案）

❸　佐藤達夫，〈日本國憲法成立史・8〉，《ジユリスト》88號，1955年8月15日，頁37–41。（有3月6日的憲法改正草案要綱全文）

查權，並要求最高司令官在憲法制定過程要尊重日本的輿論❸。

4月5日盟國對日理事會在東京召開第一次會議，麥帥特別強調日本新憲法的有關戰爭放棄的條款，然而蘇聯代表戴芮夫詹柯 (Kuzma N. Derevjanko) 主張選舉時期尚早，表示如反動勢力得勢，則憲法審議將陷入危懼。4月10日，依新選舉法的戰後首次總選舉，自由黨為第一黨，4月10日遠東委員會又全會一致要求參與對憲法的採擇過程，表示不但對憲法的內容、對採擇的方法和機構也關心。4月13日，麥帥拒絕之並報告給本國政府。5月13日，遠東委員會決定「中間賠償取得案」，並決定新憲法採擇的三原則：㈠為新憲法的審議應給與充分的時間和機會，㈡明治憲法和新憲法之間應保持完全的法律連續性，㈢新憲法的採擇應讓日本國民自由表明意見❹。遠東委員會所以強調保持新舊憲法的連續性，是為防禦日本的憲法學者和超國家主義團體非難新憲法，說是外部強制的而缺乏法律根據。然而總司令部認為法律連續性，利用明治憲法第七十三條修憲，除了顧慮國際上有尊重被占領國的法令規定之外，最重要是基於天皇制的存續這種政治上的考慮。因此遠東委員會和總司令部對於法律的連續性的顧慮有相當不同的看法。

4月10日，日本依新選舉法舉行戰後第一次總選舉，結果自由黨為第一大黨，可是幣原內閣戀棧權位，不願辭職，由內閣書記官長楢橋渡向進步黨活動，進行提攜工作。4月16日，幣原首相向記者團發表，應

---

❸　遠山茂樹編，《資料戰後二十年史・6年表》（東京：日本評論社，1967年），頁262。

❹　岩波書店編集部，《近代日本總合年表》（東京：岩波書店，1968年），頁352–354。長谷川正安，〈戰後憲法史・6〉，《法學セミナー》1977年6月號，頁33。

以政局安定為先，由現內閣完成憲法修改，4 月 17 日，日本政府發表新
憲法草案的口語體正文。

　　自從新憲法草案公布之後，日本國內引起各界的反響。以安藤正次
為代表的「國民之國語運動聯盟」，於 3 月 26 日向幣原首相建議憲法修
正案改寫為口語體。松本國務相正苦於新憲法草案有從洋文翻譯的味道
很重，就請法制局長入江俊郎、次長佐藤達夫、參事官渡邊佳英，三人
各自將全文改寫為口語體。4 月 3 日，三人集合於首相官邸，將三案合
併檢討寫成口語體的試案，又怕文法上有錯誤，偷偷的送去文部省國語
課潤飾，成為 4 月 17 日的口語體草案。總司令部起先認為將憲法改寫為
口語，是故意使用曖昧的語文來蒙騙的手段，而加以反對。但經過日方
說明憲法語文的平易通俗化，可以讓一般人瞭解，有助於民主化，總司
令部也就接受了。

　　口語體的憲法草案發表之後，依照《明治憲法》的慣行（樞密院官
制第六條二號），必須交付樞密院諮詢。4 月 22 日，樞密院開始審議此
口語體的憲法草案。然而自由黨、社會黨、協同黨、共產黨等四黨，組
成打倒幣原內閣共同委員會，強烈反對幣原的戀棧不走，而共同要求其
即刻辭職。幣原內閣不得已在 4 月 22 日總辭職。此後約一個月陷入政治
的空白時期，歷經 5 月 1 日勞工日決議樹立「人民政府」，5 月 3 日遠東
軍事裁判開庭，5 月 4 日自由黨總裁鳩山一郎公職追放，5 月 19 日為獲
得米飯的「人民大會」，5 月 20 日麥帥警告大眾示威運動，到 5 月 22 日
成立第一次吉田茂內閣，憲法草案的完成工作才由吉田內閣接棒。吉田
將擔任憲法問題的國務大臣，由松本烝治改任法制局出身的官僚金森德
次郎，他曾於 1935 年因「天皇機關說」事件引退。

　　在金森德次郎負責之下，吉田內閣將憲法草案作若干修飾，例如將

「輔弼和同意」(Advice and Consent) 改為「助言和承認」等，6 月 8 日
交給樞密院正式會議採決。樞密院的審查草案，只是依照政府案作形式
上的審查，對草案內容沒有實質的變更，但是唯一反對此草案的樞密院
顧問官美濃部達吉的發言，尖銳的暴露了憲法制定的實態。他說：「這次
修改，依（明治）《憲法》七十三條提出，是有疑問的。如依七十三條，
則天皇的御裁可即決定憲法，然而前文又說日本國民確定此憲法，這不
是矛盾而虛偽嗎？」美濃部主張明治憲法依適當的解釋也可以民主的運
用，因此反對匆急的修憲，應等日本獨立以後才來修憲，因此對政府和
總司令部都不願妥協，而一再強調以《明治憲法》的修改程序制定民主
憲法的矛盾。結果在天皇出席的樞密院正式會議，因美濃部顧問官一人
不起立，議長鈴木貫太郎放棄「全體一致」的可決，改為「多數可
決」❹。

　　樞密院通過之後，6 月 20 日將草案提出第九十帝國議會，在程序上
是以「明治憲法的修改」審議。6 月 21 日，麥帥才根據遠東委員會在 5
月 13 日決定的新憲法採擇的三原則，發表「議會對憲法修正案討議的三
原則」聲明。同一天，美國政府發表監視日本非武裝二十五年條約案。
6 月 25 日憲法修正案提到眾議院大會，共產黨的志賀義雄議員，提出憲
法修正案延期上程的動議，被多數否決。日本共產黨在 6 月 28 日還決定
了《日本人民共和國憲法草案》。6 月 28 日，眾議院設置修憲的特別委
員會，以芦田均為委員長，從 7 月 1 日起開始審議。國會審議的最大議
案在於新憲法是否將「國體」變革、或是仍然護持了國體。7 月 2 日，

---

❹　入江俊郎，《憲法成立の經緯と憲法上の諸問題》（東京：有斐閣，1976
　　年），頁 324–326。

遠東委員會以全體一致決定「日本的新憲法的基本原則」，其要點為新憲法應以「國民主權」為原則，至於天皇制則廢止或民主化。7月6日，美國政府將遠東委員會所決定的基本原則指令給麥帥。此基本原則與美國在1月11日以SWNCC-228情報送達麥帥的「日本統治制度之改革」，內容大致相同。麥帥將此情報的指令一直隱密下來不讓人知曉。現在美國政府以正式指令下達，總司令部即不得不推動日本政府將「日本國民至高之總意」這種曖昧的語句，較明確的規定為「主權所在之日本國民之總意」，使「國民主權」的條文明確化，並加入國務大臣應為「文民」(Civilian) 的條款。

七、完成修憲程序

眾議院除了特別委員會之外，又設置次委員會，自7月1日到23日討論審議，匯集各黨派的修正案，但是對原案的修改，不論問題的巨細，都經日本政府和總司令部的密切連繫才能採擇。加上遠東委員會的決定，經美國政府直接的影響使審議和採擇更呈複雜的型態。在眾議院的審議過程，值得一提的是憲法修改特別委員會及小委員會的委員長蘆田均，在憲法第九條戰爭放棄的第一項「日本國民誠實希望正義與秩序為基本之國際和平」之後，在第二項追加「為達到前項目的」的文字於「不保持陸海空軍及其他之戰鬥力，不承認國家之交戰權」之上。民政局行政課長凱茲認為，芦田的修正在於將來聯合國要求日本為維持和平協力時，日本即可派遣警察力 (Police Force)。又民政局的皮克 (Cyrus Henderson Peake) 說：「如此修正日本不是可以保持防禦力 (Defense Force) 了嗎？」民政局長惠特尼答以「不是這樣就好嗎？」❷以後，隨著韓戰的發生，

美國的轉變方向，日本即以芦田修正的文字為依據，解釋自衛隊之時，不適用於第九條第二項，而自衛隊也不違憲了。

　　1946 年 8 月 24 日，眾議院通過憲法修正案，再提交貴族院審議。貴族院自從 1 月 4 日的「公職追放」令，產生很多的缺額，日本政府只好任命法律學者或政治學者，如宮澤俊義、佐佐木惣一、淺井清、高柳賢三、山田山良、牧野英一、南原繁等為「勅選議員」，來充當新憲法的審議。正如美濃部達吉在樞密院所批評的，任由憲法修改案所要廢止的貴族院，來充當此憲法修正的審議，在立憲程序上沒有比此更矛盾的了。貴族院大會，自 8 月 26 日起五天實行憲法質疑之後，由安部能成為委員長交付特別委員會審議，經過從 8 月 31 日至 10 月 3 日的審議，匯集小委員會的修正案，10 月 6 日貴族院通過憲法修正案，送回眾議院。10 月 7 日，眾議院通過貴族院的修正案，10 月 11 日吉田內閣的閣議決定憲法修正案。10 月 16 日，日本天皇再拜訪麥帥道謝。10 月 17 日，遠東委員會決定，憲法實施後一年以上二年以內，應給日本國民再檢討新憲法的機會。10 月 29 日，樞密院通過憲法修正案。11 月 3 日，日本政府公布日本國憲法，自 1947 年 5 月 3 日起施行。

㊷　憲法調查會，《憲法制定の經過に關する小委員會第 17 回議事錄》（東京：憲法調查會，1964 年），頁 5。

第八章

東京審判──規避傳喚天皇為上策

　　東京審判的正式名稱為「遠東國際軍事審判」(International Military Tribunal for the Far East)，這是第二次世界大戰後，由盟國對日本的重大戰犯（Major War Criminals，A 級戰犯）的軍事審判。1946 年 1 月 19 日，盟軍總司令麥帥命比照處罰德國戰犯的紐倫堡審判（1945 年 11 月 20 日－1946 年 10 月 1 日）開設法庭，自 1946 年 5 月 3 日開始審理，

▲ 圖 8-1　東京審判

1948 年 11 月 12 日判決。

一、遠東國際軍事法庭的設立

　　1945 年 7 月 26 日，《波茨坦宣言》第十條規定：「對包含虐待吾等俘虜的一切戰犯，加以嚴厲處罰。」日本在 1945 年 9 月 2 日簽署投降文書接受《波茨坦宣言》，等於同意接受戰犯的審判。美國在 1945 年 9 月 6 日，在「有關初期投降政策的聲明」之中，指示要審判和處罰戰犯，於是東京審判即由美國為主進行準備。1946 年 4 月 26 日，最高司令官發表《遠東國際軍事法庭條例》，由美、中、英、蘇、澳、加、法、荷、紐、印、菲十一個被日軍侵犯的盟國所指定的法官十一名構成法庭❶。中國任命的法官是梅汝璈，當代表中國的法官進場的時候，各國的記者都緊張的注視中國法官，因為中國是被日軍侵略遭受禍害最慘的國家。可是梅汝璈從頭到尾默默無言❷，使各國記者大失所望，倒使日方鬆了一口氣。庭長選任澳洲法官韋勃 (William F. Webb)，法庭的管轄權包括：㈠對和平之罪，㈡通常的戰爭犯罪（殺人罪），㈢對人道之罪；故將戰犯的概念擴大為三類。但是盟國最高司令官，不但對審判官的任命（第二條）、法庭庭長的任命（第三條）、首席檢察官的任命（第八條）掌有全權，對法庭的判決還享有審查權。法庭條例第十七條規定：「審判之筆錄

---

❶　芳賀四郎編，《日本管理の機構と政策》（東京：有斐閣，1951 年），頁 72-73。

❷　朝日新聞法庭記者團，《東京裁判》（東京：東京裁判刊行會，1962 年），三大卷，有各國法官的發言記錄，獨沒有中國法官梅汝璈的發言記錄。

等應逐送盟軍最高統帥核議，並依據統帥之命令執行判決，盟軍最高統帥不得加重既定之刑，但得隨時減削或變更之。」❸盟國最高司令官麥帥因為掌握此生殺予奪之大權，因此得以不追究天皇的戰爭責任以及財閥等的責任。

美國說為了讓原告和被告雙方有充分的機會表達其意見，原告就由美國歷任俄亥俄 (Ohio) 及聯邦檢察官和司法部長助理的季南，擔任東京審判的首席檢察官，然後召集盟國各國的檢察官，組織「國際檢察團」。代表中國的檢察官是向哲濬， 他是上海第一特區地方高等法院首席檢察官。

被告的辯護律師，首先由外務省擔任戰犯事務的中村豐一公使所促成，並由財界捐款三十五萬圓組織「內外法制研究會」，書記長為鵜飼信成，委員有高柳賢三、高木八尺、小野清一郎、信夫淳平、金森德次郎、河合良成、堀內謙介等十五名。可是民間律師林逸郎，不滿官方漠視律師聯合會的作風，向檢察官控告高柳賢三等三十五萬圓的用途不明。隨後外務省新任太田三郎公使接替擔任戰犯事務，公使即一一會見戰犯嫌疑者，詢問要選何人為辯護律師。律師聯合會聽說可能從「內外法制研究會」選出律師，即先行在報紙發表三十個刑事律師名單。戰犯嫌疑者也逐漸決定了其辯護律師，而由研究會和聯合會，合組成「日本人辯護團」❹。

太田三郎公使又想出聘請美國律師的絕招，得季南首席檢察官的同意，召開法官和檢察官的連席會議。太田公使出席說明聘請美國律師的意思，得美方的支持而通過招聘美國律師團二十二名，費用由盟軍負擔。

---

❸　倪家襄編著，《東京審判內幕》（上海：亞洲世紀社，1948 年），附錄，頁 8。

❹　住本利男，《占領祕錄（下）》（東京：每日新聞社，1952 年），頁 162–163。

美國的律師是由美國陸軍部指令去東京為日本戰犯辯護，至於具體的辯護方針當時並未指示。在紐倫堡審判，被告的辯護只有德國人律師。東京審判除了被告的日本人律師之外，又加上原告國美國人的二十二名律師團援助辯護，可見美國對日本的厚待。總司令部給日本律師的薪水，從日幣四千圓升到九千圓，換成美金只不過十五美元到二十美元，然而美國律師的薪水則從五百美元到八百美元。因此日本律師的地位，以貨幣計算，只有美國律師的三十分之一或四十分之一的價值❺。

　　1946 年 4 月，「日本人辯護團」 成立之時，曾集會協議 「辯護方針」。由擔任日本海軍被告嶋田繁太郎的辯護律師高橋義次提議：第一，要全體協力合作不要讓陛下遭遇麻煩，除了極力防止天皇成為被告之外，就是如何對被告個人有利也絕對不可使天皇當證人出庭。第二，以辯護國家為先，辯護個人為其次，即使可以證明個人無辜，也不可因此而使日本變成侵略國。對於這個辯護方針，關東司令官梅津美治郎的辯護律師三宅正太郎提出了一點修改意見。他說，第一點建議沒有異議完全贊成，可是第二點建議能夠貫徹到什麼程度，因為會侵害到個人的基本權利，很難全面贊成，是否修改為以辯護國家為重點就好了❻。

二、美國律師團為日方辯護

　　隨著馬拉松審判的延續，辯護國家的 「自衛戰爭」 論站不住腳，審

---

❺　住本利男，《占領祕錄（下）》，頁 164–165。

❻　瀧川政次郎，《東京裁判を裁く・上卷》（東京：東和社，1952 年），頁 122–123。

判的焦點逐漸集中在誰能免除絞首刑，而辯護重點也趨向個人犯罪的輕重方面。特別是美國律師團的加入審判，使東京審判的綱領和方向產生很大的變化。例如擔任辯護木戶幸一的美國律師羅庚 (William Logan)，對於法國指控日軍在中南半島虐待戰俘事反質問說：在中南半島的俘虜所屬的部隊，到底是維祺政府的正規軍或是戴高樂派的非正規軍呢？法國代表受此屈辱，只能回答說，「不知道，可是那總是法國在中南半島的軍隊。」於是羅庚律師即強調：「在中南半島的法國便衣隊，是反抗維祺的合法政府之命，在國際法上不能稱為俘虜，因此在中南半島的有關日軍的殘虐行為之項，應該從記錄全部刪除。」

又如擔任辯護廣田弘毅的美籍律師史密斯 (David F. Smith) 以「不當審理」(Miss Trial) 與「管轄權」(Jurisdiction) 問題，證據不充分，駁回公訴的三段論法，向法庭挑戰。所謂「管轄權」問題，是美籍律師主張國際法的戰犯只限於間諜或虐待戰俘的 B、C 級者，才有審判管轄權，至於「對和平之罪」、「對人道之罪」的 A 級者，東京法庭沒有審判管轄權❼。韋勃裁判長對於「不當審理」和「管轄權」問題，以無前例為由決定不受理。然而史密斯律師在對日本戰犯的駁回公訴的動議中，甚至口不擇言的發言：「法庭對辯護人的審理有不當之干涉 (Undue Interference)，我對此要保留申請異議之權利。」韋勃裁判長認為此「不當之干涉」詞句有侮辱法庭之意，要求其撤回或道歉。可是史密斯律師倔強不理，法庭經過休庭二十五分鐘之後，裁判長宣布：「本法庭決定除非史密斯律師完全取消剛才所說的話，自行道歉為止，今後的審理將排

---

❼　朝日新聞法庭記者團，《東京裁判第三輯・被告日本の抗辯》(東京：ニユース社，1948 年)，頁 10–11。

除其參加❽。」美國律師為了辯護日本戰犯，不惜侮辱法庭的行為，從此可見一斑。

　　史密斯律師雖然被排除在東京審判的審理之外，可是他並沒有即刻回國，而在日本幫忙提供辯護資料給日方辯護團。8 月 4 日以後羅庚律師提出「盟國之對日壓迫」資料，論證日本以獨立國的地位，為了確保生存的條件，陷入蘆溝橋事變的泥沼而喘息之際，英、美、荷三國加給日本的經濟壓迫，是如何迫使日本捲入太平洋戰爭，這些經濟壓迫的資料，據《朝日新聞社》的採訪，大部分是史密斯律師暗中提供的❾。日方的「自衛戰爭」論，如果單由被告的日本人提出，是毫無說服力的。現在由戰勝國的美國律師為其辯護，就變成東京審判只是戰勝國對戰敗國的復讎，與「正義」、「文明」、「人道」無關了。後來此論調被林房雄的「大東亞戰爭肯定論」所利用❿，也布下其後美國學者為日本翻供，提出「勝者的正義：東京戰犯裁判」的怪論⓫。

　　另一個美國律師柯寧漢 (Owen Cunningham) 在 1948 年 4 月利用離開判決尚有一段時間的機會回國，而在西雅圖的全美律師大會演說：「東京審判只是一種軍事審判，旨在宣傳日本人由於錯誤的領導者而導致的悲劇。」⓬其在法庭之外嘲笑東京審判的性格，傳到東京，引起總司令官的憤慨。於是召開法官會議，剝奪其辯護人的資格⓭，自 11 月 4 日起

---

❽　住本利男，《占領祕錄（下）》，頁 160。

❾　瀧川政次郎，《東京裁判を裁く・上卷》，頁 89–90。

❿　朝日新聞法庭記者團，《東京裁判第三輯・被告日本の抗辯》，頁 15–16。

⓫　許介鱗，《日本政治論》（臺北：聯經出版事業公司，1980 年），頁 24。

⓬　Richard H. Minear, *Victor's Justice — The Tokyo War Crimes Trial* (Princeton: Princeton University Press, 1971), p. 126.

的最後判決，他即沒有資格出庭了。

三、日本規避天皇的戰罪

　　日本政府和宮內關係的人們最擔心的，是萬一天皇被東京審判的法庭，以證人的身分傳喚。雖然日本當局從其所做的努力工作，都認為天皇本身不會以戰犯問責，但並沒保險不會以「參考證人」的身分被傳喚。美國國內多多少少有人主張天皇要以戰犯處罰，蘇聯在日本投降當時，還勉強與美國妥協承諾天皇制的存續，可是 1946 年則又公然的主張起訴天皇。中國也有這種趨勢，民意紛紛主張「裕仁天皇之為戰犯，證據確鑿，尤應迅予拘訊」❹。但是英美對此趨勢，漸漸的改變為支持天皇制的方向。

　　例如 2 月 15 日的《星條旗報》(The Stars and Stripes)，報導美英兩國意見一致，不問天皇的戰爭責任。但這只是一種空氣，並不是盟國全體的意思表示。即使麥帥說不變更天皇的地位，但這並不是遠東委員會或美國政府的決定。所以日本當局還是要提心吊膽天皇會不會被法庭傳喚。宮內省即以獵鴨招待很多總司令部的要人，發動醇酒與美女的攻勢。總司令部的高級軍官在酒酣耳熱之際，舉起酒杯來向招待的主人歡呼：「為天皇陛下乾杯！」，正中日本人的下懷。

　　當然，日本政府和宮內省也對美國人首席檢察官季南發動猛烈的遊說工作。1948 年 10 月，麥帥和季南檢察官協議決定不正式召喚天皇到

---

❸　住本利男，《占領祕錄（下）》，頁 166。

❹　亞洲世紀社編，《對日和約問題》（上海：亞洲世紀社，1947 年），頁 15。

法庭。這是在 10 月的某一日，宇垣一成、岡田啟介、米內光政、若槻禮
次郎四人要在熱海以午餐會宴請季南檢察官。可是當天上午 11 點鐘左右
季南來電話，說有急事要跟麥帥協議，希望改為晚餐。到了下午四點鐘
左右，又來電話說晚上十一點鐘才能去。當天半夜，季南檢察官帶了田
中隆吉少將到熱海赴會，告訴日本的「重臣」們，跟麥帥協議的結果，
雖然盟國中的檢察官有很多異論，但是決定不傳喚天皇到法庭❶❺。

　　季南在東京審判的法庭中，藉由木戶幸一、東條英機等被告證人，
以及岡田啟介，及川古志郎等重要證人的證言，讓審理的法官存有「天
皇沒有戰爭責任」的印象，然後在舞臺後面驅使田中隆吉在法庭豪語：
「滿洲事變是關東軍的陰謀」❶❻，又令東條證言「天皇對日美開戰沒有
責任」❶❼。

　　1948 年 10 月 19 日，東京審判進行到檢方對前內大臣木戶幸一的反
駁質問。英國的次席檢察官卡爾 (Comyns Carr) 對木戶幸一質問極尖銳
的問題時，首席檢察官季南即站起來遮斷卡爾檢察官的話，說：「不要用
這種方式問」，然後向韋勃裁判長說：「這是重要的被告，由我自己質
問。」他照一般形式詢問木戶的官歷等不關痛癢的話以後，再進入質問
時，木戶無意間答辯說：「天皇陛下……」季南又突然遮斷木戶的證言
說：「你是非常重要立場之人，今晚再好好的想一想，下次回答。」然後
向審判說：「今天就這樣好了，休庭的時間也快到了❶❽。」木戶日記也曾

❶❺　住本利男，《占領祕錄（上）》（東京：每日新聞社，1952 年），頁 141。

❶❻　極東國際軍事裁判公判記錄刊行會編纂，《極東國際軍事公判記錄 II——檢
　　　察側立證・滿洲關係篇》（東京：富山房，1949 年），頁 53。

❶❼　朝日新聞東京裁判記者團，《東京裁判（下）——勝者が敗者を裁けるか》
　　　（東京：講談社，1985 年），頁 147。

記載：「不忍心天皇以戰犯被處罰」的話。

　　法庭清楚地看到季南檢察官在用心庇護天皇的戰爭責任。韋勃裁判長雖然認為「為了盟國的利益」不將天皇列為被告是不得已的，但是對英美甚至採取不傳喚天皇作證的方針，有所不滿。

　　雖然日方知道盟國的最高方針和檢察團的意向是不會使天皇出庭，但仍擔心曾經在新幾內亞調查日軍暴行的韋勃裁判長，可能依職權要求天皇出庭。韋勃裁判長和季南檢察官在法庭時，常因天皇問題而對立。本來，曾受日本軍國主義禍害的澳洲及其他國家，有追究天皇為戰犯的意思，韋勃裁判長也有這種想法。他說：「天皇只能基於勸告而行動，是與證據矛盾的。即使他基於勸告而行動，也是他認為適當才如此做。這並不限制他的責任。無論如何，依大臣的勸告而在國際法上犯了罪，就是立憲君主也不能原諒❶。」因此如果蘇聯或中國的法官要求召喚天皇到法庭作證，他可能發出傳票。

　　1947 年 12 月 10 日，當木戶部分的審問終了時，韋勃突然接到澳國首相的電報令其回國，而暫時離開東京審判，其間就由英國法官帕圖烈克 (Lord Patrick)，接著由美國的克拉瑪 (R. C. Kramer) 代理裁判長。對天皇有強烈意見的韋勃裁判長為什麼突然回國，一般都猜測這是美英向澳國首相施壓力的結果所致❷。

---

❶　住本利男，《占領祕錄（下）》，頁 141–142。

❶　朝日新聞法庭記者團，《東京裁判》下卷，頁 174。

❷　住本利男，《占領祕錄（下）》，頁 173。

四、美國袒護日本戰犯

到 1946 年 4 月為止以戰犯嫌疑被逮捕者超過百名之上，其中免進入巢鴨監獄的軍國主義者首腦，有陸軍中將有末精三、皇族東久邇宮和朝香宮。他們為何能免除被逮捕呢？

有末中將在戰時是參謀本部第二部長，領導有名的「有末機關」（特務機關），從美軍進駐日本厚木基地當初，即與總司令部接觸交換情報，當時日本收集總司令部的情報機關，正式的為「終戰連絡事務所」，隱密的就是「有末機關」。有末機關因為與總司令部掌管情報的參謀第二部 (G2) 發生密切的關係，因得威洛貝少將的盡力協助，得以從戰犯的名單剔除。美軍占領日本以後，陸軍即命令「有末機關」，海軍即命令「中村機關」（中村勝平少將），調查戰犯嫌疑者的行動。

朝香宮鳩彥王中將是 1937 年南京大屠殺事件時直接指揮上海派遣軍的軍司令官。在中支那方面軍司令官松井石根大將之下，有朝香宮和柳川平助中將的兩名軍司令官。朝香宮兵團擔任南京的警備，實行南京大屠殺的京都預備師團，就是他所指揮的軍隊❷❶。其他尚有二個師團參加屠殺，但是在東京審判時，其他的南京警備司令官及師團長等三人都死了，只剩下松井總司令官和朝香宮上海派遣軍司令官是負責人。朝香宮兵團配置下的飛行隊，1937 年 12 月 12 日在南京攻擊戰中，擊沉美艦班乃號 (the Panay)，又砲擊英艦拉狄伯德號 (the Ladybird)，因此盟國對朝香宮要求起訴是相當熱切的。日本當局因為有梨本宮被逮捕的經驗，應用一切能夠利用的手段，向季南檢察官及美國有關當局活動，請求不

---

❷❶　藤原彰，《南京大虐殺》（東京：岩波書店，1985 年），頁 12–15。

要正式傳喚其到法庭，而在目黑的官邸詢問。季南也許被日方買通，親
自到朝香宮邸，調審二次。當然對季南的調問，朝香宮都答「不知道」
了事。總司令部方面對於是否起訴朝香宮曾有所苦慮，終於決定不起訴，
一切責任推給中支那方面軍司令官的松井石根大將❷。 因此柏加米尼
(David Bergamini) 在《日本天皇的陰謀》(*Japan's Imperial Conspiracy*) 一
書中說裕仁的叔父朝香宮，是日本占領南京之際，對軍隊掌握實際指揮
權者，他被免除戰犯的追訴，而提倡「大亞細亞主義」的松井石根則成
為「代罪羔羊」而被處刑❸。美國學者都排斥柏加米尼的著作，從他引
用資料的不正確，說他胡說八道。可是排斥他的美國學者的著作，也是
片面的引用資料，去合理化其為天皇及皇族脫罪。

　　東久邇宮是戰爭末期的防衛總司令官，在其任內曾發出「空襲日本
的美國將兵全部處死刑」的布告。因此國際檢察團以此布告為證據要審
問東久邇宮。東久邇宮是朝香宮的弟弟，戰後組織所謂「和平內閣」，跟
美國非常合作。因此季南檢察官只是對負責戰犯的太田三郎問：「知道不
知道有這種布告？」太田答以「不知道」裝糊塗了事。由於日方努力遊
說折衝，檢察團最後從政治上的顧慮，連調查都不調查一下，決定不起
訴東久邇宮❹。

---

❷　住本利男，《占領祕錄（下）》，頁 174。

❸　David Bergamini, *Japan's Imperial Conspiracy* (London: Heinemann, 1971). D.
　　バーガミニ著，いいだもも譯，《天皇の陰謀I─VII》（東京：現代書林，
　　1983 年）。

❹　住本利男，《占領祕錄（下）》，頁 131。

五、細菌戰部隊免除起訴

　　至於曾在中國進行慘無人道活體實驗的「關東軍細菌戰部隊」部隊長石井四郎中將等人，因為將活體實驗的全部資料提供給總司令部，並跟美軍當局交易，而使七三一部隊全體都免除戰犯的追訴。關於七三一部隊做活體實驗的情形，直到 1949 年 12 月 25 日至 30 日蘇聯的西伯利亞的「哈巴羅夫斯克審判」(the Khabarovsk Trial)❷❺才被透露出來。被俘的十二名日軍參與細菌戰的隊員作證，有些活體實驗還作了錄影片，其中包括了 1940 年在華中寧波的細菌實驗作戰。他們也作證在 1941 年夏天，在華中的常德，由太田澄上校等五十名實行細菌戰。1942 年 8 月，在浙贛作戰，日本軍撤退之際，由石井中將指揮的五十名到一百名日軍又實行細菌戰❷❻。他們也透露美國俘虜也被活體實驗過❷❼。

　　依照當時裁判手冊，一切有關戰犯的資料，都必須送到首席檢察官季南手中。可是季南把一切有關細菌戰的事實都掩蓋起來。

　　依照華盛頓當局給東京的 1947 年 4 月 1 日的電報，美國於 4 月 5 日派陸軍部代表化學部中校費爾 (Nobert H. Fell) 博士和獸醫部中校湯普遜 (Arvo T. Thompson) 博士二人，去日本調查七三一部隊的首腦。因為這些專家可以評價日本細菌戰資料的價值❷❽。5 月 6 日從東京發信給華

---

❷❺　參照《前日本陸軍軍人因準備和使用細菌武器被控案審判材料》（莫斯科：
　　　國立政治書籍出版局，1950 年）。

❷❻　常石敬一編譯，《標的・イシイ──七三一部隊と米軍諜報活動》（東京：大
　　　月書店，1984 年），頁 34–38。

❷❼　參閱東野利夫，《污名──「九大生體解剖事件」の真相》（東京：文藝春秋
　　　社，1979 年）。

盛頓的極機密電報透露，美軍情報部自 1946 年 1 月 17 日，已經開始詢問石井四郎中將。他已在 1945 年 8 月毀滅了 400 公斤的乾製黴細菌，石井說如果以文書的形式保證他及其手下可以免除戰犯追訴，他願意將細菌作戰的細節資料提供出來❷。

依照美國國防部的檔案，美軍對石井四郎的詢問，自 1946 年 1 月 22 日起，偵查了約二年的時間。這些偵查的記錄都歸於總司令部的參謀第二部 (G2) 威洛貝手中。於是總司令部內部對此有極深刻的議論，總司令部和美國華盛頓當局因此而頻繁的電報往來調整意見。

然而 1947 年 6 月 7 日，麥帥的法務局局長卡本特上校，以極機密電報通告華盛頓當局，報告日本細菌戰的可靠性值得懷疑，包括在瀋陽被俘的美國人也被實驗，以及在東京、京都也實行活體實驗之事。然而 6 月 27 日，卡本特再通電給華盛頓，說更多的情報證實了石井部隊違反了戰爭法規。但是他警告蘇聯可能提出證據，說日本在中國從事細菌戰，而關於這方面的其他證據可能導致在「滿洲」和日本的獨立調查。但是他補充說，這並不表示石井集團必須以戰犯起訴❸。

1947 年 7 月 1 日，美國學者魏特 (Edward Wetter) 博士和史杜布斐德 (H. I. Stubblefield)，致信美國陸軍部和國務院官員限定閱覽的備忘錄，標題為「由蘇聯檢察官對某些日本人的審問」。其中說：「日本軍細菌戰部隊的技術情報，只有一小部分落入蘇聯之手。因為任何戰犯裁判，將

---

❷ Robert Gomer, John W. Powell, and V. A. Röling, "Japan's Biological Weapons: 1930–1945", *The Bulletin of the Atomic Scientists* (October, 1981), p. 52, Foot Note 6.

❷ *Id.*, at 45.

❸ *Id.*, at 44.

完全的揭露此資料給一切國家，故基於美國的『國防利益』(Interests of Defense) 和『國家安全』(National Security) 應該避免公開裁判」。此備忘錄並且說，石井和他的同僚完全的跟我們合作，正準備龐大的報告書，並同意提供細菌實驗中，從人類和動物切片的八千張幻燈片。這些學者還說，「人體實驗比動物實驗要好」(Human experiments were better than animal experiments)❸ 。

　　美國國務院、陸軍部、海軍部調整委員會的會員胡柏特 (Cecil F. Hubbert) 在 1947 年 7 月 15 日的備忘錄中，建議細菌戰之事必須掩蓋。不然它透漏出來，會讓蘇聯的檢察官將此題目帶到東京審判的戰犯審判來。他又補充一句，蘇聯可能發現，美國的戰俘曾被利用在細菌戰的實驗上因而喪失了生命❸ 。

　　1947 年 9 月 8 日，總司令部遠東小組給國務院的電報說：對石井中將及其同僚，因其所提供的細菌戰情報不使用為戰犯的證據，這種保證不能夠給予承認……但是同時，要顧慮到石井所持有的細菌戰情報，不可公開審判而讓蘇聯知曉，而應採取一切預防措施。

　　關於七三一部隊是否免除戰犯的問題，陸軍部贊成接受石井四郎的要求，以文書形式保證免除。但是國務院小心翼翼的反對留下文件，以免將來引起麻煩。建議只要告訴這些日本人將此情報歸類於「諜報途徑」(Intelligence Channels) 就足夠保護他們。

　　1947 年 12 月 12 日，美國陸軍細菌化學戰基地底特里克堡 (Fort Detrick) 研究所的奚爾 (Edwin V. Hill) 博士和維克特 (Joseph Victor) 博

---

❸　*Id.*, at 47.

❸　*Id.*, at 44.

士送給美國陸軍化學戰團魏特 (Alden C. Waitt) 將軍的報告說，「石井部隊的資料，是日本的科學家，花費好幾百萬美元的經費和長年的研究成果。這種資料是關係到人體實驗，而我們自己的實驗室有所顧忌不能得來的。這些資料的獲得，總共只支出二十五萬圓 (約合當時美元七百元) 的少數目，跟實際研究的花費相比，真是太便宜了。」奚爾等因此為石井等請願免罪，並感謝 「威洛貝少將全心全意的合作」 (Wholehearted Cooperation of Brig. Gen. Charles A. Willoughby)❸❸。

六、各國批評美國的偏袒態度

1948 年 1 月 28 日在蘇聯出版的 《新時代》 (*New Times*) 第五號有〈東京審判〉的一篇文章，批評二年來對日本戰犯的東京審判，由麥帥及其所任命者支配審判，以及美國辯護律師和其日本同僚使用「不忠實的掩飾戰術」(the Dishonest Whitewashing Tactics)❸❹。

1950 年 2 月 8 日 《新時代》 (*New Times*) 第六號又有 〈將戰犯帶來審判〉 (Bring the War Criminals to Justice) 的社論，控訴戰時日本人隱密的策劃細菌戰 ，而這些戰犯 ， 包括裕仁天皇應該為其所犯的罪接受審判 ❸❺。它說，此審判程序完全得遠東委員會的贊同，但是只被美國所阻礙。著者從東條英機的很多證言，歸結到東條效忠於免除天皇之罪，而負起日本決定發動戰爭的全部責任。著者有為東條脫罪而恢復其名譽的

---

❸❸　*Id.*, at 44–52.

❸❹　V. Berezhkov, "The Tokyo Trial", *New Times*, No. 5 (28 Jan. 1948), pp. 6–9.

❸❺　"Bring the War Criminals to Justice", *New Times*, No. 6 (8 Feb. 1950), pp. 3–5.

意圖，但也同時透露了天皇的戰爭責任。

在東京審判當時，法國的推事柏納特 (Henri Bernard) 也主張天皇應以戰犯審判之。因為首席檢察官主張不要一切的嫌犯都起訴，因此法庭不能以公平而正當的方法審判。「這種不公平所引起的結果，對天皇裕仁來說，特別地明白而令人感到遺憾。這個審判認為他是嫌疑者之一是毫無問題的。然而他沒被審判的事，如果以不同的標準判斷的話，令人懷疑到底有沒有實行國際審判的價值，而且也令被告的辯護的確蒙上不利。」 ❸❻

荷蘭的推事羅林 (Bernard V. A. Röling) 在事後回顧說：關於日軍從事細菌戰之事，到 1949 年 12 月哈巴羅夫斯克審判時才知道，因為一切審判的資料都轉送到首席檢察官季南手中。但是哈巴羅夫斯克的資料有點奇怪；被告作證說是「依日本天皇的特別機密命令行事」。這就令人起疑其可信性。因為天皇並不對特別的軍事行為下令，一切命令皆由政府和其官員以「天皇之名」下令。天皇的角色是很特殊的，他不能下決定，他只是確認政府所下的決定。「天皇的意志」(Imperial Will) 是決定性的，但這完全是從政府和天皇左右的一小圈人得來。他引用臺塔斯 (G. David Anson Titus)，在其著作《戰前日本的宮廷和政治》(*Palace and Politics in Prewar Japan*) 強調，到達意見一致的「批准的功能」 (Ratification Function) 或者是「擴聲機的功能」(Loudspeaker Function)。因此當哈巴羅夫斯克審判強調天皇個人祕密的牽涉細菌戰時，令人感到不值得去相信它。整個安排使人感到這是針對起訴天皇的議論。然而由最近從美國的文獻，揭露日本戰犯被豁免起訴，是美國為了獲得日本從事活體實驗

---

❸❻　朝日新聞法庭記者團，《東京裁判》下卷，頁 211。

所獲得的資料，而與他們的交易。這些被賜予豁免起訴的日本戰犯，不但在活生生的人體進行死亡的實驗，同時還用其細菌武器於中國大陸的人民身上。如此，美國就以犧牲千千萬萬人的生命而獲得其獨占的科學情報。這種「道德的墮落」(Moral Depravity)❸是何等的危險。然而只有中國的法官，沒有留下一句讓人反省的話。

這對東京審判時法庭所管轄的犯罪，「對人道之罪」、「對和平之罪」，真是諷刺。

在東京審判時，辯護團主張在國際上只有虐待戰俘等通常的戰爭犯罪，法庭沒有管轄「對人道之罪」、「對和平之罪」的權力。一部分美國來的辯護律師，甚至要求發動美國聯邦法院的人身保護令救濟戰犯，而被東京法庭駁回❸（1948 年 12 月 20 日）。

東京審判的審理經過二年，在 1948 年 4 月 16 日審理終了。其間有四百一十九個人出庭作證，七百七十九個證人以供述書和宣誓口供作證，四千三百三十六封證件受理為證據。審理記錄達英文四萬八千餘頁。日方辯護團所請的證人，幾乎都是那些被「驅逐公職令」驅逐下野的軍國主義者，和超國家主義者。辯護團起用這些證人，說是他們知曉當時的情況而容易辨明日本的立場，可是這些證人的證言有多少可靠性，是很值得懷疑的。日方為了證明發動 1931 年九一八事變的自衛性，提出當時司令官本庄繁大將的遺書❸，而請當時為作戰參謀的石原莞爾中將、片

---

❸　常石敬一編譯，《標的・イシイ——七三一部隊と米軍諜報活動》，頁 54。

❸　極東國際軍事裁判公判記錄刊行會編纂，《極東國際軍事公判記錄 II——檢察側立證・滿洲關係篇》，頁 210。

❸　朝日新聞東京裁判記者團，《東京裁判（上）——大日本帝國の犯罪》（東京：講談社，1982 年），頁 274–275。

倉衷少將、當時在現場的島本大隊長、大山法務部長等出庭做證。這些軍國主義者只能說出日本官方公式發表的話，而不能發現新的事實。對於發動 1937 年的七七事變，則請橋本群參謀長、櫻井德太郎中將出庭做證，也是得到同樣的效果。這些軍國主義者的證人出庭上臺，都有一個共通特徵，就是不但向審判席的法官一鞠躬，也向被告席的老長官一鞠躬，留給外國記者貽笑大方。也充分的顯示，證人和證據的偏差性。

七、東京審判的結局

被告本來有二十八人，其中松岡洋右（1933 年日本撤退國際聯盟時首席代表，1935 年南滿洲鐵道株式會社總裁，1940 年近衛內閣外相）和永野修身（1936 年廣田內閣海相，1937 年聯合艦隊司令官，1941 年軍令部長）在審理中病歿，大川周明（1926 年滿鐵東亞經濟局理事長，國家主義的作家）因精神病被排除在審理之外，因此只對二十五人審理判決。11 月 12 日宣告判決的結果，七人處絞首刑，十六人終身監禁，一人二十年徒刑，一人七年徒刑。

絞首刑者為東條英機（1935 年關東軍憲兵司令官，1937 年關東軍參謀長，1940 年近衛內閣陸相，1941 年首相）、土肥原賢二（1931 年滿洲特務機關長、奉天市長，1933 年華北自治政府主席顧問，1940 年軍事參議官，1941 年陸軍航空總監，1944 年新加坡第七方面軍司令官，1945 年教育總監）、廣田弘毅（1930 年駐蘇大使，1936 年首相，1937 年近衛內閣外相）、板垣征四郎（1934 年關東軍參謀副長，1936 年關東軍參謀長，1938 年陸相，1939 年中國派遣軍參謀長，1941 年朝鮮軍司令官）、木村兵太郎（1940 年關東軍參謀長，1941 年陸軍次長，1944 年緬甸派

遣軍司令官）、松井石根（1937 年華中方面軍最高指揮官）、武藤章（1939 年陸軍省軍務局長，1944 年菲律賓第十四方面軍參謀長）❹。

　　被處終身監禁的無期徒刑者為荒木貞夫（1931 年教育總監部部長、陸相，1934 年軍事參議官，1938 年文相）、橋本欣五郎（1930 年創設櫻會，1937 年南京事件時為當地砲兵連隊長）、畑俊六（1933 年滿洲師團長，1935 年航空本部長，1936 年臺灣軍司令官，1937 年教育總監，1938 年華中派遣軍最高指揮官，1939 年陸相，1940 年華中派遣軍最高指揮官，1944 年教育總監）、平沼騏一郎（1926 年「國本社」總裁，1930 年樞密院副議長，1936 年樞密院議長，1939 年首相）、星野直樹（1938 年滿洲國總務長官，1940 年近衛內閣企畫院總裁，1941 年東條內閣書記官長）、賀屋興宣（1937 年近衛內閣藏相，1941 年東條內閣藏相）、木戶幸一（1937 年近衛內閣文相，1939 年平沼內閣內相，1940 年內大臣）、小磯國昭（1930 年陸軍省軍務局長，1932 年關東軍參謀長，1939 年拓相，1942 年朝鮮總督，1944 年首相）、南次郎（1929 年朝鮮軍司令官，1931 年陸相，1934 年關東軍司令官，1936 年朝鮮總督，1942 年樞密院顧問官）、岡敬純（1940 年海軍省軍務局長）、大島浩（1938–1939 年，1941–1945 年駐德大使）、佐藤賢了（1941 年陸軍省軍務局軍事課長，1942 年陸軍省軍務局長）、嶋田繁太郎（1930 年聯合艦隊參謀長，1941 年東條內閣海相，1944 年海軍軍令部長）、白鳥敏夫（1939 年駐義大使）、梅津美治郎（1939 年關東軍司令官，1944 年參謀總長）、鈴木貞一（1941 年近衛和東條內閣國務相兼企畫院總裁）❹。

---

❹　常石敬一編譯，《標的・イシイ——七三一部隊と米軍諜報活動》，頁 194–195。

　　被處二十年徒刑者為東鄉茂德（1937 年駐德大使，1938 年駐蘇大使，1941 年東條內閣外相，1945 年鈴木內閣外相），處 7 年徒刑者為重光葵（1931 年駐華公使，1936 年駐蘇大使，1938 年駐英大使，1941 年駐南京傀儡政府大使，1943 年東條和小磯內閣外相）❷。

　　因為美國的特別考慮，天皇、皇族，以及財閥關係者都豁免了起訴。

八、判決的執行情形

　　1948 年 12 月 23 日清晨，宣告絞首刑的七名被告，在巢鴨監獄執行死刑。第二天 12 月 24 日，A 級戰犯的嫌疑者十九名統統被釋放出來。此十九名為安倍源基（前內相）、安藤紀三郎（前內相）、岸信介（前商工相）、天羽英二（前情報局總裁）、青木一男（前大東亞相）、後藤文男（前內相）、笹川良一（前國粹大眾黨黨魁）、本多熊太郎（前駐華大使）、石原廣一郎（前石原產業社長）、岩村通世（前法相）、葛生能久（前黑龍會會長）、西尾鑄造（前中國派遣軍總司令官）、大川周明（前神武會會長）、須磨彌吉郎（前駐西班牙大使）、多田駿（前華北派遣軍司令官）、谷正之（前外相、內閣情報局總裁）、寺島建（前海軍中將、遞相）、高橋三吉（前軍事參議官）、兒玉譽士夫（國家主義運動者，第二次世界大戰中受海軍委託，設立兒玉機關，在中國從事物資籌調及統戰工作）❸。

❹　常石敬一編譯，《標的・イシイ──七三一部隊と米軍諜報活動》，頁 195–196。

❷　常石敬一編譯，《標的・イシイ──七三一部隊と米軍諜報活動》，頁 196。

以上釋放的十九名之中，官僚占十人（內務官僚六人，外務官僚三人，商工官僚岸信介一人），右翼四人（兒玉譽士夫、笹川良一、大川周明、葛生能久），軍人四人，實業家一人。在被判絞首刑、無期徒刑的二十三人中，絕大多數是軍人，而被釋放者則以官僚占多數，而官僚之中，內務官僚占六名。內務官僚的任務是治安和情報，這種特殊任務的人就被釋放，然後重新回籠任重職了。

以商工官僚的岸信介為例。他在 1945 年 9 月 15 日，以 A 級戰犯嫌疑犯被捕，12 月 8 日移送巢鴨監獄。岸在 1935 年任「對滿事務局事務官」，1936 年任「滿洲國」實業部次長赴滿洲，1937 年升為「滿洲國」總務廳次長，1939 年自滿洲回國任商工次官，1941 年再升為東條內閣的商工大臣，這時他的屬下商工次官是椎名悅三郎。岸信介因為對「滿洲國」的產業開發，以及在其商工大臣期間從中國大陸強迫抓運華工到日本礦坑去服務，以及他是東條內閣對美開戰時的內閣閣員，而被判定為戰犯逮捕❹。為了岸的罪嫌，椎名悅三郎被美軍檢察局傳喚 8 次，椎名都為岸辯解說，岸渡滿時為 1936 年春，當時「滿洲產業開發五年計畫」已經立案，而在已經開始實行的階段，因此岸並沒有為日軍擔任滿洲經濟侵略之事。其實 1933 年椎名得岸的推薦，以產業部計畫科長渡滿，而椎名的「滿洲資源調查」，後來成為岸的「滿洲產業開發五年計畫」。

美國既然決定不起訴天皇為戰犯，因此首席檢察官季南決定：「領導戰爭者為戰犯，贊成戰爭者不算戰犯」的原則。領導戰爭者的標準為，

---

❹　常石敬一編譯，《標的‧イシイ——七三一部隊と米軍諜報活動》，頁 227–228。

❹　田尻育三，《昭和の妖怪岸信介》（東京：學陽書房，1979 年），頁 26–93。

是否參與「戰爭最高指導會議」。依此標準，東條英機、賀屋興宣、星野直樹（書記官長），都是戰爭領導者，而岸信介就成為贊成戰爭者了。何況虐待美俘的七三一部隊長石井四郎以下都免除戰犯起訴。岸沒有虐待美俘的記錄，只有虐待中國的礦工，自然免罪。1948 年 10 月，岸的弟弟佐藤榮作就任吉田內閣的官房長官，12 月岸信介也從巢鴨監獄釋放了。

　　1950 年 3 月 7 日，盟國最高司令官允許在巢鴨監禁中的戰犯假釋放的恩典，11 月 21 日被處七年徒刑的重光葵，依此恩典假釋放出，以後其他的戰犯陸續釋放 ，到 1956 年 3 月無期徒刑的佐藤賢了最後被釋放為止，全體 A 級戰犯全部出獄。1956 年 4 月 7 日，假釋放中的 A 級戰犯全體，都赦免了殘餘之刑。

第九章

戰債賠償——絕處逢生的日本產業

　　日本經過中日甲午戰爭 (1894–1995) 從中國奪取臺灣的割讓和兩億三千萬兩的賠償，成為日本產業革命的促進劑❶。在參加鎮壓義和團的八國聯軍，日本派兩萬兩千名大軍獲得賠償三千四百八十萬兩（四千九百萬圓），約占總賠償額的百分之七點七。在日俄戰爭 (1904–1905)，從俄國讓渡中國東北的權益，在第一次世界大戰 (1914–1918)，取得德國在山東的權益，並向中國強迫「二十一條」賣國條約。賠償是戰敗國對戰勝國的補償，戰勝國有求償權，戰敗國有履行的義務。通常是以賠償金、領土割讓、權益的讓渡等方式履行。日本侵略中國，也是以賠償為手段，加強和擴大其宗主國對殖民地的立場。

一、日本戰債賠償的規定

　　日本在第二次世界大戰戰敗，理所當然是要賠償的。日本政府有先見之明，在 1945 年 8 月 21 日，為了處理軍部財產的賠償，在大藏省設

---

❶　許介鱗，〈東亞援助日本抑日本帶動東亞〉，國立臺灣大學政治學系編，《政治科學論叢》第一期（1990 年 3 月），頁 167–186。

置「戰後緊急對策企畫室」❷。因為波茨坦宣言第十一條規定：「日本為支持其平時經濟及交付公正之實物賠償，得維持必要之工業，但不得維持能使日本再武裝之工業。」❸此宣言過於簡單，只說日本的直接與戰爭有關的軍需工業固應完全拆除，即使並非直接與戰爭有關的民需工業，即一般所說和平工業，也只保留不較高於受日本侵略國家的生活水準所必需的工業。

美國的國務、陸軍、海軍統合委員會在 8 月 29 日所作成的「美國對日投降後的初步政策」❹，對賠償有作原則性的規定，亦即日本對於其侵略行為的賠償，須採下列方式：

(A)凡在日本所准予保留之領土以外之日本財產，須依盟國當局之指示，移交賠償之用。

(B)凡非日本和平經濟或供應占領軍所必需之貨物或現有資本配備及便利，皆應移充賠償之用。

除因繳納賠償或歸還劫奪品而輸出之物質外，其他一切物質必須對方願以實物或外匯購買，方可准予輸出。凡足以阻礙或損害日本撤除軍備工作之任何賠償，一概不准提出。

(C)歸還劫奪品──凡被日本劫奪之物品，如現在可查明者，皆應立刻全部歸還。

這表示日本的國外資產，完全移充賠償。國內資產，凡非為日本國

---

❷　遠山茂樹編，《資料戰後二十年史──6 年表》（東京：日本評論社，1967年），頁 324。

❸　辻清明編，《資料戰後二十年史──1 政治》（東京：日本評論社，1966 年），頁 3。

❹　辻清明編，《資料戰後二十年史──1 政治》，頁 17。

民或供應占領軍所必需，都移充賠償之用；凡屬日本劫奪的物品，只要有證據均應歸還。賠償原則，不在報復而不顧慮日本人民生活，而在防止日本軍國主義的再起。9 月 20 日，盟國賠償委員會美國代表鮑萊(Edwin W. Pauley) 也說日本的賠償應採實物賠償方式，這表示不像第一次世界大戰後對德賠償所採的補償方式即金錢賠償方式那樣嚴厲。

二、鮑萊的日本戰債賠償構想

鮑萊是美國的石油產業家，1903 年生於印第安納州的首都印第安納波里，加州大學自然科學系畢業後進入石油業界，因採掘石油成功而成百萬富翁，再投資於土地開發及銀行業，以其財力為背景參與政界，1944 年成為民主黨的會計負責人。第二次世界大戰期間，依美國的「武器援助法」，供應石油給盟國，在大戰結束前的 1945 年 4 月，美總統羅斯福歿，新總統杜魯門上任，他即被任命為總統專使，處理「侵略國」的賠償問題。

鮑萊在 1945 年 11 月，以美國賠償委員會團長的身分赴日，根據日本政府在 12 月 2 日提出的日本產業總目錄，於 12 月 6 日向美國總統提出《鮑萊臨時賠償報告》，勸告拆去日本的工業設施。鮑萊強調，為了去除日本的潛在戰力，有必要破壞軍部和實業家所建立的龐大的工業生產機構。他認為日本侵略的原因，在於其工業水準超過亞洲鄰近各國，故日本才能對遠東各國實行經濟侵略，攫取市場與原料，進而發展為軍事侵略。為了要防止日本不再侵略，除了直接削弱日本的工業，拆去「和平經濟」所不必要的工業設備之外，也須間接地防止日本侵略的再生，則發展遠東各國的工業，才是最有效的方法。因此鮑萊建議將日本的潛

在剩餘的工業力轉移到鄰近各國使這些國家立於跟日本同等的地位，即能對抗日本的經濟支配，防止日本新的軍事侵略企圖。此原則是基於考慮東亞全體的經濟，特別是各國工業化的程度不同，因此綜合的提高各國工業化的水準，以糾正其間的不平衡。如果以賠償方式從日本奪取其產業設備綿密的分配到各國去，則對提高其工業化水準有所貢獻。蒙受日本侵略的各國，都是以重建為燃眉之急。日本雖然也需要重建，但是全盤的考慮和比較其需要時，日本應該考慮放在最後❺。鮑萊認為，只有使日本以外的遠東各國，迅速發展工業，才是令日本不敢再事侵略的最佳保障，只有使日本以外的遠東各國與日本在平等地位互通貿易，就近監視日本，才能避免將來美國數百萬青年再到太平洋作戰犧牲。

　　鮑萊的觀點是基於日本國民所能允許的生活水準，即不超過亞洲其他國家的程度❻。因此日本在海外財產的全部和剩餘的工業設施，都應轉移給亞洲各國。鮑萊所設定的日本經濟水準，是依照 1926–1930 年的日本生活水準來擬定日本的工業水準，依此標準，除了武器工廠、飛機工廠等主要軍事設施應全部拆除之外，對日本工業所准許保留額和應提供賠償者，作如下的建議❼。

　　1.鋼鐵：日本煉鋼鐵的能力，應限制為年產銑鐵五十萬噸，鋼塊兩

---

❺　Edwin W. Pauley, *Report on Japanese Reparations to the President of the United States* (1945.11–1946.4), Washington, D. C.: Government Printing Office, 1948, pp. 6–7.

❻　外務省編，《初期對日占領政策——朝海浩一郎報告書（上）》（東京：每日新聞社，1978 年），頁 65。

❼　張廷錚，〈論日本賠償問題〉，亞洲世紀社編，《對日和約問題》（上海：亞洲世紀社，1947 年），頁 128–130。

百二十五萬噸，輾鋼一百五十萬噸。因此日本每年尚須自國外輸入銑鐵一百萬噸，而失去發展軍需工業的條件。於是日本可供賠償的鋼鐵生產設備為五百萬噸以上的吹爐設備、三百萬噸以上的電爐設備、六百萬噸以上的平爐設備、六百萬噸以上的輾機設備，這些都要拆除以供賠償之用。

2.工具機：為減低日本的作戰潛力，工具機僅准許保留十七萬五千座，每年生產新工具機，不得超過一萬座。拆充賠償用的工具機總共為六十萬座。

3.造船：日本商船包括木造船在內，裝載總噸位限於一百五十萬噸，最大船隻限於五千噸，最高航速限於每小時十二海里。因此可供賠償用者，計為商船一百一十四艘，每艘均為五千噸以上者，總噸位為八十六萬九千噸。造船廠約拆除四分之三，即三十個至四十個造船廠拆充賠償，僅准日本保留大廠十個，小廠十二個。日本的商船航線也限制各以十二萬五千噸航行日本國內各島間，航行北韓及庫頁島，以及航行大連、南韓、臺灣及中國大陸。

4.鐵路：准日本保留年產機關車二十二輛、客車八百輛、貨車四千八百輛，可供賠償者計蒸汽機關車九百輛、電汽機關車七十輛、貨車三萬輛。可供拆除的鐵路工廠若干家，以供賠償之用，其年生產力為機關車八百五十輛、客車一千兩百輛、貨車六千七百輛。

5.鋁、鎂：此兩種金屬為製造飛機及坦克車的基本輕工業，應全部拆除。

6.化學工業：此類基本戰爭工業，應限制其僅能製造為生產國內糧食所需的肥料，以免日本依賴太平洋地區的磷礦輸入。

7.發電廠：日本現有火力發電廠兩百八十二個，發電量共四百萬瓩。

將其中一百四十廠，發電量兩百萬瓩拆除以供賠償。此外日本尚有水力發電廠一千五百〇七個，總發電量六百萬瓩，拆除數目尚待調查決定。惟日本食鹽缺乏，必須應用一部分電力自海水蒸取食鹽，也須考慮在內。

8.人造汽油廠：製造肥料之五個煉油廠，僅拆除一部分。此外每日生產四萬桶以上的煉油廠及貯油量超過一千萬桶的貯油池，均拆除以供賠償。

9.銅：年產精銅一萬五千噸，軋銅如五千噸以上的設備，均應拆供賠償。

10.鎳：所有鍛鍊設備，全部拆除。

11.樹膠：人造樹膠廠八個，全部拆供賠償，但現存樹膠，可免充賠償。

12.硝酸：僅准保留年產一萬兩千五百噸的設備，其餘約二十四萬噸的設備，悉予拆除。

13.燒鹼：僅准保留年產三十萬噸的設備，其餘四十五萬噸至五十萬噸的設備，悉予拆除。

14.蘇打灰：僅准保留年產三十萬噸的設備，其餘五十三萬噸的設備拆除以供賠償。

15.漁業：捕魚器材，免充賠償，以濟日本食用之需。但不准日本獨占漁業或侵入中國、朝鮮領海捕魚。

16.紡織業：日本現存紡錘兩百七十一萬八千錠，紡機十三萬三千架。但日本經濟上的需要為紡錘三百萬錠，紡機十五萬架。故日本不但免充賠償，還可再加擴充。繰絲廠也不作賠償，因需輸出絲製品以償付輸入之用。不過為增產糧食起見，不得過度增植桑樹。

17.手工業：所有的手工業，包括採珠業，均不作賠償，且准許輸出。1935 年至 1939 年間，日本每年平均生產量價值為十一億七千萬日圓，

1946 年產量為十億日圓。

　　18.陶瓷業：不作賠償，日本每年生產量價值約五千萬日圓。

　　以上的鮑萊賠償案，也代表美國當初的對日賠償政策，以各種既存的資本財為賠償對象，而反對勞力賠償、生產品賠償、現存貨物或在庫原料的賠償、商業股票和債券的賠償等方式❽。其理由為，中國、菲律賓等國都是勞力充裕的國家，如果再輸入日本的勞力作為賠償，只有造成失業和延遲各國提高勞工水準。如以現存工業產品作為賠償，勢將允許日本擴充工業規模，超過其國內經濟需要，令日本成為國際貿易市場的有力競爭者，替日本儲備了作戰的潛力。故現存貨物應留供日本，作為出口商品，以換取最急需的糧食和原料。至於商業股票和債券，如作為賠償之用，等於盟國幫助日本獲得建立擴充工業的資本。

　　美國的對日占領政策，既然在打擊對美宣戰的日本軍國主義的基礎，以去除日本的潛在戰力為主要目標，因此其賠償政策，也放在資本財的實物賠償方式，而重點方針與其說在於「能夠從日本取得多少賠償」，不如說在於「能夠保留給日本多少」，如何重編日本的經濟才對美國的經濟有利。因為如果把日本的經濟完全破壞，等於是殺雞取卵，對美國的經濟反而毫無利益可言。11 月 28 日，美國賠償委員會團長鮑萊在日本聲明，美國不要求日本多額而長期的賠償，也代表美國經濟的利益關係。

三、各國對鮑萊案的爭論

　　然而中國對賠償問題有完全不同的看法。中國遭受日本帝國主義的

---

❽　中華民國駐日代表團日本賠償及歸還物資接受委員會編，《在日辦理賠償歸還工作綜述》（東京：同委員會，1949 年編印），頁 23–27。

侵略為時最久，犧牲最大。據估計，戰爭損失在五百億美元以上，軍民死亡在一千五百萬人以上，尚有六千萬人以上家園遭破壞而無家可歸❾。因此中國主張除了工業生產設備的實物賠償之外，也要求生產品賠償和勞力賠償，亦即應拆除之工業設備，依計畫使其繼續生產，迄計畫完成為止，其生產品全部應充賠償，而且拆除賠償的工業設備，其技術人員（包括工程人員及熟練勞工），應受盟國的徵用，隨工業設備而服役。

除此之外，中國的輿論也有要求現金賠償的，「吾國乃缺乏資金之國家，拆遷工廠，作為賠償，我國必須準備或偌大資金作為搬運裝置開工等費，故賠償中不能不要求一部分現金賠償。過去我國對日戰爭，每次締和，都要賠款若干萬兩，日本即以我們的賠款，發展他們的工商業。日本經濟發展之所以有今日，實多借助於我國的賠償。今日本戰敗，我們援例要求一部分現金賠償，實至正當而合理，應該據理力爭，不容稍存客氣❿。」

「對工業設備賠償，除軍需工業與重工業機器外，尤應索取其一部輕工業（如紡織與人造絲）機器與商船。依據上次對德和約，法獨占百分之五十二，與此次對德和議，蘇獨要求百分之五十的先例，我國因對日作戰最久，犧牲特大，至少應要求占賠償總額百分之五十。」⓫可是外交部則略為減低，說：「我國應獲得之賠償額，至少應在百分之四

---

❾ Chang Hsin-hai, "The Treaty with Japan: A Chinese View", *Foreign Affairs*, Vol. 26, pp. 505–514.

❿ 監察委員于樹德等，〈對日和約的意見〉，《大公報》1947 年 9 月 15 日。前揭《對日和約問題》，頁 13。

⓫ 褚輔成等，〈我們關於對日和約的主張〉，《大公報》1947 年 9 月 10 日。《對日和約問題》，頁 15。

十」❶❷。

　　對於日本商船的賠償問額，中國對鮑萊案也有異議。因為自從 1937 年蘆溝橋事變以後，天津有「海燕」，青島有「宏利」，海州有「徐州」、「鄭州」、「安康」、「安興」，福州有「寧安」，寧波有「新江天」、「福安」……等輪犧牲。中國戰前僅有 57 萬餘噸船隻，在抗戰期間，犧牲殆盡。因此董浩雲在 1937 年 5 月 3 日的《大公報》發表意見說：「鮑萊計畫允許日本保持商船達一百五十萬噸之多，一個三倍大於中國戰前所有船舶總數，並且超過目下我國所有噸位，實非我人所能同意。尤令人憤慨的是竟把中國本部臺灣、大連，以及朝鮮北部、庫頁島劃入日船通航範圍；香港、菲律賓、南洋則不准日船前去。是項辦法勢為我國所堅決反對❶❸。」美國因為自己是世界上擁有船隻最多的國家，所以不在乎日本商船的賠償，只在乎其市場的確保，可是中國船隻因抗戰而自動下沉，或被敵人炸毀不計其數。故對賠償日本商船，要求維持一百萬噸原議，至少先撥交中國五十萬噸。至於容許日本保留商船噸量，必須限由於日本本國所需航運工具為度。同時以不妨害中國航運自由發展，並在經濟上、軍事上，不威脅遠東和平為條件。

　　對於紡織業的賠償，中國也批評麥帥總部的過分祖護優待日本。因為「自甲午以來，中國既飽受日本五十餘年侵略蹂躪之苦，『七七』以還，中國高揭反侵略的義旗，又是唯一抗戰最長久、犧牲最慘重的國家，

---

❶❷　外交部，〈我國對日和約草案要點〉，《申報》1947 年 9 月 2 日。《對日和約問題》，頁 28。

❶❸　董浩雲，〈日本商船處置問題〉，《大公報》1947 年 5 月 3 日。《對日和約問題》，頁 158。

民營紡織業在戰火中被毀被劫奪的機器紗錠，幾達總數五分之三，這項重大損失，迄今無法恢復。我們有權利向戰敗的侵略國索取一切損失的賠償。這不是報復主義，而是國際公法的永久規定❶❹。」

「中國人口四億五千萬，以每人每年最低限度需棉布十六公尺計算，至少需有一千萬紡錠，才可以自給。我們現有紡錠是四百五十餘萬枚，實際開工的不過三百萬枚，僅供自己需用，還缺乏三分之二，遑論發展輸出？中國紡織品的價昂與缺乏，使多數人民衣不蔽體，寸絲半縷，添製為艱，其飢寒瑟縮之狀，尤慘不忍睹。而中國人民之所以這樣窮，又主要是吃了日本的虧。過去日本藉不平等條約為護符，不僅在中國內地大規模設廠，剝削中國低廉的勞動力，抑且儘量傾銷其本國成品，以摧殘我民族紡織工業。……日本六十年來吸吮中國人民的血液以養肥其紡織業，我們要討回這筆血債了❶❺！」

據一般估計，日本全國人口七千萬，以每人每年需要棉布二十公尺計，至多有紡錠一百三十萬至一百五十萬枚，即可供給有餘。縱使日本需賴棉貨輸出，換取糧食及其他必需物品，則維持鮑萊專員建議保留三百萬錠之數，亦已綽綽有餘。此外超過的錠數，應悉數移充賠償，可是麥帥總部竟以非軍需工業為藉口悍然拒絕，並允許日本擴充紡錘到六百萬錠，以爭取國際貿易市場。

總司令部在 1945 年 12 月 7 日發表拆除賠償設施的暫定計畫，1946

---

❶❹　汪竹一，〈爭取日本紡錠問題〉，《大公報》1947 年 7 月 30 日。《對日和約問題》，頁 162。

❶❺　汪竹一，〈爭取日本紡錠問題〉，《大公報》1947 年 7 月 30 日。《對日和約問題》，頁 162。

年 1 月 13 日，指定王子製紙關係的三十八家為限制會社（會社為公司之意），1 月 20 日指令管理四百個軍需工廠為賠償用的第一優先設施⓰。

　　由十一國所構成的遠東委員會，自 2 月 16 日召開第一次會議以後，因為蘇聯從中國東北和庫頁島拆去的工廠設施，要算是對蘇聯的賠償還是算蘇聯紅軍的「戰利品」，爭論不休⓱。直到 5 月 13 日才決定第一次對日「臨時賠償品拆遷方案」(Interim Reparations Removal Program)，指定三井、三菱、住友、久原、大倉、安田、森、理研、日產、滿重、中島等十一家，為協助日本侵略政策而應提供為賠償的會社。5 月 23 日，遠東委員會又通過第二次臨時賠償品拆遷方案，指定造船業、硫酸工業、工具機為賠償對象。5 月 30 日，再指定軸承機和壓輾機的二工業為拆遷對象的臨時賠償案。因此總司令部在 6 月 6 日也發表賠償用的第二次指定工廠數目。6 月 12 日遠東委員會再通過第三次臨時賠償案，總司令部也據此在 6 月 17 日指令日本政府作成賠償指定設施的目標。

　　7 月 15 日日本政府發表有關拆除賠償設施的處理要綱。美國政府為了討論對日賠償問題，於 8 月 3 日向盟國十一個國家發出邀請書，中國的外交部長王世杰在 8 月 9 日也發表對日賠償要求方針。總司令部即依臨時賠償計畫於 8 月 24 日指令八個產業十五家工廠的保全和保管。8 月 24 日修訂指定賠償工廠名單，刪除三十八家，追加十二家。日本政府為了執行賠償政策，在外務省設立「賠償部」，在商工省也設置「賠償實施局」。10 月 17 日蘇聯通告美國政府其對日賠償方針，11 月 6 日總司令部

⓰　遠山茂樹編，《資料戰後二十年史──6 年表》，頁 324。

⓱　許介鱗，〈戰爭放棄と國際政治〉，芦部信喜先生還曆記念論文集刊行會編，《憲法訴訟と人權の理論》（東京：有斐閣，1985 年），頁 715。

再發表修訂指定賠償工廠名單，刪除十七家，追加二家，總共為九百五十三家。

　　11 月 13 日美國國務卿艾奇遜，發表鮑萊對日賠償的「最後報告」。鮑萊調查團在 4 月提出「最後報告」之後已經解散，其具體的細目就委由國務院、陸軍部和遠東委員會檢討。12 月 9 日代表日本產業界的日本產業協會，發表鮑萊賠償報告對日本產業可能產生影響的調查報告，於是對鮑萊案逐漸興起批評，認為這是非常「苛酷而非現實」而增強反對的聲音。

　　依日方的見解，如大來佐武郎在《當代日本》(*Contemporary Japan*) 雜誌所發表的〈日本對其賠償的見解〉(Japan Views Her Reparation) **⓲**，主張從日本拆除產業設施或工廠，對亞洲的受領國幾乎都是無價值的。日本工業的拆除在遠東的經濟上，不但對日本甚至對其他國家都產生有害的真空。如果依照鮑萊的賠償勸告案實施，則日本不能達成經濟獨立，貧窮的日本經濟即變成美國長期的財政負擔，因此從日本拆除賠償設施，會變成美國的納稅者支付其代價的結果。這種論調，在美國產生相當大的影響，使美國國內，特別是陸軍部為首的軍產團體，開始興起不但是反對賠償的拆除，甚至反對美國在日本施行財閥解體等經濟改革。其理由為，這些改革將破壞日本的產業組織，阻礙產業生產的恢復，因此延長美國對日本的援助，使美國的納稅者蒙害。

⓲　Saburo Ohkita, "Japan Views Her Reparation", *Contemporary Japan*, Vol. 16, No. 1–3, pp. 11–26.

四、斯特萊克的調查報告及爭議

　　鮑萊的「最後報告」發表之後，美國陸軍部興起反對的意見。鮑萊本來在 1946 年 1 月被內定為海軍部次長，可是被人攻擊海軍和石油資本有勾結關係，而不能如願以償，只好退出官界而返回實業界。於是美國陸軍部改派斯特萊克 (Clifford Stewart Strike) 率領六名「對日賠償調查團」，重新調查日本的賠償能力。

　　斯特萊克是伊利諾州的工程師出身，畢業於伊利諾大學工學院後即進入建築業界，成為馬克羅公司 (F. H. McGraw & Co.) 的經理，在第二次世界大戰期間，該公司與美國陸軍部勾結，包了很多軍部的建築工程而發大財。大戰後的 1945 年 11 月起，曾任美國陸軍部賠償問題顧問，在德國任職一年，現在又受陸軍部的委託，以技術專家的地位，來評估日本的賠償如何才對日本的經濟有利。斯特萊克在出發前的 1947 年 1 月 18 日，向記者發表關於日本工業水準說：「吾人不追溯至 1894 年或 1914 年，一方面 1930 年固當加以考慮，而 1950 年的情形也應予考慮。」換言之，斯特萊克在事前就有寬大重估日本經濟水準的意思。斯特萊克賠償調查團，於 1 月 29 日抵達日本，2 月 18 日發表「第一次斯特萊克報告」，說日本的財閥已經解體，為了使日本經濟自立，必須將賠償減輕，保留讓日本能夠自給自足的工業設施。3 月 18 日斯特萊克聲明，日本的「經濟水準」(economic level) 應定在 1935 年。

　　日本的經濟水準要定在那一年，關係著日本工業准許保留的數量，以及可供賠償工業設備的多寡。依照 1945 年 7 月 17 日到 8 月 2 日盟國對德條約第十五條第二項，德國的平均生活水準不得超過歐洲各國的生活水準的規定，遠東委員會在 4 月建議日本以其 1930–1934 年的工業水

準為基準。可是中國根據鮑萊案「不使日本人民生活水準，超過任何東亞曾受其侵略國家人民生活水準」的主張，加以適當的折扣，認為 1928 年為基準才合理。國民參政會建議：「日本的工業水準，以能維持日人必須生活水準為準；如必須以年度為衡量時，應以 1928 年以前為準。」❶⁹ 于樹德等監察委員的意見為：「遠東委員會所定之水準，保留日本工業為 1930–1934 年之水準，實在太高。我們認為我國政府所提以 1928–1930 年（九一八事變以前）為最高水準是正當的，因為那已經是日本準備好發動戰爭的年頭了。」❷⁰ 褚輔成等民意代表主張：「限制日本人民生活水準，不得高於其鄰近被侵略國家人民之生活水準（鮑萊建議）。根據此項生活水準，確定其人民經營和平生活之工業水準。超過此項水準之工業，一律拆充賠償或毀棄之。對於保留日本工業於 1930–1934 年之高水準，尤應堅決反對❷¹。」亞東協會也主張：「日本生活水準，應以日本發動皇姑屯事件之 1928 年為基準❷²。」外交部雖然避免確實的提出以那一年為基準，但也主張：「國民之生活水準，應照目前情況，予以最低之估計❷³。」

　　4 月 3 日遠東委員會議長麥考埃 (Frank R. McCoy) 聲明美國政府決

❶⁹　國民參政會，〈對日和約建議案〉，前揭《對日和約問題》，頁 6。

❷⁰　監察委員于樹德等，〈對日和約的意見〉，《大公報》1947 年 9 月 15 日。前揭《對日和約問題》，頁 12。

❷¹　褚輔成等，〈我們關於對日和約的主張〉，《大公報》1947 年 9 月 10 日。《對日和約問題》，頁 15。

❷²　亞東協會，〈對日和約意見〉，前揭《對日和約問題》，頁 3。

❷³　外交部，〈我國對日和約草案要點〉，《申報》1947 年 9 月 2 日。《對日和約問題》，頁 28。

定對總司令部發出對日臨時賠償指令，授權其將日本的工業設備立刻轉移給中國、菲律賓、荷蘭（用在印尼）、英國（用在緬甸、馬來亞，及其他遠東殖民地）為賠償之用。麥考埃宣稱，這四個國家急需這些設備以經濟重建。如果等到遠東委員會各國對日賠償分配案達到一致的意見，才轉移工業設備，只有引起損壞可資救濟的資產。因此，美國政府於4月13日對麥帥發表臨時指令，將日本賠償品的百分之三十撥給中、菲、荷、英❷❹。4月11日美國政府向遠東委員會提出日本賠償分配的最終案，美國百分之三十、中國百分之四十五、其他各國百分之二十五。此案認為蘇聯及法國業已在中國東北及越南等地獲得日本的國外資產，蘇聯在東北拆遷工業設備所得額約占賠償額的百分之十，扣除之後，將來蘇聯所得之日本國內資產將不逾百分之二❷❺。

　　蘇聯從中國東北拆去的工業設備，包括鋼廠、鋁廠、發電廠、機械類、化學工廠、試驗場等，據鮑萊於1946年7月的視察報告，約值八億八千五百萬美元❷❻。蘇聯拆遷東北及北韓的工業設備的問題，一直成為美蘇爭執的焦點。蘇聯堅持這些東西凡是日本的戰爭器材，包括供應關東軍需要的企業器材，都是「戰利品」(War Booty)，因為關東軍是被蘇聯擊敗的，而不允許計算在蘇聯賠償額之內。加上遠東委員會的議案，不但需要多數表決，而且中美英蘇都享有否決權，需要一致贊同始能通

❷❹　張廷錚，〈論日本賠償問題〉，亞洲世紀社編，《對日和約問題》，頁131。

❷❺　張廷錚，〈論日本賠償問題〉，亞洲世紀社編，《對日和約問題》，頁134–135。

❷❻　Edwin W. Pauley, *Report on Japanese Assets in Manchuria to the President of the United States*, July 1946, Washington, D. C.: Government Printing Office, 1946, xi.

過。除了蘇聯反對之外，法國對於賠償分配案排除法國也表示不滿，於是遠東委員會對於賠償問題始終不能獲得順利進行討論解決。

從中國的立場來說，東北被拆的工業設備是日本從中國掠奪來的「掠奪資產」，要求蘇聯歸還。可是美國國務卿艾奇遜說：被拆遷的工業設備值八億八千五百萬美元，「如果注意到恢復原狀所需的費用以及其他損失，至少需二十億美元。」鮑萊說：這筆龐大工業設備被拆，如果要恢復原狀，「恐怕需要一代」。換言之，至少需要三、四十年以上，這對中國工業化前途投上陰影。東北有日本人所建立的大量工業設備，約等於中國本部四倍之工業，以及幾達三倍的發電能力；東北鐵路的密度，亦幾等於中國本部的四倍強❷。可是經過蘇聯的拆遷工業設備的浩劫，中國工業化的程序嚴重受阻。

五、遠東委員會變更賠償案

遠東委員會到 1947 年 5 月 8 日，才決定變更賠償政策和規定盟國分配賠償的基本方針，即中國百分之十五，菲律賓百分之五，荷蘭的東印度群島百分之五，英國的馬來和緬甸百分之五❷。可是 7 月 11 日美國陸軍部再委託「海外顧問協會」(Overseas Consultants Inc.)，由所長斯特萊克率領三十三名技術人員到日本重新調查日本的賠償問題。斯特萊克

---

❷　*The China White Paper*, August 1949, Vol. I, (Stanford, California: Stanford University Press, 1967), p. 128.

❷　J. B. コーヘン著，大內兵衛譯，《戰時戰後の日本經濟（下）》（東京：岩波書店，1951 年），頁 227。

是馬克羅公司的代表,「海外顧問協會」說穿來等於是馬克羅公司臨時設立的分公司。這「海外顧問協會」的賠償調查團,經過半年的調查,到處受日人的宴請招待, 於 1948 年 2 月提出 《第二次斯特萊克報告》 (Report on Industrial Reparations Survey of Japan to the United States of America),比第一次報告更將賠償規模縮小。

斯特萊克縮小賠償的論點為,美國對於只能供戰爭用途的工廠的拆毀和遷移當然是不反對的。但美國如果想到這些戰爭工業的工廠是被蘇聯拿走時,那麼美國便不能不感到震驚了。蘇聯在大戰時曾受到德國的洗劫和破壞,所以戰爭結束後,立刻將其所占領的德境(大半是農業區)所有的一切,包括糧食在內,搬運一空,法國人也採取同樣的政策。蘇聯把一些工廠連根拔起,把機件運上火車,搬回國內。可是不久他們發現大多數的工廠搬回後,不能發揮原有的效力。在一段時期內,蘇聯仍繼續搬遷,在蘇聯占領區內的鐵路兩旁,堆滿著工廠的機器,這些最後或將被充作廢鐵了。截至 1947 年 1 月 30 日為止,蘇聯共計接收了七所工廠,計有四萬兩千噸的物資,大概因為接收後無法使用,所以對於其他分配給他的二十三家工廠,沒有拆遷。現在蘇聯決定,允許其占領區內的德國工廠照常工作,而取走其生產品。美國對此曾提出抗議,主張德國剩餘的生產品應該拿來償付從美國輸入的糧食等貨款,但蘇聯置之不理❷⑨。

斯特萊克主張廢止鮑萊案,應給日本保留比較高的工業水準,讓日本能夠站立起來。他問:對於發動征服全世界戰爭的德國和日本,美國是否應該繼續用美元去餵養他們,給他們衣服穿而施加統治?美國納稅

---

❷⑨　歷樵譯,〈斯瑞克的反賠償論〉,前揭《對日和約問題》,頁 173。

人的負擔幾時可以終了？最荒謬的一點就是，曾被德日殺害的美國陣亡將士們的父母妻子，現在還需要納稅去供給敵人的衣食。美國是工業先進國，因此德日兩國的工廠是不需要的。美國應該鼓勵和幫助這些國家，使其能夠自給並且有剩餘的生產品，那麼美國方能停止救濟，並且可以替美國的製造商和農夫開闢市場，這才是對美國最有利的賠償。對日本的賠償政策，不要用報復的方式，因為報復是昂貴的 (Revenge is Expensive)❸⓿。然而 1948 年 3 月，美國陸軍次長德瑞沛 (William Henry Draper)，親自組織對日賠償調查團赴日調查，於是斯特萊克的第一次和第二次報告，都變成美國政策轉換過渡期的紙上擬案了。

六、強斯敦委員會案

德瑞沛是美國的金融企業家出身，自紐約大學畢業後即進入金融界，1937 年為狄隆‧利德投資公司 (Dillon, Read & Co.) 的副經理，第二次世界大戰時才轉入軍部為准將，1947 年就任陸軍部次長職，1948 年 3 月，為對日賠償調查團團長，率領美國的企業家，包括化學銀行 (The Chemical Bank) 及信託公司 (Trust Co.) 的經理強斯敦 (Percy H. Johnston)，和其後被任命為歐洲復興計畫局長的霍夫曼 (Paul G. Hoffman) 等，於 3 月 20 日抵達日本調查。

日本的企業家認為，金融企業家出身的德瑞沛，是美國決定復興德國企業，中止德國企業聯合 (Kartel) 解體的主要負責人之一，因此德瑞

---

❸⓿ Clifford S. Strike, "Revenge is Expensive", *American Magazine*, Vol. 144, pp. 50–51, pp. 82–84 (1947).

沛調查團的來日，一定能影響和轉換美國的決策，緩和財閥的解體，而對日本的企業有利。因為如果檢討能提供賠償的未受損傷的工業設備，十之八九都是屬於財閥所有，故賠償問題與財閥有密切的關連。日本的企業家判斷，美國的民主主義是與私人企業有密切的關係，可是現在占領日本的美國政策，宛如十多年前美國政府的領導者和企業家對立的關係，美國的政策遲早非變更不可，日本應促使其早日改變政策才好。

　美國的對日占領政策，首先在打擊日本帝國主義的經濟基礎，打垮日本的戰爭潛在力，然後改鑄成對美國企業有利的形式。因為財閥及巨大產業的解體，加上日本企業家唯恐其所經營的企業會被指定為賠償企業而怠工的結果，日本的經濟陷入危機，反而成為美國很大的經濟負擔。日本的評論家預言，美國既然切斷了日本財閥的支配，必須轉換政策，促使日本增產，導入復興用的新資，而「軟化」對日的態度。因此美國的賠償政策，也從當初的完全去除日本的潛在軍事力為目的大規模而嚴峻的拆除，至 1948 年春季德瑞沛陸軍次長的赴日時，轉變為重編日本為遠東的工廠而儘量免去拆除的方針，這一方面對美國的企業有利，另一方面可使日本成為在遠東防共的「壁壘」。

　德瑞沛調查團費了三週的時間，考察了日本和韓國的兩國經濟，在 1948 年 5 月 18 日，由美國陸軍部發表了〈強斯敦委員會報告〉（正確的名稱是〈日本和韓國的經濟情勢和展望以及其需要改善的措施之報告〉(Report on the Economic Prospects of Japan and Korea and the Measures Required to Improve them)。陸軍部的意圖是去掉陸軍次長德瑞沛的名字，以企業家強斯敦 (Johnston) 一團的報告，來掩飾美國陸軍部對賠償問題置喙的事實。但事實上這是美國陸軍部受日本評論的影響，想要改變美國初期占領政策的「改革」或「懲罰」的方針，重新提出對日本極為寬

大的「復興」計畫❸。

　　強斯敦委員會報告說，日本產業的有些部門，只要給與原料，就能作成其他各國所需要的物品，但是日本現在沒有支付原料的代金，美國可以提供原料的貸與。換言之，日本的經濟有一惡性循環，即缺乏必需的原料而引起生產不足，因為生產不足就缺乏外匯以支付所需原料。因為有此惡性循環，所以日本的經濟衰退，只好依賴美國的糧食贈與。打破此惡性循環的最好辦法，就是提供給日本美金外匯去購買最初所需要的外國原料。美國的企業家團體認為，增加生產是復興日本產業的唯一確實的手段。為了復興產業的必要，日本的工業設備應該保留，只有過剩生產力的工廠才要拆除。於是強斯敦委員會對賠償拆除案更形縮小規模，如與鮑萊案和海外顧問協會案比較，則減少如下❸：

表 9-1　賠償拆除案的比較

（以 1939 年價格為準，單位為千圓）

	鮑萊案	海外顧問協會案	強斯敦委員會案
產業部門合計	990,033	172,269	102,247
本來的軍事設施	1,475,887	1,475,887	560,000
總　　計	2,465,920	1,648,156	662,247

　　強斯敦委員會的企業家團體，並沒有攜帶專門的技術人員，在三個

---

❸　"The Report Prepared by the Johnston Committee and Submitted to United States Secretary of the Army Kenneth Royall", *Contemporary Japan*, Vol. 17, pp. 211–214.

❸　J. B. コーヘン著，大內兵衛譯，《戰時戰後の日本經濟（下）》，頁 233。

星期的來回美國、日本、韓國之間的調查，竟能比海外顧問協會 33 名專
門技術人員半年的日本調查來得果斷，將第一優先拆除充當賠償的「軍
事設施」，從十四億七千多萬圓，減少為五億六千萬圓，其間有何內幕不
得而知。該委員會除了認為賠償拆除的威脅，阻礙了日本的生產和復興
之外，財閥解體和排除獨占的過程也對日本的生產和復興有害。故勸告
為了減輕美國納稅者的負擔，強化日本的經濟，必須緩和大企業的細分
化，而讓日本的財閥有死灰復燃的餘地❸。1948 年 5 月 1 日，總司令部
再發表美國國務院有關緩和對日賠償的指令，即保留日本工廠的原則。

七、美國停止賠償拆除

　　1949 年 5 月 12 日，美國政府終於向麥帥指令停止對日臨時賠償的
拆除。其理由為：㈠在最近將來，日本經濟的赤字沒有消除的展望，為
了恢復日本經濟的均衡，需要現在所能運用的生產力。㈡給日本加上更
多為賠償的拆除負擔，將違背日本經濟的安定和促進其自立的占領目的。
㈢美國過去三年之間，一再的向遠東委員會提出賠償分配計畫，而一直
未能成立協定，賠償分配計畫既然不能成立協定，則遠東委員會的有關
賠償的決定也不得實行。㈣日本的在外資產既然已經被沒收，並依 1947
年 4 月美國政府的臨時指令，對中國、菲律賓、荷蘭、美國等也交付了
一萬四千噸的工具機及其他若干種類的物品，量雖然不多，也算支付了
賠償。5 月 13 日遠東委員會的美國代表麥考埃，向參與該會的盟會十一
國勸告，停止對日臨時賠償的拆除，中國、法國、菲律賓、印尼、緬甸

---

❸　J. B. コーヘン著，大內兵衛譯，《戰時戰後の日本經濟（下）》，頁 234–235。

等表示反對❸❹。

　　美國政府決定停止賠償拆除，也有其相當理由。日本的有些工業設備在休閒狀態是事實，但是這些設備拆遷到遠東的其他各國，是否被有效的利用是很有疑問的。拆遷完了的生產設備之中，有極少部分被接受國有效的使用，但是大部分的生產設備拆遷完了幾個月之後，還是生銹的停放在碼頭。這些生產設備，即使不再為日本生產之用，至少還可以當廢鐵之用。但是如果為了追加賠償，要日本負擔包裝和運輸費用，則日本為了提供木材或輸送力，必須從生產性的用途轉換為非生產性的促進通貨膨脹的用途。然而目前日本正需要將其精力和生產力全部投入經濟安定的時刻，賠償拆遷是不合經濟的原則。美國的這種聲明，使自1945 年被占領以來一直深恐為賠償拆遷而怠工的日本企業家，獲得了日本將來不會為賠償而拆除的確信，開始努力於工廠的復舊開工，而除去了日本經濟復興的一大障礙。

　　到 1949 年 11 月為止，盟國從日本獲得的賠償約有三十億美元的日本海外資產，和約三千五百萬美元價值的拆除了的產業設備，以及美國聲明停止拆遷時正在拆除中的約五百萬美元價值的追加設備。其中約一億三千萬美元價值的金子及貴金屬，依遠東委員會的決定，充當占領費用，其餘的分配給盟國充當賠償之用。

　　「日本重工業機器可以分給同盟國者約有一千幾百萬噸，其中分給中國者不下兩百萬噸，但這許多重工業機器與設備運至中國，無法利用，因而中國政府覺得分給太多，自動地減至七十萬噸。但七十萬噸亦不是

---

❸❹　"U. S. Repudiates Philippine and Chinese Complaint on Japanese Reparation Removals", *Department of State Bulletin*, Vol. 20, pp. 831–833 (26 June, 1949).

容易對付的。於是只好減至四十萬噸。四十與七十相去甚遠，然無法容納的苦悶，依然存在。故不得已遂自動地聲請，減至十一萬噸。但因十一一萬噸的運費尚無著落，所有外匯，均充作內戰之用，不得不將與人民福利有密切關係的生產工具，悉數放棄了。據一般的推測，拆除日本重工業的設備，運輸與重建二項，需要經過一個很長的時間，方能依計畫生產。政府中人認為此刻實在談不到，所以索興不要了。」**㉟**

　　美國在第二次世界大戰後的賠償政策，首先在促使軸心國的非軍事化為基本目標，然後參考第一次世界大戰後對德賠償問題的教訓，在不違反經濟合理性的範圍，以實現可行性的規模，即以實物賠償方式執行，可是直接受德國和日本的軍隊侵入而國土遭蹂躪和荒廢的蘇聯為始的盟國，卻想利用賠償復興本國的經濟，因此盟國之間在意見不一致的狀況下，未能共同協議一個合理的賠償政策，隨著美蘇冷戰的發生、韓戰的爆發，日本的賠償問題也隨之不了了之。

　　1951 年 9 月 8 日，日美安全保障條約簽訂之後，翌年（1952 年）2 月 28 日又簽訂日美行政協定，規定了美軍駐留的條件。3 月 19 日，總司令部將民間賠償工廠的大半解除，但仍保留了接收的二十個工廠。3 月 31 日，總司令部將指定賠償用的三個舊軍工廠許可給民間公司使用。4 月 21 日，日本廢止了驅逐公職令。4 月 28 日，對日講和條約，和日美安全保障條約生效之日，總司令部將指定賠償用的舊軍需關係八百五十家工廠交還給日本政府。此指定賠償工廠的交還，使日本可能開始正式的軍需生產了 **㊱**。

㉟　馬寅初，〈對日貿易開放與損害賠償問題〉，前揭《對日和約問題》，頁 153。

㊱　信夫清三郎，《戰後日本政治史》卷 IV（東京：勁草書房，1967 年），頁 1430。

八、日本與各國的賠償協定

　　1951 年 9 月 8 日簽訂的《舊金山和約》，第十四條規定日本的賠償義務。但是僅規定日本必須支付賠償，賠償以日本的勞役支付為原則，對於賠償額及期間等具體的細節，委讓賠償請求國和日本之間個別交涉。亞洲各國之間，與日本締結賠償協定的只有緬甸、越南、印尼、菲律賓四國，其中依對日講和條約締結協定的只有菲律賓和越南二國，緬甸則未參加舊金山講和會議，印尼則未批准該條約，而各自與日本締結講和條約和賠償協定。中華民國政府和印度，各自在與日本單獨的講和條約中放棄賠償請求權，高棉（東柬埔寨）和寮國（老撾）亦各自在 1954 年和 1957 年放棄賠償請求權。現依年代順序敘述日本與各國成立賠償協定的狀況如下：

　　1.緬甸：1954 年，11 月 5 日簽訂《日緬講和條約》和賠償以及經濟合作協定（1955 年 4 月 16 日生效），賠償總額兩億美元價值的日本人勞役和生產物，分十年支付，到 1965 年 4 月 15 日終了。在經濟合作方面，日本人提供五千萬美元價值的勞役和生產物給緬甸政府和公營事業之用。但是緬甸因為最先締結協定，鑑於日本以後與其他國家的賠償額不平衡，在其講和條約第五條規定，將來緬甸要求公正而平衡的待遇時得以重新檢討。根據此條款，1963 年 1 月在東京舉行日緬賠償再檢討的交涉，3 月 29 日簽訂經濟技術合作協定，日本再提供一億四千萬美元價值的生產物和勞役為無償援助。從 1965 年 4 月 16 日起十二年之間提供❸❼。

---

❸❼　賠償問題研究會編（外務省賠償部監修），《日本の賠償》（東京：世界ジャーナル社，1963 年），頁 135–175。

2.菲律賓：1956年5月9日，日菲簽訂賠償協定（7月23日生效），日本提供賠償額為五億五千萬美元價值的勞役和生產物。在最初十年間每年提供平均兩萬五千萬美元，其後十年間，每年平均三千萬美元（但在賠償第七年度編入一千萬美元的消費物資）。又依照日菲經濟開發借款交換憑單，日本提供兩億五千萬美元的貸款給菲律賓❸。

3.印尼：1958年1月20日簽訂印尼講和條約和賠償協定，日本提供兩億兩千三百〇八萬美元價值的勞役和生產物。在當初十一年間每年平均三千萬美元，第十二年提供餘額三百〇八萬美元，至1970年4月14日賠償終了。關於經濟開發貸款，在二十年間提供四億美元貸款。隨著賠償問題的解決，日本與印尼之間的公開記帳的累積債權一億七千六百九十一萬餘美元的請求權，日方表示放棄❸。

4.越南：1959年5月13日簽訂《日越賠償協定》（1960年1月1日生效），日本提供三千九百萬美元價值的勞役和生產物，在最初三年間，每年提供平均一千萬美元，其後兩年每年平均四百五十萬美元，到1965年1月11日賠償終了。又依借款協定，在三年間日本提供七百五十萬美元的貸款給越南，再依經濟開發的交換憑單，日本提供九百一十萬美元的貸款，自賠償生效後第五年，提供給越南政府或公營企業❹。

5.其他準賠償的經濟合作有如下記錄：

①寮國：1958年10月15日簽訂經濟技術合作協定（1959年1月23日生效），日本在兩年間提供十億圓的無償援助，到1965年1月22

---

❸　賠償問題研究會編（外務省賠償部監修），《日本の賠償》，頁176–212。

❸　賠償問題研究會編（外務省賠償部監修），《日本の賠償》，頁213–238。

❹　賠償問題研究會編（外務省賠償部監修），《日本の賠償》，頁239–246。

日終了❹。

②高棉：1959 年 3 月 2 日簽訂同樣的協定（7 月 6 日生效），在 3 年間提供十五億圓的無償援助，1966 年 7 月 5 日終了❷。

③泰國：本來在 1955 年締結有關解決特別日圓問題的協定。其中規定九十六億圓的經濟合作措施。泰國主張無償，日本主張有償而對立不能實行，因此在 1962 年 1 月 31 日簽訂協定，以泰國籌措日本的生產物和勞役為條件，八年之間日本支付九十六億圓，到 1969 年 5 月 20 日終了。

④韓國：依 1965 年 6 月 22 日簽訂的協定（12 月 18 日生效），韓國放棄賠償請求權，日本在十年間無償提供三億美元的民間信用貸款給韓國政府或國民。

⑤馬來西亞和新加坡：因血債問題，在 1967 年 9 月 21 日簽訂協定（1968 年 5 月 7 日生效），日本在三年之間，對馬來西亞提供外航用貨物船兩艘，相當於八百二十萬美元的生產物和勞役；對新加坡提供相當於八百二十萬美元的生產物和勞役。對新加坡，除此血債協定之外，其後還提供八百二十萬美元的民間貸款。

⑥太平洋各島託管統治地區居民也提出戰爭損害請求問題，1969 年 4 月 18 日，日美簽訂協定（7 月 7 日生效），在三年間，兩國各自提供五百萬美元的賠償，日本提供相當價值的生產物和勞役，於是對日講和條約第四條 a 項規定，有關託管統治地區的財產及請求權問題，最後也完全的獲得解決。

總之，從 1955 年開始的賠償，總額為三千五百七十二億圓（十億一

---

❹　賠償問題研究會編（外務省賠償部監修），《日本の賠償》，頁 247–252。

❷　賠償問題研究會編（外務省賠償部監修），《日本の賠償》，頁 253–258。

千兩百一十萬美元），放棄求償權而代替的「準賠償」為五千兩百五十九億圓（十五億七百八十六萬美元）。其中受害最大的中國，則在經過力爭而未得後，放棄了賠償請求權。至於北越和北韓則沒有機會交涉賠償。因為日本片面的與南越和南韓交涉實行賠償，而留下北越和北韓未獲得賠償的後遺症。

九、「賠償」變成「援助」的策略

1951 年的《舊金山對日和約》第十四條規定：「日本國對戰爭中所生的損害和痛苦，應對盟國支付賠償。」❹當時簽訂對日和約的日本權謀政客──首相吉田茂，首先把「拆除賠償」改為「役務賠償」，再於舊金山和約讓美、英、荷以及中華民國放棄賠償❹。至於東南亞各國的「賠償」，則變成日本資本對東南亞各國的「進出」。

日本賠償的支付，並不是無條件的供與對方「現金」，而是供給對方「日本商品」 (Made in Japan) 或日本人的服務 (Japanese service)。換言之，日本政府依賠償對方的要求，從日本的廠商購買其需要的資材和服務。故從日本的廠商來說，這是日本政府以賠償的名義購買自家商品的一個最安全而利潤頗高的顧客。例如購買機器後，零件或材料的訂購也就源源而來。但從緬甸、菲律賓、印尼、越南等被賠償國來說，賠償只有免用外匯而取得必需機器等資材的好處。因此對日本來說，賠償的第

---

❹　鹿島平和研究所編，《日本外交主要文書・年表》(1)（東京：原書房，1983年），頁 429。

❹　吉田茂，《回想十年》第三卷（東京：白川書院，1983 年），頁 151–158。

一效用，乃在促進日本商品的輸出。

　　日本的經濟從 1955 年進入高度成長期，日本首次對緬甸的賠償協定，也是從 1955 年開始生效。日本經濟的高度成長，重點乃在推行重化學工業政策，而日本的重化學工業品（包括化學品、金屬品、機械類）有否暢銷，為其成長的關鍵。日本對東南亞銷售重化學工業品的比率，從 1953 年的百分之三十五點七，1956 年百分之三十八點七，1959 年百分之四十九點七，1960 年百分之五十四點九，跟賠償實施同時增加，到了 1968 年，幾達七成左右❹。隨著日本經濟的高度成長，日本輸出商品全體中，重化學工業品所占的比率，也從 1959 年的百分之四十七，到達 1968 年百分之六十八的水準❻。這充分的證明，日本是如何巧妙地利用「有條件的賠償」來開拓化學工業品的輸出市場。這種賠償方式，日本人稱為國際間的「經濟協力」（即經濟合作），也是日本對外經濟援助的原型。

　　日本的對外經濟合作，從賠償方式，擴大為輸出商品的延期付款、海外投資、日圓借款等多種花樣，是從 1957 年岸信介內閣上臺開始。岸內閣的戰略為「美國的資本、日本的技術、東南亞的資源」，所謂「三位一體」的結合，以逐漸取代美國的援助和市場。美國對東南亞的援助，可分軍事援助和經濟援助。1958 年以後美金的危機開始顯現出來，美國的國際收支也從大幅黑字轉為大幅赤字，美國的援助呈現後繼無力之態。即是如此，非生產性的軍事援助仍保留給美國，日本可以專事有利可圖的經濟援助。況且，日本有一個堂皇的託辭，軍事援助會違反日本國憲

---

❹　西和夫，《經濟協力──政治大國日本への道》（東京：中央公論社，1970 年），頁 72。

❻　西和夫，《經濟協力──政治大國日本への道》，頁 72。

法，而經濟援助有「安定民生」，加強自由陣營的作用。

當初，日本的對外經濟援助並不積極，因為在 1958 年時日本人的國民所得僅兩百八十四美元而已，日本自己尚缺乏資金，怎麼肯援助他人？故有利用美國資本，提升日本技術的戰略。日本的對外經濟合作，是在 1965 年以後轉為積極，這一年也是日本的國際收支呈現大幅的貿易順差，外匯存底超過三十億美元，日本從此轉移資本輸出的型態。於是日本政府對外援助占最大分量的賠償，從 1964 年的百分之五十，急減為 1965 年的百分之二十六，到了 1968 年賠償僅占百分之十三，而直接借款達百分之五十❹。隨著日本經濟的發展，對海外資源的需求急增，為確保資源的供應市場，也是其轉向海外投資的原因之一。

1965 年也是美國參加越戰之年，而日本在越戰獲得利潤的方式，跟韓戰時有所不同。在韓戰時是美國直接向日本訂購軍事特需，而在越戰時這種「直接特需」的比率減少，日本必須靠「間接特需」換取利潤。換言之，美國向韓國、中華民國、泰國等直接訂購軍需，日本再向這些國家輸出商品；另外美國因戰爭而民需用品缺貨，日本也乘機輸出商品賺錢。於是形成高級品由日本生產、低級品由韓國或中華民國等開發中國家生產，或日本跟開發中國家技術合作。日本為大房東賺大錢，韓國為小房東賺小錢的經濟合作型態。

其後日本即透過「日援」繼續展開對東南亞以至世界的經濟攻勢。

日本的政府開發援助 (Official Development Assistance)，雖然從 1965 年以前的賠償方式，轉為贈與或日圓借款，甚至由國際機構出資，但是本質仍然不變。所謂「贈與」，是接受贈與政府的訂購，但原則上是日本

---

❹　西和夫，《經濟協力──政治大國日本への道》，頁 78。

的廠商得標，以日本政府名義提供糧食、教具、醫療設備等商品或服務給被贈與國。至於日圓借款，仍然是變形的日本商品輸出策略，也就是有條件的經濟援助。

日本的外援，在表面上是依被援助國政府的請求，經當地的日本大使館行事。但在實際上是日本的廠商製作具體的開發計畫，提供給該國政府，裝成被援助國的請求。故在調查該國的開發事業是否值得援助，以及該開發事業競標的過程中，就有日本大廠商的替身公司，或日本政府的退休官員組成的顧問公司等，跟該國的訂購機關之間勾結，去攫取龐大的利潤。這也是促使像菲律賓的受援助國，貪污橫行、貧富懸殊、社會矛盾激化、「現代化」的進展遲緩的主要原因之一。

日本的「經濟援助」在 1973–1974 年石油危機以後，發展為「資源外交」的一環，在努力確保第三世界的能源與資源。到了八〇年代初期，中東、非洲、拉丁美洲各地區合起來，約占日本的「政府開發援助」(ODA) 的三分之一，援助對象在地理上擴大為全球。在八〇年代中期，日本已經變成世界第二位援助供與國，到九〇年代日本無疑的將趕上美國成為世界第一援助國了。

隨著「援助」的擴大和加重，日本的經濟援助政策也政治化，學美國那一套講究「戰略援助」了。

但是我們不要忘記，日本的「援助」是肇始於「賠償」方式的運用呀❹！

---

❹　Dennis T. Yasutomo, *The Manner of Giving: Strategic Aid and Japanese Foreign Policy* (N. Y.: D. C. Heath and Company, 1986). 渡邊昭夫監譯，《戰略援助と日本外交》（東京：同文館，1989 年），監譯者序文，頁 1–7。

第十章

韓戰起飛──《對日和約》與經濟復興

　　1950 年 6 月 25 日清晨，北韓（朝鮮民主人民共和國）軍隊在崔鏞健將軍的指揮下兵分五路向防禦北緯三十八度線的南韓（大韓民國）軍隊陣地發動全面性攻擊。所謂「韓戰」乃正式爆發。這場長達三年的戰役，不僅造成一百四十六萬人喪失性命，更使二次大戰後的東亞局勢起了結構性的轉變。影響所及，到了今天，東亞各國仍然處於韓戰後所規定的國際政治架構中。

　　由於韓戰的發生，使朝鮮半島以北緯三十八度線為界陷於長期的分裂，從此統一問題始終是韓國政治發展中最重要的課題。在韓戰爆發後不久，美國第七艦隊出動臺灣海峽，也促使國民政府和中共分別被劃入資本主義和社會主義的陣營，展開長達四十的對峙。尤其是中共，由於加入韓戰而成為美國在東亞進行圍堵政策的最大假想敵，陷入長期的孤立中，而影響中國大陸政治經濟的發展停滯不前。

　　然而，二次大戰時的侵略國日本，卻成為韓戰的最大受益者。日本並未直接投入韓戰的戰場，而是充分利用韓戰所提供的各種機會，完成其復興的基礎工作。

一、韓戰爆發前美國的東亞政策

1945 年 8 月 15 日，日本宣布無條件投降，蘇聯的紅軍及美軍根據雅爾達及波茨坦會議的決定，以北緯三十八度為界分別占領南北韓兩部分。事實上，這兩個會議並未就占領問題作成最後決議，美、蘇兩國所實施的是一種先占策略。首先是蘇聯利用對日宣戰的機會於 8 月 8 日由中國東北南下，美國為了防止其占領整個朝鮮半島而在次日派兵進駐，並扶植親美的李承晚政權。

1948 年 5 月 10 日，李承晚不顧國內外的反對而在朝鮮半島分裂的情況下舉行大選，並在同年 8 月 15 日宣布成立大韓民國。1948 年 9 月 9 日，在金日成領導下的北韓也宣布成立「朝鮮民主人民共和國」，一個月後，蘇聯首先承認之，並在 12 月 26 日從北韓撤軍。1949 年 1 月 1 日，美國也宣布承認大韓民國，並於 6 月 29 日起從南韓撤軍，僅留下美軍顧問團。從此，朝鮮半島脫離占領區的階段，而成為南北兩政府互相宣布擁有對方領土主權的對峙局面。

南韓及北韓雖然在形式上取得獨立，但在經濟上仍然分別依賴美國和蘇聯。南韓在未獨立前就曾接受三億五千六百萬美元的美援，在軍事援助方面，1945 年到 1950 年間共計得到一億四千兩百萬美元。1949 年又透過美韓互相防衛援助協定，取得一千〇二十萬美元❶。在北韓方面，1949 年金日成也曾率領外長朴憲永訪問蘇聯，向史達林借了兩億一千兩百萬盧布。

---

❶ E. Traverso, *Korea and the Limits of Limited War* (Massachusetts: Addison Wesley Publishing Company, 1970), pp. 18–19.

1947 年 3 月，美國杜魯門總統曾發表宣言，強調和共產主義鬥爭到底的決心。同年 11 月開始實行「馬歇爾計畫」，展開對西歐國家的大量經濟援助。然而，此時美國外交政策的重心在於防止歐洲的赤化，對於亞洲共產勢力的擴張則採取較為消極的態度。其亞洲政策的想法是期望以中國為主要的安定力量；以對日占領政策而言，重點工作是推展民主化和財閥解體；對於南韓的政策，則傾向不以武力介入。1949 年 12 月美國國家安全會議決議假定共產勢力發動武力侵略，美國亦不派遣陸上軍隊到韓國，並減少對南韓的援助。

1950 年 1 月 5 日，杜魯門發表不介入臺灣聲明，1 月 12 日國務卿艾奇遜並發表艾奇遜防線聲明，表示美國在西太平洋的防衛線包括阿留申群島、日本、琉球、菲律賓，而將臺灣和韓國除外，因而被認為是放棄南韓和臺灣的表示。對此，日本的前海軍上將野村吉三郎還曾向當時美國的海軍司令提出警告，認為「防衛日本的第一線至少是臺灣和朝鮮半島，尤其臺灣，更是遠東戰略的中心」。這種說法，對於美國軍方是具有相當影響力的 ❷。在這種情況下，韓戰的爆發不只是促使美國改變其消極政策的契機，更使日本的國際地位完全改觀。

二、韓戰的爆發與經過

韓戰在一開始時雖然是南、北韓的內戰，但美國、蘇聯和中共的意向對戰局的發展也有很大的影響。

---

❷　新名丈夫，《昭和史追跡——暗黑時代の記錄》（東京：新人物往來社，1970年），頁 285。

　　1950 年 2 月 14 日，毛澤東在莫斯科和史達林簽訂了《中蘇同盟友好條約》。該條約除了確認「蒙古人民共和國」獨立等事項外，蘇聯並將無償歸還得自中國東北的日本財產。此外，蘇聯還提供中共大量的軍事和經濟援助，使政權尚未穩固的中共不得不選擇「向蘇聯一面倒」的政策。另一方面，蘇聯在 1950 年 1 月 12 日即因提出中國代表權案被否決而退出聯合國安全理事會，並宣布安理會今後的決議除非有中（共）、蘇兩常任理事國出席，否則均為無效。蘇聯的作法，表面上是對美國的一種抗議，但事實上卻使美國在韓戰爆發後更容易操縱聯合國安理會，而蘇聯本身也迴避掉必須為韓戰作出直接的態度表示。

　　韓戰爆發的當天，美國立即向聯合國安全理事會提出控訴。安理會通過決議，認定北韓的武力攻擊是破壞和平的侵略，要求其立即停止敵對行為，撤退回三十八度線。安理會並決定，對參與決議和實行的所有盟國提供一切援助。但由於北韓對於安理會的決定絲毫不加理會，安理會又在兩天後通過以援助南韓來擊退北韓軍隊的建議案。此時蘇聯外長葛羅米柯 (Andrei A. Gromyko) 為了是否參加安理會決議而和史達林發生爭議，但史達林卻堅持向蘇聯駐聯合國代表下達缺席的命令❸。這次的決議雖然是勸告性質，但卻附帶有軍事制裁措施，是聯合國成立以來的創舉。但事實上，這項決議的真正用意，卻是為美國出兵朝鮮半島尋找正當藉口。就在安理會通過勸告案的前三小時，杜魯門向美國的海空軍下達軍援韓國的命令，並以美國出兵是參加聯合國的集體行動為理由，迴避了必須要經過國會宣戰程序的憲法規定。杜魯門並根據同一決議，

---

❸　Andrei A. Gromyko, *Memories*, 1989. 讀賣新聞社外譯部譯，《グロムイコ回想錄——ソ連外交祕史》（東京：讀賣新聞社，1989 年），頁 161。

命令美國第七艦隊進駐臺灣海峽，以防衛在韓美軍的側翼，但這項舉動也同時牽制了中共和國民政府的軍事行動。

在韓戰爆發時，北韓軍隊在蘇聯軍事顧問和武器的援助下擁有超過南韓軍隊的實力，而在 6 月 28 日迅速占領漢城。美國陸軍一直要到 7 月 1 日才由史密斯 (Charles B. Smith) 中校率領先遣部隊登陸釜山。 7 月 7 日，聯合國安理會根據 6 月 27 日的決議，通過以美軍司令統一指揮 16 國部隊並賦與聯合國軍隊集體行動的決議。由於蘇聯在安理會中缺席，使這支聯合國軍隊事實上以駐日美軍為主體而編成。蘇聯雖然在 8 月 1 日重返安理會，但美國為了避免在安理會中受到蘇聯運用否決權抵制，在聯合國召開第五次全體大會後，即將韓國問題的討論移轉到大會，而在 10 月 7 日通過「有關韓國的統一和復興」的決議。

9 月 15 日，麥克阿瑟利用仁川港的退潮進行登陸，由後方切斷北韓軍隊的補給線。這場戰役使聯合國軍隊首度阻擋了北韓的攻勢，並俘虜了十二萬五千名北韓士兵。由於仁川已經接近三十八度線，而麥克阿瑟的企圖是占領整個朝鮮半島，這引起了中共的不安。中共總理周恩來在 10 月 1 日國慶日當天首度表示將為粉碎侵略戰爭而奮鬥。10 月 3 日和 8 日，南韓和聯軍分別突破三十八度線，中共外交部乃於 10 日向聯軍提出抗議。

美軍參謀本部的朝鮮半島作戰計畫，是以蘇聯和中共不介入為前提的。在仁川登陸戰之前，美軍參謀首長聯席會議 (Joint Chiefs of Staff) 曾表示對作戰計畫的懷疑，到了登陸當天，仍然訓令麥克阿瑟不得和中共發生全面性戰爭 ❹ 。 杜魯門和麥克阿瑟於 10 月 14 日在威克島 (Wake

---

❹　A. S. Whiting, *China Across the Yalu* (New York: MacMillian, 1960), p. 27.

Island) 舉行會談，麥克阿瑟明確地表示中共沒有能力參戰❺。不料，就在威克島會談結束的第二天（10 月 16 日），由林彪所率領的中共第四野戰軍突然越過鴨綠江進入北韓，而引起舉世的震驚。中共的出兵，將戰爭情勢完全改觀，也對美國的決策階層產生了極大的震撼。

1950 年 10 月 20 日，以美軍第八軍團為主力的聯軍部隊占領平壤，迫使北韓政府遷都義州。11 月 21 日，聯軍抵達鴨綠江畔，翌日，中共的「抗美援朝」部隊開始攻擊南韓軍隊，並對美軍第八軍團展開攻勢。此時，由於聯軍的補給線已經漸漸拉長，無法進行消耗性的作戰，麥克阿瑟即計畫採取進一步的攻擊，決定追擊中共軍隊，並轟炸鴨綠江上的水力發電廠。此時，麥克阿瑟仍然充滿自信，認為美軍可以在耶誕節前回家 (Home by Christmas)。

麥克阿瑟的預計，顯然過於樂觀。1950 年 11 月下旬，中共將集結在東北的八十餘萬部隊，以志願兵的名義投入戰場，12 月 31 日，對聯軍發動第二次總攻擊，從此和聯軍在三十八度線上展開拉鋸戰。1951 年 1 月 4 日，漢城第二度失陷；3 月 15 日，聯軍再度收復漢城，但卻發現中共和北韓軍隊早已撤出。第二週，在海、空軍的支援下，聯軍再度抵達 38 度線。然而這時杜魯門和麥克阿瑟的衝突也到達了臨界點。

麥克阿瑟和杜魯門對於美國參加韓戰的目標，始終有著不同的看法。對杜魯門而言，美國主要的憂慮在於蘇聯對歐洲的侵略，因此反對將韓戰的戰場擴大到整個朝鮮半島。但麥克阿瑟卻批評這種「有限戰爭」的理論，主張適時轟炸、封鎖中國大陸，並以此促成中共的軍事崩潰。1950 年底的時候，麥克阿瑟就曾經計畫轟炸鴨綠江上的橋梁以切斷中共

---

❺　Whiting, *supra* 4, at 30.

的補給線，但遭到當時美國國防部長馬歇爾的強烈反對。當聯軍第二次到達三十八度線時，杜魯門立即決定維持現狀，並和中共及北韓進行談判。對於杜魯門的此一決定，麥克阿瑟表示強烈的不滿，最後終於導致杜魯門在徵詢國務卿艾奇遜、參謀首長聯席會議主席布萊德雷 (Omar N. Bradley) 及國防部長馬歇爾等人的意見後，在 1951 年 4 月 1 日決定宣布以第八軍團司令李奇威 ，取代麥克阿瑟為聯軍指揮官及美國遠東軍指揮官。

　　1951 年 5 月 18 日，聯合國通過對中共及北韓政府轄區實施武器禁運的決議，另一方面，美國也開始進行談判的準備。6 月 23 日，蘇聯駐聯合國代表馬立克提出停火建議 ，美國方面決定派遣卓伊 (Charles T. Joy) 將軍為聯軍代表和北韓共黨代表南日於 7 月 10 日起在開城進行停戰談判。談判持續了一個多月，但在 8 月 22 日時由於北韓認為美國軍機侵犯開城上空而停止。從此時開始，雙只打打談談，始終未獲結論。

　　1952 年 11 月，艾森豪當選美國第三十四任總統。在競選的時候，艾森豪深深體會到美國國內的反戰情緒，因而批評韓戰是一場不受歡迎的戰爭，並表示當選後將親赴韓國訪問。1952 年 12 月，艾森豪實現他的諾言抵達韓國和李承晚進行會談，並決定積極尋求停戰，但始終無法打開僵局。情況發生轉機，是 1953 年 3 月 5 日史達林去世。新就任的蘇聯總理馬林可夫 (Georgy Malenkov)，仍處於和總書記赫魯雪夫在國內爭權的階段，國際間的緊張氣氛暫時得以緩和。4 月和 6 月，聯軍和北韓分別訂立傷病戰俘協定和戰俘協定。7 月 27 日聯軍代表哈里遜 (William Harrison) 將軍和北韓代表南日在聯軍指揮官克拉克 (Mark W. Clark) 將軍、北韓最高司令金日成、中共人民義勇軍彭德懷的授權下，完成停戰協定的簽署 ，雙方並協議以北緯三十八度線為南北韓的事實 (De Facto)

邊界。

　　歷時三年的韓戰至此正式宣告結束。聯軍、北韓及中共，付出了死傷上千萬人的代價，結果只是使南北韓回復到原來的對峙線上。然而，在這段期間內，日本卻已充分利用機會完成了復興的準備。

三、韓戰與日本國際地位的變化

　　美國的對日政策，從 1947 年開始就有變化的跡象。美國國務院政策企畫委員會主席，也是圍堵政策主要計畫人的肯楠 (George F. Kennan) 曾於 1948 年訪問日本，提出日本民主化任務已經完成，今後應以經濟復興及維持東亞安定為主要目標的看法[6]。1950 年初，美國鑑於中共政權的建立，開始商討如何調整日本的角色。1950 年 6 月 18 日，美國參謀首長聯席會議主席布萊德雷及國防部長詹森訪問日本，和麥克阿瑟就朝鮮半島的情勢進行會談，並通過二項決議：㈠以日本為對抗蘇聯為首的共產國家的永久基地，㈡使日本成為「亞洲的工廠」，以其工業力協助東南亞國家達成民生的安定，解除革命的威脅[7]。然而，對於具體的作法為何，美國政府內部卻始終存在著對立的意見。

　　其主要的爭議焦點，在於《對日和約》的問題。美國軍方的立場是反對和日本簽定和平條約，並繼續維持對日本的軍事占領，而使駐日美軍在面臨和蘇聯軍事衝突時能保持充分的行動自由。美國國務院則與此

---

[6]　信夫清三郎，《朝鮮戰爭の勃發》（東京：福村出版株式會社，1969 年），頁 19。

[7]　信夫清三郎，《朝鮮戰爭の勃發》，頁 21。

立場相反。早在 1949 年 9 月，美國國務卿艾奇遜在和英國外相進行會談時，就已聲明將盡快採取單獨講和的方針，並以美日兩國訂立雙邊協定的方式來取代美軍的直接占領。1950 年 4 月 5 日，杜魯門總統任命杜勒斯 (John Foster Dulles) 為國務卿顧問，負責處理對日和約的問題。杜魯門和杜勒斯的想法是希望早日完成和約的締結，以使日本能和其他國家展開外交關係，並化解日本國內日益高漲的反美情緒。為了調和軍方和國務院的爭議，杜勒斯提出分別簽訂《對日和約》和《美日安全保障條約》的辦法。如此一來，就可以避免在和約中提及美軍在日本的基地及日本的重整軍備等問題。

就在此時，由於韓戰的突然爆發，使日本的國際地位產生重大的轉變。杜魯門政府原本主張維持東亞現狀的消極政策，此時面臨嚴重的考驗。當務之急，在於盡快使日本成為具有一定防衛能力的獨立國家，以維持資本主義陣營在東亞的軍事優勢，同時平息日本國內日益高漲反對美軍占領的左翼力量。然而，對於如何達成此一目標，麥克阿瑟和杜勒斯之間的看法並不一致，因而給了當時的吉田政府可乘之機。

二次大戰結束後，日本經濟因為戰爭而受到嚴重損害，日本國民對於戰爭也有很深的體驗。因此，對吉田政府而言，最重要的任務是恢復日本的經濟力量，以及避免挑起國民的反戰情緒。從戰後至 1952 年，日本政府共計獲得二十一億三千五百餘萬美元的援助，約相當於日本政府一年的預算總額。此外，駐日美軍也等於替日本省下維持國防安全的成本。然而，杜勒斯的主張卻明顯地是要盡快達成日本的重整軍備，這和吉田政府的政策是有矛盾的。

在杜勒斯的《對日和平條約》構想中，是不包含限制軍備條款的。這正意味著美國要求日本重整軍備。然而，吉田茂卻堅持日本經濟的自

立是最重要的事，並反對重整軍備的主張。杜勒斯於 1950 年 6 月 21 日抵日，吉田為了取得有利的立場，運用他和麥克阿瑟的關係而對杜勒斯施加壓力，終於讓重整軍備的問題得以暫緩擱置。從吉田茂始終強調經濟的自立這點來看，也可以知道他反對日本再軍備是一種策略性的考慮，其主要的著眼點在於借助美國的力量達成日本的自立，等到日本具有一定的經濟實力時自然可以增加政治和軍事上的自主性。日本的右派甚至曾以「分期付款的重整軍備」來稱呼吉田的政策。

韓戰的爆發，也促使麥克阿瑟成為吉田茂維持政權的護身符。在戰爭爆發前夕的 1950 年 6 月 4 日，日本舉行第二屆參議院選舉。這是公職選舉法公布以來的首次選舉，因此具有顯示民意趨向的象徵意義。選舉結果，民主黨獲得十席，綠風會獲得十六席，社會黨獲得三十七席，勞農黨獲二席，共產黨獲二席，無黨派獲得十二席❽。吉田茂所領導的自由黨則獲得五十三席，連同非改選者雖然仍是第一大黨，但得票率已較前次為低，而且在國會中也不能掌握過半數的議席。另一方面，屬於保守陣營的綠風會卻支持在野黨全面講和及撤除美軍基地的主張，並獲得相當高的得票率。

6 月 6 日，麥克阿瑟在寫給吉田茂的信中，指示他剝奪德田球一等二十四名日本共產黨中央委員的公職，第二天，又對共產黨機關報《赤旗》有關人員十七人實行了驅逐公職。在遭受驅逐的共產黨籍公職人員中，有二十九名是眾議員。此外，盟總在 1950 年 5 月 3 日就曾發表共產黨非合法化的聲明，並對 5 月 30 日在日本皇居前所舉行的群眾大會進

---

❽　戰後日本政治史研究會編，《現代日本政治史年表・解說》（京都：法律文化社，1988 年），頁 35。

行暴力鎮壓。從 6 月初至中旬，盟軍總部指示警視廳禁止所有社會黨的示威活動乃至於一般的民主集會。韓戰爆發後的 6 月 30 日，麥克阿瑟下令吉田茂對《赤旗》實行禁止發行三十天的命令，並扣壓該報 6 月 26 日對北韓情勢的報導。這一連串的鎮壓行動，均和美國對韓戰的準備有密切的關係。

由於美國在朝鮮半島所投入的軍隊是以駐日美軍為主體，韓戰的爆發，也成為日本重建國家武力的契機。麥克阿瑟於 7 月 9 日就任聯合國軍隊最高司令官，並在前一天下令日本政府成立七萬五千人的警察預備隊及 8 千人的海上保安隊，使日本踏出重整軍備的第一步。警察預備隊，在舊金山和約簽訂後被擴充成保安隊，後來再根據《美日相互防衛援助協定》改組成為現在的自衛隊。

由於韓戰的爆發，使得解決有關日本從美軍占領轉為獨立的講和問題益形迫切起來。關於講和問題，日本原本有二派，一為主張以和平憲

▲ 圖 10-1　韓戰後，依麥帥指令召集七萬五千名警察預備隊，後變成自衛隊

法及永久中立為根據的全面講和派，一為主張暫時依附美國，並在講和
的同時簽定《美日安保條約》的半面講和派。吉田茂就是屬於後者，並
批判主張全面講和的東京大學總長南原繁是「曲世阿學之徒」。然而韓戰
的發生，根本地改變了有關日本安全保障的看法，使非武裝化後軍事中
立化的理想成為不可能 ❾。吉田政權也利用此東西對立的情勢，爭取對
日本最有利的講和條件。1950 年 11 月 24 日，杜勒斯發表了「關於對日

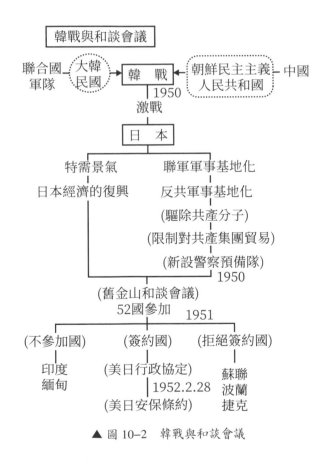

▲ 圖 10–2　韓戰與和談會議

---

❾　神谷不二，《朝鮮戰爭》（東京：中央公論社，1966 年），頁 181。

講和的七點原則」，其中包含了支持日本加入聯合國，放棄對日賠償請求權等項目，對於安全保障的問題，則主張在聯合國作成最後決定之前，日本應和美軍共同合作維持安全。1951 年 1 月，杜勒斯二度訪問日本，此時由於盟總已在 1950 年 11 月解除了對重光葵等戰犯級人物的驅逐公職，而使國內主張重整軍備的聲音高漲起來。但吉田茂卻巧妙地利用韓戰的強勢，使杜勒斯認為日本無法應付軍事的真空狀態，促使美軍仍駐留日本及其周圍地區。所謂「美日安保體制」就是在此一背景下建立的。此一體制所強調的是，日本提供給美軍駐留地，但美國也相對地負有防衛日本的義務。透過此體制，日本也得以用漸進的方式，朝向重整軍備的目標發展。

　　然而，吉田茂真正的企圖，卻是利用安保體制提供給美軍駐留的各種特權，來換取美國盡快實行對日講和❿。

　　1951 年 9 月 4 日，不包括中國、蘇聯、韓國、印度等國在內的 48 個國家，在美國舊金山簽訂了《舊金山和平條約》。這項和約，是根據英美兩國的草案擬定的，在會議中並未經過審議修正即強行通過。9 月 8 日，美日兩國又依據和約第六條的規定簽定了 《安保條約》，使日本成為美國在遠東的軍事基地，並將琉球等地交付美國託管。因此，日本雖未完全獲得主權獨立，但卻得以在美國的保

▲ 圖 10–3　與美軍的混血兒，成為《對日和約》的問題

---

❿　內田健三，《戰後日本の保守政治》（東京：岩波書店，1974 年），頁 37。

護下，朝向經濟大國發展。

　　在締結《對日和約》之前，美國對於日本的賠償問題，原本採取「無賠償主義」。由於東南亞國家的強烈反對，在和約中規定日本有賠償的責任，但具體的細節則留待日本和個別國家簽訂有關條約來解決。這樣使日本政府

▲ 圖 10-4　吉田茂簽署《對日和約》

有充分的時間，來爭取其最大的利益。日本政府雖然在 1950 年代陸續和緬甸、菲律賓、印尼、南越等國簽訂了「賠償」協定，但到了 60 年代卻變為「經濟援助」，使日本企業得以大舉介入東南亞國家的農、工商業及公共建設，成為日資輸出的基礎。

　　《對日和約》的第二條規定：「日本放棄對臺灣及澎湖群島的所有權利、權限及請求權」，但並未說明臺灣的歸屬，因此造成所謂「臺灣地位未定論」的問題。另一方面，由於舊金山會議中並無中國代表出席，所以和約中有關中國的部分究竟應以中共或國民政府為簽約對象，仍然引起爭議。吉田茂政府乃利用此一機會對中共和國民政府展開兩面外交，企圖在國共的對立中漁翁得利。首先是國民政府為了爭取中國代表權，在 1951 年 10 月 15 日由行政院新聞局發表放棄對日要求賠償的聲明，並透過美國國會中的「中國遊說團」向吉田政府施加壓力。由於美國政府在韓戰爆發後將中共視為敵對政權，故始終希望日本以國民政府為簽約國，杜勒斯並曾就此點和吉田茂達成協議。但吉田茂卻主動地在 12 月 24 日致函杜勒斯，表明日本已決定以國民政府為簽約對象，同時討好了美國及國民政府。1952 年 1 月 16 日，杜勒斯向美國參議院提出這封被

稱為「吉田書簡」的信函，《舊金山和約》乃獲得參議院的通過。4 月
24 日，日本和國民政府在臺北簽定了《中日和平條約》，但將條約適用
範圍限定於臺灣和澎湖。此外，並根據條約的附屬議定書展開臺日間的
商業貿易關係。

　　事實上，在「吉田書簡」中也曾提及日本希望能與中國大陸建立全
面的商業及政治關係。這表示吉田茂對於中國大陸的市場始終念念不忘。
他曾表示單獨講和不應永久阻礙日本和中國大陸的貿易，並認為地理和
經濟的法則終將克服意識形態的差異和人為的障礙❶。 在 1950–1960
年，日本由於受到美國圍堵中共的政策性壓力而不得不將海外發展的主
力放在東南亞國家上，但到了七〇年代尼克森訪問大陸造成震撼後，成
為首先打開中國大陸市場的資本主義國家，這可說印證了吉田的看法。

　　從另一個角度來看，正由於韓戰後美國對中共的圍堵，而使日本能
夠取得東亞地區領導者的地位。1954 年 11 月吉田茂訪問美國，在華盛
頓和美國總統艾森豪發表聯合聲明，表示美日兩國將協力促進亞洲各國
的繁榮與和平。吉田的繼任者鳩山一郎，是在此一基礎之上逐步推展日
本的自主外交路線。

四、韓戰與日本的經濟起飛

　　日本不只藉韓戰後的東西對立改變了國際政治地位，更由於美軍龐
大的軍需而使其經濟力量在短期內得到復甦。在占領政策的初期，盟軍

---

❶ Shigeru Yoshida, "Japan and the Crisis in Asia," *Foreign Affair*, Vol. 29, Jan.
1951, p. 179.

總部對於日本的經濟政策原本是以抑制為主。1945 年 12 月聯合國賠償委員會所提出的期中間賠償計畫案，預定將日本的生產力限制在戰前九一八事變之前的水準，並令其生活水準不得高於被其侵略的國家❶。然而，隨著美蘇對立的日漸激化，盟總的對日經濟方針也愈趨緩和。1949 年 2 月盟總的經濟顧問道奇抵日，發表了著名的道奇方針 (Dodge's Line)，美國政府並在 5 月 12 日通知遠東委員會的 11 個會員國中止收取對日賠償。這意味著盟總的對日政策已經變為以達成日本的經濟自立為目標。然而，問題主要在於當時日本的經濟條件是否足以配合。

　　道奇方針的主要目的，在於解決日本的通貨膨脹及財政赤字問題，因此首先廢止了復興金融金庫的復金債放款，以減少銀行信用的膨脹，其次則透過停止公債的發行來減少政府的預算赤字。其中最重要的政策在於廢止原來的多元匯率，將日圓對美元的匯率設定為三百六十比一。這個匯率不只抑制了外匯的投機，也由於將日圓高估而達到增加進口的目的。由於道奇方針的實施，日本政府在 1950 年達成「超均衡預算」，通貨膨脹率也在 1950 年一年內減少了百分之十❸。

　　然而，由於該政策採取的是一種緊縮政策，強調以抑制消費和減少銀行放款來壓抑通貨膨脹，所以對那些以生產消費品及出口為主的中小企業造成嚴重的打擊。根據日本大藏省的調查，在 1949 年下半年全國只有百分之六十六的企業仍在繼續營業，其他的不是解散就是停止營業❹。

---

❶　日本外務省編，《初期對日占領政策——朝海一郎報告書（上）》（外務省，1978 年），頁 65。

❸　有澤廣巳，《昭和經濟史，下》（東京：日本經濟新聞社，1980 年），頁 83–85。

❹　有澤廣巳，《昭和經濟史，下》，頁 85。

此外，由於進口的增加，而大量消耗外匯，唯有依賴美援才能避免國際貿易的赤字危機。有人因而稱這種情形為「安定的恐慌」。在這種情況下，唯一能解決危機的只有急速擴大日本商品的海外市場❺。這時發生韓戰，恰好提供了極佳的機會。

表 10–1　韓戰特需的契約額

（單位：千美元）

年　　次	物　　資	服　　務	合　　計
第 1 年	229,995	98,927	328,922
第 2 年	235,851	79,767	315,618
第 3 年	305,543	186,785	492,328
第 4 年	124,700	170,910	295,610
第 5 年	78,516	107,740	186,256
累　　計	974,605	644,129	1,618,734

所謂「韓戰特需」，就是指對於投入韓戰戰場的盟軍所特別需要的物資及服務。由於日本占了地利之便，所以成為盟軍的主要補給基地。例如，美軍派往戰場的飛機，全部都是從日本的機場起飛，陸軍也是在日本進行訓練和補給。從 1951 年到 1952 年間，日本全國擴建了二十個機場，在戰況緊急的時候，全國九成以上的運輸設施也都被美軍所占用。這樣日本全國的運輸系統都被動員起來，甚至超過太平洋戰爭爆發時的運輸量。

此外，日本又以商品提供戰場的需求。軍需購買者，就是美軍第八

---

❺　有澤廣巳、大來佐武郎對談，《朝鮮戰爭と日本經濟》，エコノミスト 1987.12.1，頁 81。

軍團司令部和駐日美軍的軍需部門。特需的種類，在韓戰的第一年是以纖維製品、鋼鐵、卡車、食品為主，然而，隨著戰爭進入停戰的階段，則變為重建南韓所需的各種資財。除此之外，日本還提供軍用車輛、機械的修理、土木工程、基地建設、運輸、通信以及駐日美軍的消費等各項服務❶❻。單就日本民間企業所接受的訂單來看，特需的數量在 1950 年即高達三億兩千多萬美元，而且持續了五年，從 1950 年到 1955 年共計達到十六億一千餘萬美元❶❼。

日本的總體經濟結構，由於韓戰特需而發生重大的變化。首先，是國際收支的平衡。由於美軍是以美元支付貸款，所以使日本在短期內累積了龐大的外匯。 1949 年底日本政府所持有的外匯存底大約是兩億美元，但到了 1951 年底卻激增為九億四千兩百萬美元，是前者的四點五倍❶❽。日本因此而由貿易的赤字國一變而為黑字國。

再者，由於 1950 年代的擴充軍備是世界性的風潮，而使日本占了賣方的優勢，更由於東南亞國家的購買力增加，又使日本對當地的輸出擴大，結果不但實行道奇方針時期的滯銷貨物一掃而空，更擴大整體的輸出數量為韓戰前的一點五倍。

由於輸出增加的刺激和外匯的累積，進口資本財的成本大為降低，日本的重工業也得以快速的成長。在 1951 年一年內，生產力即增加了百分之四十六，而且大多集中於生產財部門。1951 年的第一次鋼鐵合理化

---

❶❻　有澤廣巳，《昭和經濟史，下》，頁 110。

❶❼　安藤良雄，《近代日本經濟史要覽》（東京：東京大學出版會，1983 年），頁 154。

❶❽　有澤廣巳、大來佐武郎對談，《朝鮮戰爭と日本經濟》，頁 110。

計畫和 1952 年的電源開發五年計畫，讓大企業完成設備的汰舊換新，建立了其後高度成長的基礎。日本的全國工業生產總額，在 1955 年超越了戰前的最高水準（1934 年至 36 年），並在 1957 年即達到戰前最高水準的兩倍⓳，可見日本的經濟從此開始加速的成長。同時，在管理通貨體制之下，銀行透過其融資能力而逐漸取代舊財閥，開始對企業進行重組。1953 年的第二次獨占禁止法修正，又放寬了對財閥的限制，促使新財閥以金融資本為中心，利用韓戰的景氣逐漸興起，而對 1950 年代中期以後的日本政治發揮重大的影響力。

韓戰的結束，固然也使日本的特需經濟暫時陷入不景氣，但由於代表自由陣營的美國和共產集團的對抗並不因此而中止，日本作為美國在東亞的軍需工廠已經成為結構化的事實。為了全面鞏固亞洲的資本主義經濟體制，美國早在 1951 年 5 月就發表「美日經濟合作聲明」，表示以美國企業的資金和技術援助日本，提高日本的生產能力，以配合盟軍總部的戰爭工業動員計畫。此外，並鼓勵日本利用東南亞國家的資源，擴大其經濟勢力的範圍。

日本舊有的軍需工業，也在此一背景之下逐漸復甦。韓戰爆發的初期，美軍即向日本的工廠訂購了大批的膠化汽油彈、大型照明彈、鋼製小型散布彈、有刺鐵絲網等各種武器⓴。美日相互防衛援助協定簽訂後，美國再利用一部分販賣剩餘小麥的所得資金，提供給日本去投資武器設備的生產。《安保條約》簽訂後，美軍的長期駐留和日本自衛隊的建立，

⓳　安藤良雄，《近代日本經濟史要覽》，頁 154。

⓴　小山弘健，《日本軍事工業の史的分析》（東京：御茶の水書房，1972 年），頁 341。

也擴大了武器工業的市場。日本在 1952 年 7 月和 1953 年 8 月，分別公布了《飛機製造法》和《武器製造法》，逐漸由接收美國的舊武器而完成自製能力。從 1950 年到 1957 年，日本企業所接受的武器訂單高達八億四千八百一十萬美元❷，使日本成為名副其實的軍需工廠，日本的重工業也因此打下穩固的基礎。

　　由於韓戰特需，日本的經濟脫離了戰後重建的階段。日本政府在 1956 年發表「經濟白皮書」，正式宣告邁入安定成長期。更重要的是，日本的政治體制因此獲得了穩固的基礎，從韓戰結束至今都未發生重大的動亂。反觀其他的韓戰當事國，卻不見得如此幸運。例如北韓在停戰協定成立後的 1953 年 7 月 30 日，就以「美國帝國主義間諜」的罪名對副總理朴永憲的派系加以整肅，第二年又將北韓軍第二軍團長武亭以戰敗的罪名加以清除，樹立了金日成長達四十年的獨裁統治，但北韓也始終處於國際孤立之中。在南韓方面，美國支持的李承晚總統，於 1960 年的「學生革命」被迫辭職，亡命夏威夷。其後於 1961 年率領陸軍士軍第八期生「政變」成功，而於次年就任總統的朴正熙，在 1979 年被韓國中央情報局局長金載圭射殺。其後利用光州事件的鎮壓而掌權的全斗煥，亦因貪污而被迫下臺，才有今日盧泰愚政權的自由化、民主化和統一化的動向。

---

❷　鎌田慧，《日本の兵器工場》（東京：講談社，1983 年），頁 24。

第十一章

五五年體制——自民黨一黨獨大的肇始

　　1955 年 10 月 13 日，日本社會黨的左右派完成統一。11 月 15 日，保守派的自由黨和民主黨也相應地成立「保守合同」而合組自民黨。在 1950 年代前期，各自處於內爭狀態的日本保守與革新的兩大陣營自此合併集結起來，形成主張修改憲法與擁護安保體制的保守派，和主張擁護憲法與反安保體制的在野革新勢力，長期對峙下來。學者將此稱之為「五五年體制」。

一、美國對日占領政策的轉換與日本保守陣營內的霸權爭奪戰

　　二次大戰後美國對日本的占領政策以 1948 年 10 月為界，從原有的訂定和平憲法、財閥解體、農地改革，及驅逐公職等「民主化」政策轉變為復興日本經濟以使其成為美國對蘇冷戰的東亞堡壘❶。占領政策的轉換，也表現在政治權力的重新分配上。隨著盟總之內民政局 (GS) 對諜

---

❶　三宅一郎、山口定、村松岐夫、進藤榮一合著，《日本政治の座標》（東京：有斐閣，1986 年），頁 72–74。

報部 (G2) 鬥爭的失敗，一向厭惡民政局而親諜報部的吉田茂，也在
1948 年 10 月 15 日組成第二次吉田內閣，採取對美協調與經濟復興為主
的政策路線，而和美國互相唱合。1949 年 1 月的大選，吉田茂的民主自
由黨擊敗社會黨、民主黨及國協黨組成的中道聯合政權，獲得過半數的
議席❷，1950 年 3 月又吸收了民主黨的部分力量，組成自由黨，在眾議
院掌握了 288 個議席。

　　然而，隨著日本被納入美國對蘇的「冷戰體系」及《美日和約》的
簽定，日本也面臨國內體制的調整。美國順應日本的要求，填補日本政、
官界人才的不足，乃急速解除「驅逐公職」的禁令❸。這使得原來被驅
逐的保守派政治家紛紛回到政界，大大的改變了保守陣營內的權力構圖。
相對於原本以對美協調、經濟發展為主要政策的吉田茂「保守本流」，這
些原來遭受驅逐公職的政治家則反對占領當局所進行的戰後改革，不滿
吉田茂的對美協調路線並力主修憲。其中在 1951 年 8 月 6 日獲得解除
的鳩山一郎，更由於吉田茂拒絕交還其在被驅逐時所暫託的總裁位置，
而和吉田茂產生嚴重的對立。因此，保守陣營內乃形成以吉田茂及其親
信為主的「保守主流」和鳩山、石橋、河野等人所組成的「保守傍流」
相爭的局面❹。此外，在 1952 年 2 月組成而由重光葵在同年 6 月出任總
裁的改進黨，則是集結戰前右派的另一陣營。保守派內的主流、傍流之
爭，固然起因於對安保體制及重大政策的不同意見，但從短期來看，主
要的推動力則在於保守陣營領導霸權的爭奪。而居間扮演關鍵性整合角

---

❷　石川真澄，《データ戰後政治史》（東京：岩波書店，1989 年），頁 117。

❸　戰後日本政治史研究會編，《現代日本政治史年表‧解說》（京都：法律文化
　　社，1988 年），頁 36–44。

❹　內田健三，《戰後日本の保守政治》（東京：岩波書店，1974 年），頁 214。

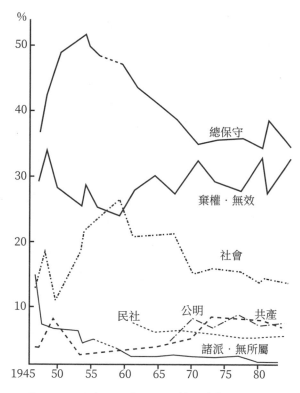

▲ 圖 11–1　眾院大選黨派別絕對得票率 (1946–1983)

色的，則是擔心左翼勢力高漲的財界。1952 年 10 月 1 日，第二十五屆
大選結果揭曉，自由黨獲得兩百四十席，改進黨獲得八十五席，右派社
會黨獲得五十七席，左派社會黨則獲五十四席❺。社會黨由於提出反對
重整軍備的政見，獲得婦女及青年的支持，使左派社會黨席次較前增加
了三倍，右派社會黨則增加了兩倍。自由黨雖然仍居於絕對的多數，且
其得票率較前次選舉增加了百分之二，但所獲議席卻減少了四十五席。
此種結果的發生，主要的原因即在於吉田派與鳩山派的對立，造成所推

❺　石川真澄，《データ戰後政治史》，頁 118。

出的候選人彼此競爭，分散了力量。

　　1952 年 10 月 30 日，第四次吉田茂內閣成立。由於新國會中有三分之一的議席是屬於曾遭驅逐公職的「戰前派」議員所占有，使吉田內閣倍感壓力。就在吉田內閣成立的前六天，三十五名鳩山派的強硬份子以「促進、監視黨內的民主化」為口號，組成了由安藤正純擔任委員長的「自由黨民主化同盟」❻。接著，自由黨內的廣川派發表希望吉田茂引退的意見，非當權派已有公然奪權的姿態出現。1953 年 1 月 5 日，自由黨召開第七次大會，吉田首相預定提名佐藤榮作擔任幹事長的職位，但遭到民主化同盟及廣川派的抵制，至大會結束時仍未獲確認。1 月 31 日主流派妥協，接受廣川派的三木武吉為總務會長，才使佐藤榮作順利出任幹事長❼。

　　但自由黨內非主流派對主流派的鬥爭並不就此結束。 1953 年 2 月 28 日，眾議院預算委員會進行一般質詢，吉田茂在回答右派社會黨議員西村榮一有關國際情勢的質詢時，脫口說出「不得無禮」及「馬鹿野郎（混蛋）」的字眼，引起強烈的反彈。3 月 2 日，改進黨及兩派社會黨在眾議院大會中聯合提出對於吉田茂的懲罰動議，自由黨內的民主化同盟派及廣川派議員故意缺席，使得眾議院以一百九十一票對一百六十二票通過了日本議會史上唯一的懲戒首相動議。3 月 14 日，眾議院改進黨及左右兩派社會黨共同提出對吉田內閣的不信任案，更促使自由黨內吉田與鳩山兩派的鬥爭白熱化❽。由於民主化同盟派的 22 名議員在大會前已

---

❻　朝日新聞社編，《朝日年鑑，1954 年》（東京：朝日新聞社），頁 165。

❼　升味準之輔，《日本政治史，4 占領改革、自民黨支配》（東京大學出版會，1988 年），頁 196。

提出分黨的要求，故使得倒閣案以兩百二十九票比兩百一十八票通過，眾議院因而解散，三名廣川派的閣員遭受罷免，廣川弘禪本人也面臨被自由黨開除黨籍的命運。十二名廣川派的議員因而在 16 日響應民主化同盟而提出分黨的要求，不久後即正式脫黨。18 日鳩山一郎提出分黨的申請，脫黨者並在同一天集會，組成由鳩山擔任總裁的「自由黨」分黨，自由黨於是正式分裂❾。

二、保守、革新陣營的分合與互動

相應於保守勢力的分裂，代表革新勢力的左右社會黨則力圖進行整合。

1951 年 10 月 23 日，社會黨召開第八次臨時大會。會中由於對於《講和條約》及《安保條約》的態度不同，分裂成左右兩派。左派主張日本應和亞洲的第三勢力相結合，堅持中立的立場，因此反對這兩項條約。右派的立場則認為應加入西方民主陣營防止國際共產主義的侵略，而此兩項條約的簽定更可促進日本的獨立，因而採取贊成的態度。在會中兩派激烈對立，導致大會以暴力收場。之後左派在芝中勞委會館繼續召開大會，通過反對兩條約的決定，右派和中間派則在淺草本願寺開會，確定了反對安保，但贊成講和條約的方針。至此，社會黨正式分裂為左派社會黨及右派社會黨❿。

---

❽　戰後日本政治史研究會編，《現代日本政治史年表‧解說》，頁 51。

❾　升味準之輔，《日本政治史，4 占領改革、自民黨支配》，頁 196。

❿　內田健三，《戰後日本の保守政治》，頁 32。

　　但隨著鳩山自由黨分黨的成立，政權出現空隙，社會黨中也出現了
應趁機整合革新陣營的意見。

　　1953 年 7 月 19 日，左派社會黨委員長鈴木茂三郎，在京都的記者
會上表達了兩派社會黨統一的可能性，並提出具體建議。該黨的中央執
行委員會隨之於 8 月 9 日提出「關於集結社會民主主義政治勢力的當前
對策」，並設立「集結特別委員會」，由山花秀雄出任委員長。右派社會
黨為因應此一情勢，也在 9 月 10 日成立以三宅正一為委員長的「統一問
題調查研究委員會」。從 1953 年 11 月開始，左派社會黨的「集結特別委
員會」與右派社會黨的「統一問題調查研究委員會」數度進行會商。
1954 年 2 月，自由黨爆發「造船貪污」弊案，吉田茂內閣面臨重大挑
戰，使革新勢力爭取政治主導權的空間大為增加。1954 年 3 月 29 日，
兩派社會黨共同提出「成立統一的社會黨政權，以回應國民期待的條件
已成熟」。同年 4 月 11 日，兩派社會黨的首腦為了支援京都府知事候選
人蜷川虎三，在京都市舉行聯合會議。會後，左派委員長鈴木茂三郎和
右派委員長河上丈太郎發表共同聲明，表示反對重整軍備，擁護憲法，
基本上反對共產主義，並將集結「社會民主政治勢力」，成立共同政
權❶。

　　所謂「造船貪污」弊案，乃是自由黨、改進黨及自由黨分黨的幹部，
接受日本船主協會及造船業界巨額的賄款及政治獻金，以幫助其優惠分
配汽船建造費融資，並促成國會通過《造船利息補助法》。涉嫌收受賄款
的包括自由黨幹事長佐藤榮作、政務調查會長池田勇人等 30 餘名保守派
的政治家與官僚。1954 年 4 月 20 日，檢察當局向法務大臣犬養健要求

---

❶　山田敬男，《戰後日本史》（東京：學習の友社，1987 年），頁 139–140。

以收賄的罪名逮捕佐藤榮作，犬養卻依照首相吉田茂及自由黨副總理緒
方竹虎的意思，向檢事總長發動指揮權，將逮捕時間延長到重要法案成
立為止，使佐藤榮作免受貪污罪起訴⓬。吉田派的另一名要角池田勇人
也逃脫被起訴的命運。

　　自由黨雖然因此暫時逃過瓦解的危機，但原本就已內外交攻的吉田
茂政權，已因此事件而搖搖欲墜。除了兩派社會黨力圖整合，擺出準備
奪權的姿態，保守陣營內的反吉田力量也開始集結，進行打倒吉田政權
的動作。4 月 22 日，兩派社會黨及日本自由黨，提出對吉田內閣的不信
任案，吉田內閣以二十四票之差勉強過關。

　　相應於內外的挑戰，吉田派也開始進行反整合的工作。1954 年 4 月
13 日，吉田派的緒方竹虎發表聲明，提出解散自由黨，成立以政策協調
為中心的新政黨主張⓭。他的想法，是聯合改進黨的蘆田派而排除重光
葵。但蘆田只是改進黨內的少數派，這種分化的手段，反而促成反吉田
茂勢力在鳩山一郎的旗幟下進一步的結合。

　　1954 年 9 月 19 日，改進黨總裁重光葵、幹事長松村謙三、自由黨
的岸信介、石橋湛山等人，拜訪在輕井澤靜養的鳩山一郎。會談中，確
立了在新指導者、新組織、新政策的三大原則之下，集結強大的政治力
量，成立反吉田的新政黨的構想⓮。10 月 11 日，成立「新黨結成準備
會」，提出全面修憲等五大政策大綱，並逐漸展開具體的組黨活動。11

⓬　石川真澄，《データ戰後政治史》，頁 36。

⓭　辻清明編，《資料戰後二十年史・1 政治》（東京：日本評論社，1966 年），
　　頁 122。

⓮　辻清明編，《資料戰後二十年史・1 政治》，頁 122。

月 8 日，自由黨將參加組織新黨的岸信介、石橋湛山開除黨籍，主流與
非主流的對立益發明顯。

　　面對保守陣營的分裂及社會黨的整合趨勢，財界產生強烈的危機意
識，因而對保守陣營展開積極的活動。

　　日本的財界曾因占領初期的財閥解體政策而遭受打擊，但隨著「韓
戰特需」漸漸恢復經濟力量，並進而求取政治上的發言權。首先是在
1952 年 10 月，當自由黨因為吉田與鳩山的內爭而在大選中失利時，日
本的「經濟四團體」（經濟團體連合會、經濟同友會、日本經營者團體連
盟、日本商工會議所）聯合發表緊急決議，要求吉田與鳩山兩派，為了
「保守安定政權」的實現應「捨小異而就大同」❺。1953 年 1 月，自由
黨內爭，經濟四團體又發表「關於政局安定的要求與期望」，要求自由黨
盡快結束內部紛爭❻。同年 3 月，自由黨發生分黨問題，保守派在國會
中是否能掌握多數成為財界的關心問題。在財界元老的斡旋下，5 月 20
日吉田茂和改進黨黨魁重光葵會面，吉田呼籲重光葵參加聯合政府，此
雖未能成功，但財界的政治發言權已逐漸確立起來。

　　對於 1954 年 9 月後保守陣營的分立情勢，財界也再度表明出高度
的關切。經濟四團體的首腦頻頻會商，關東及關西的財界也一再進行意
見協調。財界各團體在其秋季大會時，一致要求保守勢力合併，成立安
定的政權。10 月 27 日，經濟同友會在神戶召開第七次全國大會，作成
要求「盡快實現保守合併」的決議，並指出「在此期間的政黨現狀，仍

---

❺　辻清明編，《資料戰後二十年史‧1 政治》，頁 121–122。

❻　粟原夫、松山治郎，《百萬人の財界入門》（東京：學風社，1961 年），頁
　　84。

是派閥間的公然抗爭，誠為日本的悲劇。此時日本正處於存亡之秋，保守各黨應超越各黨派的利益，以實現保守合併來克服民主政治的危機」**⑰**。

　　但當時財界的警告，並未能化解保守陣營的危機。非主流派仍以反吉田茂為共同目標，進行進一步的結合。1954 年 11 月 17 日，吉田茂訪歐歸來，發現政局對其異常不利，乃在 22 日寫給大野副總務會長的信中提到其無心戀棧政權，由黨來決定進退**⑱**。但其謙遜的態度仍難挽回劣勢。11 月 23 日，改進黨及鳩山派自由黨宣布解散，成立日本民主黨。鳩山一郎及三十五名自由黨議員於次日宣布加入民主黨。民主黨由鳩山一郎出任總裁，岸信介為幹事長，三木武吉為總務會長，松村謙三為政調會長。黨綱中包含「我們將依民主主義，以身作則淨化政界，達成責任明確的新議會政治」及「我們將依據國民的自由意志，改革占領以來的各種制度，完成獨立的自衛」的項目。前者隱含著對於吉田政權的批判，後者則表現出其總裁鳩山一郎和副總裁重光葵對修憲及創立自衛軍的構想。

　　民主黨在眾議院握有一百二十席，參議院有二十席；自由黨則在眾議院有一百八十五席，參議院九十一席**⑲**。1954 年 12 月 6 日，民主黨和左右兩派社會黨達成協議，將在次日提出對吉田內閣的不信任案。面對這項勢必通過的不信任案，吉田茂仍企圖使用解散權加以抵抗。但吉田派內只有池田、佐藤榮作採取贊同的立場，其餘如緒方竹虎、松野鶴

---

⑰　栗原夫、松山治郎，《百萬人の財界入門》，頁 89。

⑱　辻清明編，《資料戰後二十年史・1 政治》，頁 123。

⑲　石川真澄，《デ一タ戰後政治史》，頁 42。

平等多數人都主張總辭。12 月 7 日，吉田內閣總辭，結束了長達六年的政權。經過在野三黨的協調，12 月 10 日由鳩山一郎出面組成新內閣，並承諾盡快解散國會，舉行大選。

民主黨的組成份子，包含了原改進黨的人馬，三木武吉的日本自由黨、原自由黨內的鳩山派及岸信介派。鳩山內閣執政後，基本上仍繼續吉田內閣的保守路線，只是將原來的「官僚政治」修正為「大眾政治」，將「祕密外交」修正為「國民外交」，並將重整軍備論擴大為修憲和成立自衛軍的主張。然而，這仍稱不上是財界所期望的「保守安定」政權。一方面由於變成在野黨的自由黨仍具有強大的勢力，隨時準備反撲，而執政的民主黨在眾議院只握有 120 多席，仍是少數黨。另一方面，左右兩派社會黨已趁著保守陣營的內鬥而加速進行整合的腳步。

1954 年 11 月民主黨成立時，日本勞動組合總評議會（簡稱為「總評」）以「擁護憲法，反對重整軍備」為基礎，要求左右兩派社會黨統一。翌年一月，「總評」再次決議，「由於《共同安全保障法案》的實施，日本經濟進行快速的重編，勞工運動的發展日漸困難，勞工的經濟要求與鬥爭已到達突破界限的時候，為了克服此一事態，並使勞工運動有所進展，必須講求政治鬥爭之道，也就是促使革新勢力成為國會中的多數」。這已明白的顯示出議會路線和勞工運動的密切關係，以及勞動階層對於社會黨統一的熱切希望[20]。

1954 年 12 月吉田政權的倒臺，對於左右社會黨的合併產生了關鍵性的影響。為因應鳩山內閣的成立，兩派社會黨將原來「樹立兩派社會黨共同政權」的口號改成「統一社會黨」、「成立統一的社會黨新政

---

[20]　內田健三，《戰後日本の保守政治》，頁 83–84。

權」❷。由於鳩山曾承諾盡快解散國會，舉行大選，左右兩派社會黨乃約定在 1955 年 1 月 18 日分別召開第 13 屆臨時黨大會，並在大選中以統一為共同政見。另一方面，在國會中兩派社會黨也採取共同鬥爭的策略。由於鳩山政權在自由黨的協助下強行通過「憲法調查會法案」、「煤炭企業合理化法案」等保守性的立法，兩派社會黨更擴大鬥爭目標為「打倒保守內閣」。

1955 年初的大選是社會黨邁向統一的重要觸媒。在大選前，左派社會黨的佐佐木更三、伊藤好道、赤松勇曾和松本治一郎、野溝勝等人進行會談，決定將對於統一工作不積極的和田博雄從書記長的位置上拉下來❷。另一方面，右派社會黨中原本反對統一的西尾末廣，在檢討情勢後，也認為「面臨選舉，不得不決定統一」。兩派首腦對於統一的意見漸趨一致。

1955 年 1 月 18 日，左右兩派社會黨分別在東京豐島公會堂及淺草公會堂舉行臨時大會，並作出下列共同決議：(1)反對共同安全保障法案的重整軍備。(2)兩黨推出共同的首相候選人，經由共同的戰鬥實現統一。(3)與共產黨劃清界線，經由民主與和平的方式實現社會主義。(4)擁護和平憲法，在階級性大眾政黨的名目下盡快實現統一。(5)兩黨分別設立統一準備委員會等❷。

在上述「共同決議」下，左右社會黨雖然出現了統一的契機，但彼

---

❷　飯塚繁太郎、宇治敏彥、羽原清雅，《結黨四十年，日本社會黨》（東京：行政問題研究所，1985 年），頁 146。

❷　《朝日年鑑》，1956 年版，頁 285。

❷　《朝日年鑑》，1956 年版，頁 285。

此間仍存在著微妙的對立。一方面，左派社會黨在臨時會中堅持全面講和、堅持中立、反對外國軍事基地、反對重整軍備等「和平四原則」，並主張合併時應包含勞農黨；另一方面，右派則明白地表示反對不與勞農黨合併，左派若採取容共的立場，則兩黨不可能合併。然而，1955 年 2月的大選，左派社會黨在眾議院的席次由七十四席躍升為八十九席，右派則由六十一席增加為六十七席，兩黨合計共達一百五十六席，再加上其他的革新派政黨，已達阻止修憲所需的眾議院總席次的三分之一❷❹。由於在國會中出現了可以合作的空間，使兩黨暫時排除意識形態的分歧，在取得政權的誘因下邁向合併。

　　左右兩派社會黨從 1955 年 5 月開始進行折衝。右派社會黨的基本立場，是主張以「社會民主主義」作為社會黨統一後的綱領，抑制左派的階級鬥爭主義；在對外關係上，則認為日本是「不完全的獨立國」。左派社會黨則認為，應接納共產黨的勢力，且界定日本為「隸屬美國的附庸國」。經過左派的伊藤好道與右派的河野密兩人的協商，9 月 4 日雙方就統一後的綱領達成如下的協議：⑴界定日本為不完全的獨立國，日本的支配者及其獨占資本隸屬於美國帝國主義。⑵採取不介入美、蘇兩大陣營紛爭的獨立自主外交方針。⑶社會主義之目的在於完成民主主義。⑷右派承認左派所主張的「共產黨所主張者為社會主義之一種」，左派則認可右派所主張的「蘇聯為獨裁政治，且其所為者和日本社會黨以民主政治達成社會主義的方式不相容」。⑸明訂黨的屬性為階級性大眾政黨❷❺。完成綱領的折衝後，左右兩派社會黨的首腦開始進行實際的統一

---

❷❹　ロバート・スカラピノ、升味準之輔，《現代日本の政黨と政治》（東京：岩波書店，1962 年），附表頁 4。

工作。9 月 8 日，右派的西尾末廣在大阪的記者會上表示贊成統一，顯示右派將全力投入統一後的社會黨。左派社會黨則在 9 月 19、20 兩天召開統一前的最後一次大會。會中基層黨員普遍對於綱領中的妥協色彩不滿，表決結果有三分之一的代表主張對綱領進行修正。受到這種情況的刺激，右派立即在 27、28 兩日的擴大中央委員會中全體一致地通過「堅持新綱領」的決議，使兩黨的統一又遭受阻礙。

儘管如此，社會黨統一的動向還是使保守陣營出現危機感，因此也出現了整合的動作。1955 年 4 月 12 日，民主黨總務會長三木武吉赴關西支援地方選舉時發表談話，指出民主與自由兩黨進行集結的時機已經成熟，必要時不排除鳩山內閣總辭，並由公選的方式決定繼任的首相人選❷⑥。三木武吉的談話在民主黨內雖未獲得舊改進黨系的大麻唯男、松村謙三、三木武夫等人的支持，但黨幹事長岸信介則表示贊同，並在 5 月 7 日明白地表示民主黨將推動保守合併。

5 月 23 日，民主黨的三木武吉和岸信介在東京和自由黨總務會長大野伴睦、幹事長石井光次郎舉行兩黨會談。會談中民主黨要求自由黨透過將來的保守集結，協助其通過年度預算案，自由黨卻提出由緒方竹虎出任下任首相及鳩山一郎下臺，作為保守合併的前提。之後，兩黨雖然透過鳩山和緒方的會談而在預算問題上達成共識，但有關合併後的總裁人選問題仍然相持不下。自由黨堅持鳩山下臺及民主黨解黨，但民主黨內的舊改進黨系堅決表示反對，三木武吉則表示，民主黨應先與自由黨進行聯合，等到能夠彼此接納時再談合併。自由黨對其意見不表贊同，

㉕　《朝日年鑑》，1956 年版，頁 286。

㉖　《朝日年鑑》，1956 年版，頁 286。

仍主張直接進行保守合併。

　　自由黨以鳩山一郎的進退作為和民主黨談判兩黨合併的籌碼，乃是看準了執政的民主黨必須取得自由黨的合作才可能順利控制國會，而民主黨內的鳩山派一旦失勢，即可由其掌握保守陣營的霸權。但鳩山一郎對於自由黨的挑戰仍然擺出不妥協的態度。1955 年 7 月 6 日，鳩山曾說出「完成保守合併後下一步就是修憲的工作，而能完成修憲的只有我一人」。7 月 30 日，第二十二屆特別國會結束，自由與民主兩黨因為「關於砂糖輸入與安定砂糖價格之臨時措置法案」、「關於輸入特定物資之臨時措置法案」形成對立。鳩山一郎因此而表示保守合併的工作進行困難，與其保守合併倒不如先進行內閣改造，強化民主黨的一黨內閣。這種態度顯然不利於自由黨的計畫。8 月 12 日，自由黨的首腦會議決定，提出在 10 月中旬召開臨時國會的要求 ， 以便將保守合併的問題拿到檯面上來，並迫使鳩山在年底前下臺。9 月中旬，民主黨幹事長岸信介發表所謂「岸構想」，主張在年底前完成合併，首任黨總裁由鳩山一郎擔任，次任則由緒方竹虎擔任 ❷❼。但自由黨首腦卻一致反對鳩山出任首任總裁，並主張總裁應由公選產生。對於自由黨的意見，鳩山的態度是如果強行總裁公選，就不可能進行合併。於此，三木武吉、岸信介等民主黨首腦，也達成「在鳩山為首任總裁的前提下進行合併」的共識。關於總裁人選的問題，由於雙方堅持己意，直到新黨成立的前夕都未能解決。

---

❷❼　《朝日年鑑》，1956 年版，頁 287。

三、自由民主黨的成立與社會黨的合併

　　對於自由與民主兩黨的紛爭，財界頻頻發出希望保守陣營整合的聲明。1955 年 3 月 23 日，經濟同友會在大阪棉業俱樂部召開第十九屆全國委員會，通過「對新內閣的要求與期望」的決議，指出「政局的不安定已達我們所能容忍的極限，……民主與自由兩黨應嘗試緊密的結合」❷❽。4 月下旬，經濟團體連合會長石川一郎拜訪自由黨政調會長水田三喜男時，要求自由黨應在審議預算時協助民主黨政府。5 月 6 日，經團連大會作成「要求保守提攜」的決議。10 月，自由與民主兩黨紛爭惡化，石川一郎及日本商工會議所的藤山愛一郎等財界首腦更是頻頻聚首，商討對策。10 月 7 日，以大阪商工會議所及關西經營者協會為代表的關西財界和民主黨首腦，舉行「保守集結促進懇談會」，翌日則在大阪舉行有關兩黨合併的演講會，並將要求保守合併的聲明書交給兩黨總裁。同月 13 日，日本經濟連合會臨時大會也通過決議，「強烈希望民主、自由兩黨能顧及時局的嚴重性，超越黨利黨略力圖革新政策，盡快集結成為清新而強力的政治力量」。

　　日本的財界之所以積極地推動保守陣營的統合，一方面乃由於其具有龐大而超越特定黨派的力量，故具有衡量整體政治局勢而行動的能力。另一方面則是因為韓戰後，日本的經濟發展逐漸走向獨占資本化，而國際社會主義和日本國內勞工運動的力量卻日漸壯大，故亟需維持能使其繼續發展的保守體制。

　　相對的，保守陣營內的政客則是以政治權力的獲得和維持為主要考

---

❷❽　栗原夫、松山治郎，《百萬人の財界入門》，頁 92。

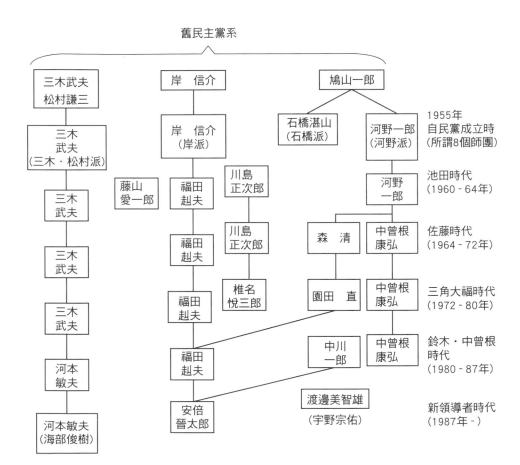

▲ 圖 11-2　自民黨的派閥系譜

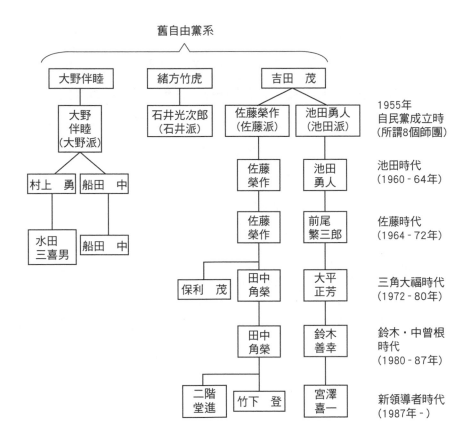

慮。因此,直接刺激其加速統合腳步的,還是來自於社會黨統一的壓力。

1955 年 10 月 12 日,左、右兩派社會黨分別在豐島公會堂及淺草公會堂召開解黨大會。翌日兩黨在神田共立講堂召開統一大會,經過漫長的討論,直到深夜才就綱領、政策達成決議。14 日根據原來兩黨在眾議院的席次(左派八十九、右派六十七)比例進行新黨的人事安排,由左派的鈴木茂三郎出任委員長,書記長為右派的淺沼稻次郎,政策審議會長為左派的伊藤好道。在政策綱領方面,除了繼續大選時「打倒保守內閣」的目標,並界定日本為「形式上獨立,卻仍處於美國軍事支配下的國家」,社會黨乃是「根據議會主義遂行和平革命,以達成完全獨立為目的的民族獨立鬥爭」的「階級性大眾政黨」❷。從 1951 年 10 月分裂的社會黨,到此終於完成了統一。

社會黨的統一,給與保守陣營很大的刺激,再加上財界及美國的強烈要求,故不得不在人事紛爭尚未解決的情形下,在 1955 年 11 月 15 日於東京日比谷公會堂召開組黨大會。出席大會的有眾議員兩百九十八人及參議員一百一十八人,經決議通過黨綱,內容包括積極展開和平外交、建設社會福祉、達成經濟自立等一般性的主張,也包含了自主修憲、重新檢討各種占領法制、依國情與國力建設自衛軍備、撤退外國駐日軍隊等保守派共同的主張❸。15 日當晚,經過兩黨首腦的會商,決定將新黨名稱定為自由民主黨,至於人事的問題,則協定由鳩山一郎擔任下任首相以負責政務,新黨黨務主要由緒方竹虎負責,幹事長為岸信介,總務會長為石井光次郎,政調會長為水田三喜男,日常黨務則由黨執行部負

---

❷ 戰後日本政治史研究會編,《現代日本政治史年表・解說》,頁 67。

❸ 辻清明編,《資料戰後二十年史・1 政治》,頁 124–125。

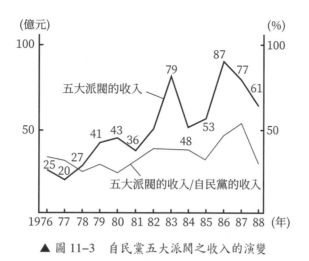

▲ 圖 11-3　自民黨五大派閥之收入的演變

責。由於總裁問題尚未解決，故採代行委員制，由鳩山一郎、緒方竹虎、三木武吉、大野伴睦等四名代行委員開會決定重要事項。

　　1956 年初，原被自由黨視為預定總裁人選的緒方竹虎突然死亡，鳩山一郎即自然的擊垮有力的對手。1956 年 4 月 5 日，自民黨臨時黨大會舉行總裁選舉，鳩山獲得三百九十四票而當選首任總裁，代行委員制也隨之取消，所謂「五五年體制」算是正式成立。

四、「五五年體制」的成立與保守勢力的鞏固

　　總觀韓戰結束後到「五五年體制」成立時為止的日本政治，就是保守與革新兩大陣營，為了政權的爭奪而各自在內部進行合縱連橫。兩大陣營的內部，雖然各自分為互相對立的兩派，但隨著對方陣營的統合都不得不走上合併的道路。

　　兩派所不同的是，保守陣營主要是由於政治職位及權力的分配而產

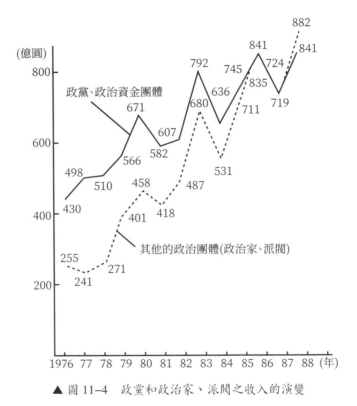

(億圓)

▲ 圖 11-4　政黨和政治家、派閥之收入的演變

生內部的對立，在基本的政策與主張並無太大的歧異；然而革新陣營中
的左右社會黨，則是因為意識形態及對重大政治問題的歧見而分立。這
種統合動向上的差異，對於 1955 年後保守與革新兩大勢力的走向，也產
生重要的影響。

　　「五五年體制」成立後，日本的政治情勢由戰後的多黨競爭轉變為
以自民黨為代表的保守陣營與以社會黨為代表的革新陣營間的對抗。因
此，自 1956 年 1 月鳩山一郎出任自民黨第一任總裁以來，主要的政治局
勢，即環繞在執政的保守政權如何鞏固其勢力，並壓制和分化在野勢力的
問題上發展。此外，隨著 1955 年後日本展開第一次高度成長期，財界不

僅積極地對政局提出意見，更藉由「政治獻金」而實際地介入政治過程。

1956 年 3 月 19 日，鳩山內閣向國會提出小選舉區制法案，企圖透過選區的劃分來分割革新勢力。此舉引起朝野政黨之間激烈的對立，在野黨採取拖延戰術，而益谷議長則透過其權力於 4 月 30 日強行召開眾議院大會討論此案。社會黨在會議中進行強力的議事干擾，使會議兩度陷入癱瘓，終於在混亂的狀態下休會。

除此之外，執政黨也透過教育體系的統制化，鞏固保守的意識形態。1956 年，文部省依據地方公務員法訂定以全國中小學教師為對象的「勤務評定」制度。此舉被「日本教職員組合」批評為官僚企圖削弱組合的力量與控制教育。同年 3 月，政府向國會提出「關於地方教育行政組織及營運之法律」。這項法案試圖將教育委員由公選制改為任命制，而引起在野黨強烈的抨擊。社會黨採取拖延戰術，眾議院議長則逕行宣布召開大會。結果，這項法案就在社會黨缺席的情況下獲得通過。

1956 年 12 月 14 日，自民黨舉行總裁選舉，石橋湛山以七票之差擊敗岸信介，當選為新總裁。此次選舉中收買橫行，各派候選人更以當選後分配政府及黨的職位作為拉攏的誘餌，可說正是「派閥政治」和「金錢政治」的起點。石橋內閣於 1957 年 2 月 23 日解散，由岸信介聯合河野派，成立所謂「岸體制」。岸信介組閣後，擺出較前任內閣更高的姿態，在教師「勤務評定」制度、修改憲法及《警察官職務執行法修正案》等問題上，都採取保守化與統制化的作法，因而引發和在野黨及社會團體間的抗爭。在岸內閣任內，在野黨採取議事抗爭的手段，社會團體則頻頻發起大眾運動。由於社會的壓力及自民黨非主流派的挑戰，終於迫使岸內閣在 1959 年 6 月改組，成立由岸信介、池田勇人及佐藤榮作共同組成的主流派內閣。

　　由此可知，在「五五年體制」成立之前，革新陣營的統合動向雖然快於處於人事紛爭的保守陣營，但保守陣營一旦完成集結，並透過對政治規則制定權的掌握來收編或抑制社會力量，則以意識形態掛帥的革新勢力很快就處於較不利的地位。從 1955 年到 1960 年，由於保守派政府所實行的政策抑制效果仍大於收編效果，故以階級性大眾政黨自許的社會黨仍可用議事抗爭及發動大眾運動的手段來迫使政府讓步，這種模式也在 1960 年的安保鬥爭中達到最高潮。但進入六○年代以後，高度成長所累積的成果開始發揮再分配的效果，保守派政治家和財界的關係則更為鞏固，社會黨卻仍未能取得政治的主導權。自民黨與社會黨的勢力比，在所謂「一又二分之一」黨制**❸❶**之下，乃逐漸定型下來，形成自民黨一黨獨大的局面。

---

❸❶　ロバート・スカラピノ、升味準之輔，《現代日本の政黨と政治》，頁 60。

第十二章

安保鬥爭——保守與革新的總對決

　　發生於 1960 年 5 月的安保鬥爭，是日本戰後規模最大的一次國民運動。二次大戰後日本的保守政治體制，可以說以舊金山講和體制和美日安保條約為最大支柱❶。安保鬥爭所意涵的，不僅是主張維持和平憲法體制的革新勢力和保守政治的總對決，更是日本保守政治由岸信介所代表的「回歸戰前之反動」轉變為以池田勇人「高度成長政策」為象徵的軟性保守政治路線❷的分水嶺，因此，在戰後日本政治史上具有劃時代的重要性。

一、《舊金山和約》與《美日安保條約》——日本成為 美國的反共基地

　　1948 年初，美國為了實現其冷戰政策，計畫使日本成為東亞的反共堡壘和軍需工廠，因此決定放棄以中、美、英、蘇四國共同和日本簽定講和條約的方式。1951 年 9 月 8 日，就在最大的戰爭受害國中國和韓國

---

❶　內田健三，《戰後日本の保守政治》（東京：岩波書店，1974 年），頁 108。

❷　清水慎三，《戰後革新勢力》（東京：青木書店，1966 年），頁 20, 35。

缺席的情況下，由包括日本在內的四十九個國家在美國舊金山簽署《對日和平條約》，美、日兩國也在同一天根據和平條約第六條締結了《美日安全保障條約》。

根據講和條約，日本將琉球、小笠原等北緯二十九度以南的小島無限期地交給美國託管，根據《安保條約》，又對美軍在日本設立及使用軍事基地和駐軍加以無限期地承認❸。1951 年 10 月，美、日兩國簽定《美日行政協定》，進一步地規定美軍配置的條件，1952 年 7 月 26 日，再根據此項協定簽定了《美國駐軍設施區域協定》，正式承認美軍對於占領時代特權的繼續❹，日本作為美國在東亞地區防共基地的地位也告確立。

韓戰發生後，美國的杜魯門總統在 1951 年 10 月公布了《相互安全保障法》（Mutual Security Act，簡稱 MSA），希望藉由對日軍援，來同時達到對外援助和鞏固美國軍事體制的雙重目的。關於相互安全保障法在日本的適用，美國的考慮著重在日本防衛力的增強，希望能將日本的保安隊擴充到三十五萬人，吉田政權卻希望爭取美國的經濟援助，以補充「韓戰特需」結束後日本經濟的不足。為此，由日本的自由黨政調會長池田勇人和美國助理國務卿羅伯森 (Walter S. Robertson) 在 1953 年 10 月進行了會談。在會談中，池田提出日本憲法對於擴張軍備的限制及經濟上的困難。美方對池田的說法固然加以認可，但雙方也達成協議，應逐年增強日本的防衛力，日本也應為準備重整軍備而推展愛國教育。

---

❸　鹿島平和研究所編，《日本外交主要文書・年表⑴ 1941–1960》（東京：原書房，1983 年），頁 390, 444–446。

❹　國民の外交研究會編，《戰後日本政治外交史》（東京：三一書房，1967 年），頁 80。

為協助日本達成此一目標，美國將提供日本 5 千萬美元的物資援助❺。

二、日本國內有關安保體制的爭論

1954 年 3 月 8 日，美日兩國簽定 MSA 關係四協定。同月 11 日，經過和改進黨及日本自由黨協商後，吉田內閣向國會提出設立防衛廳及成立海、陸、空自衛隊的法案。同年 5 月 4 日，美日共同安全保障法生效，6 月 9 日，同時公布了設立防衛廳及自衛隊兩防衛法和祕密保護法。所謂「安保體制」，到此算是完全成立。

日本國內對於安保體制的成立有兩種主要的批判，但兩者又互相對立。就革新勢力而言，安保體制所意涵的美日軍事同盟違反了和平憲法對於日本放棄戰爭及不得保持戰力的規定。反之，保守勢力內的重整軍備論者則強調《安保條約》的「不平等性」。至於重整軍備的問題，其實保守陣營在目標上並無太大的歧異，1953 年 10 月池田訪美的前二天，吉田茂和主張重整軍備的改進黨黨魁重光葵也曾就「增強自衛力，確立長期防衛計畫」達成共識。所不同的，只是執政的吉田政權基於民間的反戰氣氛及財政上的限制而不能立刻進行擴張武裝，並以「增強自衛力」的字眼來替代美國所提出的「重整軍備」。

在這樣的背景之下，1950 年代前期有關安保體制的主要政治議題就是保守派和革新派都關心的自主性問題。

就國際條件來看，五〇年代由於美蘇對立日趨恐怖化，國際輿論要

---

❺　塩口喜乙，《聞書・池田勇人──高度成長政治の形成と挫折》（東京：朝日新聞社，1975 年），頁 134。

求出現中間制衡力量，就國內條件來看，韓戰後財界力量興起，要求政治上的自主，1954 年 12 月一向主張「自主外交」的鳩山一郎組成第一次鳩山內閣，這些都使日本在安保體制中尋求更大的自主性。

1954 年 1 月杜勒斯就任美國國務卿，因有鑑於蘇聯氫彈試爆成功，再加上韓戰的教訓，乃採取以核子武器進行「大量報復戰略」的「新觀點」(New Look) 政策 ❻。國際輿論因而出現要求「避免殺戮人類的戰爭」的呼籲。1954 年，先後有《中南半島停戰協定》的簽署，周恩來與尼赫魯的「和平五原則」的聲明，及蘇聯的和平共存政策的提出。另一方面，日本國內也掀起內灘、淺間、妙義、砂川等地一連串的反對美軍基地的運動，輿論並將批判焦點集中於《安保條約》的片面性與不平等性之上。

1955 年 4 月，鳩山內閣派遣經濟審議廳長官高碕達之助及日本商工會議所會頭藤山愛一郎等人出席在印尼萬隆所舉行的第一屆亞非會議，表現出日本對第三世界國家的重視，高碕及藤山並與周恩來進行直接的接觸。1956 年 10 月 7 日，鳩山不顧吉田派的強烈反對，在河野一郎及松本俊一的陪同下訪問蘇聯，並於 19 日簽署了《日蘇共同宣言》，恢復和蘇聯的邦交。此舉雖然引起自民黨內吉田派和鳩山派的嚴重衝突，但也使蘇聯對日本加入聯合國的態度產生變化。由於蘇聯的支持，1956 年 12 月 18 日聯合國大會，以出席國會員全會一致通過承認日本加入聯合國。

鳩山政權除了在國際間推展「自主外交」，對於修改安保條約也不遺餘力。1955 年 8 月，鳩山內閣外相重光葵、自民黨幹事長岸信介、農相

---

❻　ピーター・ヘイズ、リユーバ・ザルスキ、ウオルデン・ベロ原著，小川明雄譯，《核戰爭の最前線・日本》（東京：朝日新聞社，1987 年），頁 62。

河野一郎等人，赴美和美國國務卿杜勒斯進行交涉。交涉的重點在於修改《安保條約》與行政協定、美國撤軍、增強日本防衛力計畫，及歸還小笠原和琉球等島嶼。對於重光所提增強日本防衛力及訂定相互義務的新條約等構想，美方加以巧妙的反駁。杜勒斯認為，日本雖然要求修改《安保條約》，由兩國共同負擔防衛，但日本如要進行海外派兵，就得先完成修憲❼。這番說法不僅有效地否定了日本的要求，也的確說出日本在追求自主和增強武力間的矛盾。

　　1956 年 12 月 20 日，鳩山內閣在自民黨內激烈的鬥爭中總辭，繼任者為在總裁選舉中以七票之差擊敗岸信介的石橋湛山。但石橋僅擔任一個多月的首相就因病而在 1957 年 1 月 31 日指名由岸信介代理首相。 2 月 23 日石橋內閣總辭，兩天後岸信介正式組閣，展開了長達四年多的岸信介體制。

三、岸信介政權的成立與美日安保修約的展開

　　岸內閣成立後，對於修改《安保條約》採取了不同的作法。在鳩山一郎主政時代，日本對美國交涉修約不順利，與其說是美國對其相對義務的要求不能接受，倒不如說是對日本「自主外交」政策，尤其是進行日蘇恢復邦交的不滿，故對修約採取消極態度以為抵制。因此，岸信介上臺後，首要工作即在爭取美國的信任。

　　岸信介曾經在太平洋戰爭時的對美宣戰詔書上署名，因此，需要下

---

❼　佐佐木隆爾編，《體系・日本現代史，第七卷：アジアの變革と日本》（東京：日本評論社，1979 年），頁 210。

更大的工夫才能贏得美國的信任。岸的策略，就在於儘量給與美國「日本是不可或缺的反共基地」的印象。1957 年 5 月，岸信介訪問東南亞六國，並提出東南亞開發基金的構想。其用意一方面是藉由發展和東南亞國家的經濟關係來打開日本在「神武景氣」後的國際收支惡化，另一方面則是希望成為東南亞國家的代言人，以加強其和美國談判的籌碼❽。

1957 年 6 月 19 日，岸信介親赴華盛頓和美國總統艾森豪及國務卿杜勒斯展開會談。美國對於岸信介所提的修約要求，雖然沒有立即的反應，但同意設立政府間的委員會，以檢討《安保條約》所產生的各項問題。根據這項共識，設立了「美日安全保障委員會」，美方派出太平洋艦隊司令官司史敦普 (Felix B. Stump) 及駐日大使麥克阿瑟 （Jr. Douglas MacArthur，為麥帥之外甥）為代表，日方則由外相藤山愛一郎及防衛廳長官津島壽一擔任談判代表。 同年 9 月， 藤山外相在出席聯合國大會時，再度向杜勒斯提出修約問題，但回應仍然消極。

至此時為止，修約雖然尚未有具體的成果，但的確已經給美國人留下「反共而親美的岸信介」的印象。1958 年 5 月，舉行五五年體制成立後的第一次大選，社會黨的得票率並沒有達到預期中的過半數，其他黨派都屬於保守派。眾議院正副議長及常設委員會主席都是由自民黨獨占，保守勢力的安定多數可以說已經形成。在這種形勢的支持下，岸信介開始採取高姿態❾，展開積極的修約攻勢。

岸信介是從比較政治性的角度來看待修約問題，因此主張以訂定新條約的方式來替代修約，認為這樣可以給日本國民較為強烈的印象，有

---

❽　國民の外交研究會編，《戰後日本政治外交史》，頁 174。

❾　石川真澄，《データ戰後日本政治史》（東京：岩波書店，1989 年），頁 48。

利其政治聲望的累積。除此之外，岸信介判斷以日本當時的經濟力所能
支持的增強自衛力應該已經達到美國所能接受的程度，所以大膽的提出
訂定新約的構想。至於海外派兵的問題，岸信介的想法是，一方面以無
法立即完成修憲作為爭取美國諒解的理由，另一方面則希望藉此要求美
國將琉球、小笠原等地劃入新條約所適用的共同防禦區內。

　　相對於岸信介的樂觀積極，外相藤山則表現出較為謹慎保守的態度。
藤山的考量是，若訂定新約，則日本將被課以新義務，故主張採取修約
的方式，從加強美軍的用兵限制及確立對日本的防衛義務著手❿。

　　兩人雖然有看法上的歧異，但基於國內強大的壓力只得暫時妥協，
在增強日本自主防衛力的共同目標下與美方進行交涉。 1958 年 9 月 11
日，藤山訪美和杜勒斯進行會談，由於美國對於岸信介政府的印象較對
鳩山政府為佳，再加上雙方對增強日本防衛力及在遠東地區的責任已有
共識，故允諾雙方在東京進行修改《安保條約》的交涉。根據會談結果，
雙方於 10 月 4 日在東京進行了第一次談判。岸信介親自加入此次交涉，
並和代表美方的美國駐日大使麥克阿瑟達成協議，不採取藤山所主張的
修改現行條約 ，而採取岸信介的訂定新約方案。 第二回合談判於 10 月
23 日展開，重點在於新條約的適用範圍、美軍在日本的駐留、駐日美軍
的用兵及配置、美軍行動的事前協議、條約期限等問題。

　　對於美日的安保交涉，和美國處於冷戰對立的共產國家開始出現反
彈的聲音。1958 年 11 月 19 日，中共外長陳毅發表聲明指出「《安保條
約》是美國帝國主義單方面支配日本的不平等條約」，並表示支持日本人
民的鬥爭⓫。12 月 2 日，蘇聯外長葛羅米柯送交日本駐蘇聯大使有關修

---

❿　內田健三，《戰後日本の保守政治》，頁 128。

改安保條約的備忘錄，指出日本若堅持中立政策，對於遠東的和平及安全將有積極的貢獻，因此蘇聯將尊重與保障日本的中立❶❷。此外，北韓政府也在 1959 年 1 月 12 日發表對修改《安保條約》的非難聲明。

　　上述國家對於修改《安保條約》的抨擊，是出於疑慮美日將加強其東亞軍事同盟的自然反應。然而，真正對岸信介的修約構成阻礙的，還是來自於日本國內的巨大壓力以及政治情勢的變化。

四、岸信介政權的內外危機

　　1958 年 8 月 30 日，社會黨淺沼書記長表示應該廢除而非修改《日美安保條約》；為了保障日本的安全，應該解除和美國的軍事關係。這說明了社會黨反對修改《安保條約》的基本立場。10 月 14 日，岸信介在接受美國國家廣播公司 (NBC) 記者勃朗 (Brown) 的訪問時，表示日本為了充分達成防衛自由世界的任務，必須強化安保體制，所以已經到了刪除憲法中戰爭放棄條款的時候。岸的發言，引起輿論和在野黨的激烈反應，但他仍堅定地表示「我是修憲論者，現在已經到了全面重新檢討憲法的時候」。

　　事實上，此時的岸信介政權已因《警察官職務執行法》的修正問題（簡稱《警職法》）而陷入危機。所謂《警職法》的修正，乃是執政當局有鑑於當時「日本教職員組合」（簡稱「日教組」）反對「教員勤務評定」制度的運動日漸激烈化，以及「八王子製紙」勞資爭議事件所造成的社

❶　鹿島平和研究所編，《日本外交主要文書・年表 (1) 1941–1960》，頁 892–894。
❷　鹿島平和研究所編，《日本外交主要文書・年表 (1) 1941–1960》，頁 895。

會混亂，而企圖將警職法的重點由原來的保護個人生命、身體與財產，轉變為以維持公共安全及秩序為主，並大幅的強化警察職權。就在美日召開第一次《安保條約》修正談判的 10 月 8 日，岸信介政府向國會提出這項修正案。結果立即遭受輿論和在野黨的強烈批判。由於社會黨拒絕審議此項法案，使得國會陷於停頓。10 月 16 日，在社會黨「院外鬥爭」的口號下，社會黨、日本勞動組合總評議會（「總評」）、全日本勞動組合會議（「全勞」）、全國產業別勞動組合連合（「新產別」）、中立勞動組合連絡會議（「中立勞連」）、全日本農民組合連合會（「全日農」）及「護憲連合」等六十六個團體聯合組成了「警職法改惡反對國民會議」（簡稱「國民會議」）。「國民會議」雖然由於「全勞」的反對而未和日本共產黨及「全日本學生自治會總連合」（簡稱「全學連」）進行串連，但共產黨也個別地動員其基層組織，由下而上地在各地建立聯合抗爭體制。在文化界和知識份子方面，則由中野好夫、久野收等人進行鼓吹，組成類似「憲法擁護教授懇談會」的組織❸。

　　10 月 25 日，國民會議在全國各地同時召開「反對警職法修正國民大會」，成為日本政治史上的創舉。然而，11 月 4 日晚間，在社會黨議員「萬歲」、「勝利」的口號聲中，自民黨籍的椎熊副議長仍然強行通過延長會期三十天的決議。自民黨的強硬作法使國會自 11 月 4 日之後幾乎陷於停止運作的狀態。在輿論的強烈批判下，自民黨與社會黨兩黨開始進行折衝，於 11 月 22 日達成擱置警職法修正案的審議及眾議院自然休會的協議。

---

❸　戰後日本政治史研究會編，《現代日本政治史年表‧解說》（京都：法律文化社，1988 年），頁 83。

　　警職法修正案的中止，可以算是革新勢力的一大勝利，國民會議前
所未有的動員方式與規模，也成為不久之後安保鬥爭的基礎。

　　另一方面，國會的癱瘓及警職法修正案的挫折也在自民黨內引發主
流派和非主流派的衝突。所謂主流派與非主流派，乃產生於 1957 年 7 月
時，岸信介為了要結束石橋內閣的殘餘影響力所進行的大幅人事調整。
岸信介啟用日本商工會議所會長藤山愛一郎為外相，並以岸派和河野派
的人馬為內閣主力，曾經是石橋政權中樞的池田勇人被排除在內閣之外，
原幹事長三木武夫則調為政調會長。自民黨內的主流與非主流因而產生
逆轉，岸信介與佐藤榮作兄弟、河野派及大野派成為主流，池田、三木、
石橋等派則變成非主流❹。警職法修正案的事件，使非主流派看出岸政
權的界限，因而對主流派展開強烈的批評。這使得岸信介面臨了黨內整
合和勢必要改變安保交涉方針的雙重壓力。

　　面對反主流派的挑戰，岸信介首先進行的是和外相藤山的意見調整。
1958 年 12 月 3 日，兩人就修約問題達成共識：暫時不將琉球和小笠原
劃入條約區域內，並向美國表示日本的新義務為「日本對於在日美軍所
受之攻擊視為日本的危險，將和美國採取共同防衛措施」。這顯示，岸信
介對於條約適用區域的問題已不像 5 月時那樣堅持，藤山也較能接受讓
日本負擔更多的共同防衛責任。

　　12 月 10 日，在自民黨議員大會中，非主流派提出警職法修正案的
問題而要求革新黨內人事，並反對岸信介將總裁選舉提前到次年 1 月舉
行。12 月 27 日，非主流派三閣僚池田勇人、三木武夫、灘尾弘吉提出
辭呈，使主流與非主流的衝突達到頂點。早在 16 日時，藤山和麥克阿瑟

---

❹　內田健三，《戰後日本の保守政治》，頁 122。

即曾進行第三次修約會談，要求將交涉延期。因此，從 1958 年底到 1959 年 4 月美日重新展開談判為止，就是岸信介極力進行黨內整合的關鍵時期。他所採取的，是以退為進的策略。

五、岸信介政權的鞏固與安保修約的展開

1959 年 1 月 9 日，岸信介、佐藤榮作了有意辭去自民黨副總裁的大野伴睦及主流派的河野一郎，在東京日比谷帝國大飯店會面。在場作陪的，還有河野的友人大映社長永田雅一、北海道炭礦汽船社長萩原吉太郎，以及兒玉譽士夫。在會談中，岸信介表示「如果能挽救岸內閣，我將於完成安保修約後辭職，並一定將政權交給大野」。接著，由在場的七個人簽署了誓約書，由萩原帶回公司放進保險箱❺。

這場密室會談總算暫時穩定了主流派的陣腳，但也為日後岸信介的下臺埋下了伏筆。1 月 24 日自民黨舉行總裁選舉，非主流派推出高唱「打倒金權政治」的松村謙三，想與岸信介競爭。結果岸信介以三百二十票比一百六十六票獲勝。由四大非主流派所組成的「刷新懇談會」，在同一天宣布解散，決定達成自民黨的一體化。岸信介也表明將致力於消除黨內派閥及實現安保修約。

1959 年 2 月 5 日，政府和自民黨的首腦進行會談，藤山愛一郎就修約問題提出了《藤山試案》，其內容包括：㈠條約區域不包含琉球、小笠原而以日本政府施政權所及範圍為限。㈡明定美軍防衛日本的義務。㈢

---

❺　升味準之輔，《日本政治史・4 占領改革、自民黨支配》（東京大學出版會，1988 年），頁 247–250。

以駐日美軍的使用、配置、裝備為日美兩國的協議事項，特別是有關駐日美軍在海外出兵時的事前協議。㈣條約期限暫定為十年。㈤刪除內亂條款及禁止第三國駐兵的規定，並修正其他不合理的條文❶。

　　《藤山試案》可以說代表了自民黨主流派首腦對於修約的看法。其中對條約適用區域加以設限，則是為了淡化新條約的軍事色彩。然而，自民黨內還是有不少批評的聲音。

　　自民黨內對於修改《安保條約》原本就有幾派不同的主張。在非主流各派中，以池田為代表的舊自由黨系統基於和美國的關係而主張慎重修約論，三木派及松村派強硬反對修約所可能造成的日本軍事義務擴張，代表前改進黨系統的蘆田均則堅持其向來所主張的重整軍備論。在主流派中，因警職法問題而辭去總務會長的河野一郎，則極力主張條約適用區域應包括琉球及小笠原島。1959 年 3 月 7 日，非主流派的「外交問題研究會」達成「不應急於簽署修改的條約，修約交涉也應就《安保條約》和行政協定兩項同時進行」的共同意見。「美日行政協定」因而成為第二個被攻擊的目標。

　　其實，不論是河野派、池田派，或是三木派，都是由於企圖爭取民心才將矛頭對準規定了日本對美從屬地位的行政協定，以爭取選票。另一方面，正是由於參議院選舉在即，自民黨的首腦們也致力於協調黨內的不同意見。4 月 8 日，自民黨舉行「黨七役」（總裁、幹事長、總務會長、政調會長、組織委員長、廣報委員長、國會對策委員長）會議，作成《日美安保條約改定要綱》和《日美行政協定調整要綱》，以統合該黨對修改安保條約的看法。要綱的主要方針包括：㈠明定美國防衛日本的

---

❶　內田健三，《戰後日本の保守政治》，頁 139–140。

義務以及日本在憲法中的義務。㈡條約的適用區域不包括現在政權所不及的範圍，等恢復政權後即自動納入。㈢新條約生效後經過十年，如要廢止則在一年前通告❼等項目。

　　這項要綱，相當接近「藤山試案」。藤山也根據這項在自民黨內取得「共識」的要綱和美國展開已中斷的交涉。1959 年 4 月 13 日，雙方就條約區域、協議事項、防衛合作關係、及內亂條款交換意見。日方的意圖，是以強化日本的防衛責任來交換美國的相對防衛義務，並以限制條約適用區域來化解國內對於重整軍備的疑慮。這顯示出兩國間已經出現共識，特別是在有關防衛力合作上。5 月 23 日，談判的中心轉移至行政協定的調整，藤山外相表示「日美間見解的分歧並不在於基本觀念的不同，而是對於條文表達方式上的意見差異」。這顯示兩國的修約交涉已經邁入最後階段。

　　另一方面，6 月 2 日的參議院選舉也給了岸信介進行最後黨內意見整合的機會。在選舉中，社會黨以批判安保修約為訴求重點，認為新條約所強調的雙邊義務將有使日本捲入美國戰爭的危險。自民黨則以新條約乃防衛性質作為辯解。選舉結果，雖然創下了只有百分之五十八點七的低投票率，且自民黨、社會黨、共產黨的席次都有增加，但自民黨如加上非改選議席已掌握半數以上的議席❽。自民黨因而自認為「國民支持安保修約」，岸信介更是從警職法以來的低潮恢復了自信，並在財界人士小林中、水野成夫等人的鼓動下再一次地進行大幅的人事改組。

---

❼　辻清明編，《資料戰後二十年史‧1 政治》（東京：日本評論社，1966 年），頁 140。

❽　戰後日本政治史研究會編，《現代日本政治史年表‧解說》，頁 87。

　　6 月 18 日，岸信介在達成「長期安定政權」的目標下進行內閣和自民黨的改組。改造的焦點是河野一郎和池田勇人兩人。河野根據 1 月的「密約」而向岸信介要求幹事長的職位，但岸信介和佐藤榮作卻擔心河野掌握如同鳩山時代那樣的大權，因此希望拉非主流的池田和河野一起入閣，以互相制衡。河野的高姿態，原本是基於池田會拒絕入閣的假設。但是池田批判安保修約，原本就有爭奪黨內主導權的動機存在，因此岸信介拉攏時，他就放棄了「絕對不在政治理念不同的岸信介下擔任閣員」的說法，轉而就任通產大臣。這樣一來，不但使岸政權由大野——河野的主軸轉變為池田——佐藤的主流，也使黨內批判安保的勢力大為減弱。自此，岸信介與佐藤榮作成為推動安保修約的主流，而變為非主流的河野則始終認為岸信介應該以安保為最漂亮的下臺階，高唱「安保花道論」，逼迫岸信介下臺。

　　1959 年 11 月 22 日，岸信介在「首相應負簽署修約的全責，團結黨內而親臨國會」的壓力下，被推為修約首席全權代表。副總裁大野，則因預見國會必然會有強烈的反應而拒絕擔任全權代表。

　　1960 年 1 月 6 日，美日兩國完成《安保條約》的修改交涉，同月 19 日，在華盛頓完成簽署儀式。新約和舊約的主要不同之處，包括㈠舊約未規定期限，新約則將期限定為十年。㈡舊約僅規定日本受到外來攻擊時駐日美軍得為防禦日本的安全而出兵，新約則明確規定美軍對於日本的防衛義務，但日本同時亦需負起防衛美軍基地之責。新約並規定，日本必須維持得以對抗武力攻擊的能力，並負發展此能力的義務。換言之，日本被加重重整軍備的義務。㈢新約中規定，對於駐日美軍之重要配置、裝備變更，需和日本政府進行事前協議。㈣關於新約是否適用琉球、小笠原等地的問題，作成等將來歸還日本後再適用的規定 ❶❾。

　　1960 年 1 月 30 日，被稱為「安保國會」的第三十四屆國會開議。
由於黨內不再具有強大的批判勢力，使岸信介對新約的獲得國會通過深
具信心。他預估新約將在 5 月中旬會期結束前獲得通過，因此放棄瞭解
散眾議院的建議。2 月 9 日和 10 日，外相藤山分別在眾議院大會及參議
院大會報告《新安保條約》與新協定的內容，《安保條約》正式進入審議
階段。同月 11 日，眾議院設置日美安全保障條約特別委員會，開始審議
該案。到 5 月 19 日為止，共計召開了三十七次審議會。會中以社會黨、
民社黨為首的在野黨，批評新約所指的「遠東」範圍不明確、「事前協
議」意義曖昧不清，強烈質疑新安保條約的必要性。

　　其實，岸政權對於《新安保條約》是否有違背和平憲法仍難以自圓
其說，因此其實行必然含有強制國民接受的意思。由此輿論及社會各界
批判新安保條約的聲浪自然逐漸增加。隨著批判力量的擴大，岸政權和
社會的關係也愈發緊張。

六、革新勢力的再集結——安保鬥爭的展開

　　1959 年 3 月 28 日，曾經參加「警職法改惡反對運動」的一百三十
四個團體組成「安保改定阻止國民會議」，成為民間反對安保新約的領導
組織。該會的幹事團體由社會黨、總評、護憲連合、原水爆禁止日本協
議會、全日農、青年學生共鬥會議、人權守護婦人協會、中立勞連、固
守和平民主主義東京共鬥會議、和平委員會等十餘個團體組成，決定鬥
爭日程及戰術的主要是社會黨、總評、中立勞連和共產黨❷⓪。其中共產

---

❶⑨　鹿島平和研究所編，《日本外交主要文書・年表(1) 1941–1960》，頁 959–963。

黨以「實行團體」的身分參加，社會黨則表明不將其看成黨與黨的共同抗爭。全學連原本只是學生的加盟團體，但在幹事會具有相當的發言權。「國民會議」並設有事務局，由護憲連合的水田宏三擔任局長，次長為總評的岩垂壽喜男和社會黨的伊藤茂。

　　「國民會議」的組成，雖然包含了各種意識形態的團體，其內部也存在著各種分裂與對立，但仍可看作是日本戰後革新勢力成功的一次大結合。從 1959 年 4 月 5 日第一次統一行動至 1960 年 10 月 20 日為止，國民會議共計發動了二十三次運動，且其範圍快速擴展至全國各縣、府乃至於市、村、町等基層，形成遍布上下各級層的共同鬥爭組織。共鬥組織的數目，從 1959 年 6 月中旬的七十九增加到 12 月底的九百〇八，到了 1960 年 3 月更擴張到一千六百三十三個。由此可知，安保鬥爭的規模的確是戰後日本政治史所僅見的。

　　另一方面，以石川達三、中島健藏、龜井勝一郎等人為主的學者、作家、畫家、演員、記者等五十餘人也在 1959 年 10 月 10 日組成「安保批判之會」，以「修改後的《安保條約》在反共軍事同盟的性格更為明顯，違背了驅向緩和的國際情勢」為共識。此外，清水幾太郎、上原專祿、務臺理作、日高六郎等知識份子，也組成「安保問題研究會」，他們透過國會請願、向政府提出公開質問書，成為知識界反對運動的核心。

　　1959 年 10 月，政府向國會提出「越南賠償協定」，結果社會黨以「戰爭以北越受害最深，卻對南越傀儡政權進行賠償，可見這是要促進南越的軍事化，因此違反日內瓦協定」為由，對政府提出強烈的批判❷。

---

❷　辻清明編，《資料戰後二十年史・1 政治》，頁 145。

❷　內田健三，《戰後日本の保守政治》，頁 148。

11 月 27 日，政府及自民黨見機想要通過該項協定，結果引發了安保國民會議成立以來最大的一次統一行動。當天赴國會請願的示威團體共計八萬人，並有三十五萬的學生進行罷課。「全學連」的學生示威隊且帶頭衝入國會，和負責警備的警官隊五千人互相對峙。這次事件使社會黨的淺沼書記長被交付懲罰委員會，更使自民黨藉機提出「確保國會審議權法案」、「規制示威活動法案」等統制性法案。社會黨因而發表「遺憾」的聲明，共產黨也對「全學連」內的「極左冒險主義的托洛斯基派」加以譴責❷ 。

1960 年 1 月 15 日晚間，大約七百名「全學連」主流派的學生，為了要阻止岸信介等《新安保條約》簽署全權代表團赴美進行新約簽署，在羽田機場大廳舉行靜坐示威。警視廳出動了便衣警察兩千人進行驅散，再加上追打示威者的右翼團體及趕來支援的學生，使現場情勢一片混亂。結果共有七十八名學生和四名右翼份子遭到起訴❷此次事件並不在「國民會議」的計畫之內，且充滿了暴力的氣氛，可說使安保鬥爭的走向受到了考驗。另一值得注意的動向則是，社會黨中的右派在 1 月 24 日脫黨組成了「民主社會黨」。該黨標榜漸進民主，對保守黨的腐化政治和社會黨的容共政策，同時提出了批判。

1960 年 5 月，已經到了岸信介的所謂最後期限。自民黨乃決定在國會中採取強行表決。這對岸政權的命運和安保鬥爭的走向都造成了決定性的影響。5 月 19 日早晨，眾議院安保特別委員會開會，由於自民黨議員試圖提出停止質詢的動議而出現緊張的氣氛。會議持續到深夜，委員

❷　白鳥令編，《革新勢力》（東京：東洋經濟新報社，1979 年），頁 34。

❷　戰後日本政治史研究會編，《現代日本政治史年表・解說》，頁 91。

會主席小澤及自民黨籍委員又試圖將停止質詢案、新安保條約案和新行政協定一起交付表決。由於執政黨和在野黨議員發生激烈的爭執，會議陷入混亂的狀態。結果，在自民黨議員高喊「贊成」的情況中會議主席宣布散會。社會黨、民社黨認為表決無效，社會黨參眾兩院的議員並在議長室前進行靜坐。晚上十一點剛過，眾議院議長清瀨一郎調派了五百名警察進入國會進行驅散，並逕行在十一點五十分宣布召開眾議院大會。結果，就在社會黨、民社黨和自民黨一部分反主流派議員缺席的情況下通過了延長會期五十天的決議，第二天再一舉表決通過新安保條約和有關的法案❷❹。這次強行表決事件，不但造成將近百人受傷，更使未來一個月的日本，陷入極度的動盪不安中。

5 月 20 日，在野黨開始全面抵制國會的運作。自民黨內的反主流派也提出「轉換政局」的要求，輿論和大眾媒體則開始追究政府和自民黨的責任。大眾運動也自 20 日急速地擴大，其訴求也從「反對安保」變為「打倒岸信介」，安保鬥爭因此而面臨戲劇性的轉折，從保守與革新的體制之爭，變為對岸信介政權的鬥爭。

此時，反對安保運動為了要迫使岸信介下臺，又提出阻止「艾森豪訪日」的訴求。由於擔心將造成國際性事件，前首相東久邇宮稔彥、片山哲和石橋湛山等人，在 6 月 7 日聯名要求岸信介下臺，並勸告艾森豪延期訪日。6 月 10 日，為安排艾森豪訪問而事先來日的艾氏新聞祕書海格提 (James Hagerty)，座車在羽田機場被群眾包圍。岸信介感受強烈的打擊，在 11 日要求和社會黨、民社黨黨魁進行會談。對岸信介的呼籲，

---

❷❹　朝日新聞社編，《朝日年鑑 1961 年版》（東京：朝日新聞社，1961 年），頁 185–186。

民社黨未加理會，社會黨則表拒絕。情
勢因而陷入極度的不安。

　　從 1960 年 6 月 10 日到 20 日，是
安保鬥爭史中最重要的十天，也是震撼
全日本的十天。6 月 14 日，在東京市
立體育館內召開了「全體國民守護民主
主義大會」，會議的參加者包括了學者、
作家、還有來自各階層的市民。15 日，
「全學連」發動一萬七千多人在國會區
內統一行動，大約七千名的學生突破了
眾議院南門前警察的封鎖，進入國會區
內，其中四千人占領了中庭進行抗議集

▲ 圖 12-1　安保鬥爭　圍繞國會
議事堂的反安保群眾

會。警察以棍棒、噴水車和催淚瓦斯進行驅散，同時還有一群右翼份子
駕著卡車帶著棍棒衝入示威群眾。在混亂的衝突中，有數十人受傷，並
造成東京大學文學部三年級女學生樺美智子死亡。17 日，社會黨顧問河
上丈太郎在議員會客室被一名右翼少年刺成重傷❷。在混亂的情勢下，
岸信介要求出動自衛隊，但遭到防衛廳長官赤城宗德的拒絕❷。這對於
安保鬥爭未進一步地發展成武力衝突有重要的影響。

　　由於新條約即將在 19 日零時因自然承認而生效，在 18 日這一天日
本全國都陷入極度緊張的氣氛。從 18 日下午開始，學生、勞動組合成員
和一般市民的示威隊伍陸續集合並往國會出發。到了晚上，據估計共有

---

❷　戰後日本政治史研究會編，《現代日本政治史年表・解說》，頁 95。

❷　田尻育三，《昭和の妖怪岸信介》（東京：學陽書房，1979 年），頁 187。

三十三萬人包圍在國會四周。6 月 19 日，新安保條約就在群眾示威聲中自然生效。6 月 23 日，美日兩國交換新安保條約批准書，條約正式成立，岸信介也在同一天宣布辭職。所謂安保鬥爭，至此總算暫時告一段落，長達五年的安保修約行動也劃上句點。

　　然而，更重要的是安保鬥爭對於日本政治產生的結構性影響。要瞭解此一影響，必須先對安保鬥爭的性質加以定位。

　　造成安保鬥爭的直接原因，在於保守與革新勢力對於安保條約所抱持的不同意識形態。對於保守陣營而言，安保體制象徵著日本作為反共軍事基地的地位，以及美國對於日本保守秩序的支持，安保修約所意涵的則是在此一架構內為日本尋求更大的自主性。所需顧慮的，則是日本國民對重整軍備的反對。因此，到 1959 年中為止，關於安保體制的主要政治過程，都集中在保守陣營對彼此立場的協調上。

　　相對而言，革新勢力則是以批判安保體制作為政治動員的訴求。這種以提出「反命題」來進行與保守體制抗爭的運動方式，對於安保鬥爭的性格有著深刻的影響。也就是說，革新勢力必須隨著保守體制的動向來決定其策略。這種動員方式，卻給中間的力量創造了空間。例如，在 1960 年 5 月 19 日之前，安保鬥爭的重點在於「和平主義」的訴求上。但後來卻逐漸轉變為對於岸政權的鬥爭，口號也變為「擁護民主主義」。在這裡，自由主義派學者和新聞界扮演了微妙的角色。例如，丸山真男教授在 1960 年 6 月 12 日的《朝日週刊》(*Asahi Journal*) 中提出議會政治應和「市民自治」相結合的觀點❷，為安保鬥爭變為民主主義鬥爭提

---

❷　丸山真男，〈この事態の政治の問題點〉，《朝日ジャーナル》1960 年 6 月 12 日。

供了理論基礎，對運動焦點的轉移有很大的影響。6 月 17 日，東京七家報社發表「反對暴力，固守議會主義」的聯合聲明❷，據說是受到自民黨的影響，但終究有將運動導向民主主義的作用。從「和平主義」到「民主主義」，兩者原本不一定又必然的相關，但將其放入政治的邏輯來看就很清楚。

此外，作為運動主體的，是包含各種階層和意識形態的市民。他們之所以能被動員，乃是基於曾經受過戰爭傷害的共同經驗。這種以生活體驗中的共同關心問題作為動員基礎的抗爭，自然有其侷限性，亦即不容易由「反體制」進入「改造體制」。因此，當池田勇人以「高度成長」、「所得倍增」這種經濟性的訴求來取代岸信介的強硬保守主義時，民眾的關心也就很容易從整體政治體制的改革，轉移到自己經濟生活的改善上。革新的政治運動，也因此而失去了可以動員的議題。

❷　辻清明編，《資料戰後二十年史・1 政治》，頁 166。

第十三章

高度成長——政府的經濟發展策略

一、由重建到第一次高度成長

　　二次世界大戰結束後，日本失去了海外殖民地，原有的工業生產也因戰爭的破壞而跌至 1930 年代的水準。對日本的領導人而言，戰敗不僅意味著經濟力量的瓦解，事實上，日本之所以敗給美國，正是因為兩國間在工業基礎上存在著巨大的差距。因此，如何在短時間內將日本建設為一經濟大國，不僅有著經濟上的急迫性，更是日本實現其「趕歐超美」的另一種戰略。

　　對於地狹人稠，資源不足的日本而言，想要達成經濟成長的目標，必須在有限的時間內取得資金、技術、市場，並完成必要的公共建設和投資。在戰前，日本採取的是經濟和軍事相互支援的手段，由工業化作為軍事力發展的基礎，並由武力對外掠奪來取得工業化所需的資源。戰後，在美蘇強權所規定的國際政治架構下，日本改採「經濟立國」的路線，將全部的精力投注在經濟的發展上。

　　1950 年韓戰的爆發，帶來軍需市場的擴張而使日本的出口大量增加，並帶動了國內的投資熱潮。雖然，隨著韓戰的結束日本暫時因為輸

入的激增和出口的衰退而陷入國際收支惡化的危機，1954年又出現大量企業破產和失業的現象，而不得已採取緊縮政策，但此一時期在設備擴張上所進行的現代化及合理化投資，已確立了使其邁入高度經濟成長的條件。自1950年至1955年間，日本由於「韓戰特需」而產生的貨物生產總值共計十六億一千餘萬美元，而且其生產範圍不僅包含輕工業製品，還包含鋼鐵，彈藥武器等重工業產品。此外，1951年《美日舊金山和約》的簽訂，也意味著美國對於日本在其東亞戰略中地位的重視，日本則利用美國的庇護發展重化學工業，作為軍需產業的潛在基礎。因此，在美國技術和亞洲地區原料資材的支持下，奠定了日本戰後經濟復興的基礎。

　　然而，就應採取何種經濟發展的基本戰略而言，戰後日本曾發生過爭論。主張「貿易立國論」的中山伊知郎等人認為，日本的資源貧乏，唯一的出路在於不斷擴大工業加工品的出口，以累積進口所需的外匯。主張「國內開發論」的都留重人、有澤廣巳等人則認為，日本的經濟發展應以有計畫的開發國內資源為主。此外，就產業的選擇而言，有主張應利用日本的勞動力優勢而發展輕工業者，亦有主張以保護主義的貿易政策來扶植資本密集的重化學工業者。前者以日銀總裁一萬田尚登為代表，後者則以通產省的官僚為主。在1949年的一次內閣會議中，當時有日本「財經界教皇」之稱的一萬田，為了是否要發展汽車工業而和通產省官僚發生爭論。一萬田的看法是，依照當時日本的條件而言，勞動過剩而資金不足，所以應該選擇勞力的優勢而發展紡織工業。通產省官僚的看法則是，汽車工業發展的成功與否，正是考驗日本是否能夠提升機械工業及整體工業部門的技術水準，所以大力主張發展汽車工業及重化學工業作為策略性產業。在當時，日本政界與財界普遍有依賴美國的心

理，通產省官僚這種想要同時完成工業基礎建設及出口能力的企圖是相當有遠見的。日本政府最後所採取的作法，是綜合各派所長的策略。

在 1952 年通產省所制定的「企業合理化諸問題」中，主張日本如果要實現經濟自立，正確的路線在於「貿易立國」主義。但該報告亦同時提及，應以重工業，尤其是綜合機械加工，冶金和化工作為出口產業的重點。不過，要達成此一目標，一方面要引進提昇產業水準所需的技術和設備投資及原料，另一方面也需累積足夠的外匯，以免因生產規模的擴大而使進口不斷增加，進而導致國際收支上的危機。因此，需有適當的產業政策和外貿策略相互配合。

日本為了要達成重化學工業化的目的，自五〇年代初期起，即從美國等先進工業國家進口大量的機械設備和技術。從 1953 年到 1963 年的十年間，日本在工業製成品的進口上成長了一倍，其中一半屬於生產財。

1950 年代初期的日本，工業競爭力還很薄弱，國際收支也瀕臨赤字的邊緣，為了避免因為大量進口工業產品而造成貿易條件的惡化及對本國工業之打擊，日本政府自五〇年代初期就採取了一連串的外匯及貿易管制措施。透過這些保護和管制的手段，使日本的重化學工業及機械工業，能在充分的空間中完成生產規模化。生產規模一旦建立，就可以帶動相關產業的發展，因而形成所謂「投資創造投資」的乘數效果。

首先，就外匯及貿易政策來看。

1949 年 4 月，美國為了要解決日本戰後通貨膨脹的問題，採取所謂「道奇方針」，在盟總的指示下，將日圓由原本的多重匯率修訂為一美元為三百六十日圓的固定匯率。這個匯率高於當時日圓的實質購買力，對於日本商品的出口是不利的，但有利於美國商品的輸入和大企業進口工業製品的需求。為了控制外匯，日本又於 1949 年制定「外匯外貿管理

法」。根據此法，日本政府每三個月就要針對不同的進口商品作一次外匯支付預算計畫，經過通產大臣的批准後，才由大藏省支付外匯。透過此項制度，日本政府可將外匯集中用在進口工業生產所需的生產財上，等於是變相的進口限制措施。此外，日本政府也在 1949 年設立「外匯特別會計」，由政府對外匯買賣及外匯支付進行集中管理，直到 1952 年和 1953 年才分別將部分的美元和英鎊的保管支付權移交給國家指定的外匯銀行。

再就貿易政策方面來看。日本雖然在 1952 年和 1955 年分別加入以自由貿易為口號的 「國際貨幣基金」 (IMF) 和 「關稅暨貿易總協定」 (GATT)，在進口方面仍舊保持了許多非關稅的保護措施。除了外匯管制使得基本生產財以外的貨物進口的成本增加外，隨著生產力的提升，一美元對三百六十日圓的匯率也由高估變成低估，使他國遭受不公平的貿易條件。這些情況引起和美國的摩擦，終於迫使日本在 1960 年擬定了《貿易、匯兌自由大綱》，決定在三年內將進口自由化比率提高到百分之九十。但這時，以外匯管制及進口限制來扶植國內大企業建立產業規模的階段性任務已經達成。

1950 年代日本主要的外匯來源，除了「韓戰特需」以外，就是以中小企業為主體的輕工業製品出口。透過外匯及外貿管制的措施，卻使得大企業享受了成果。這正是以犧牲中小企業和國內消費者的利益來對大企業進行扶植。

除了消極的外匯管制之外，日本政府在推展外貿方面也採積極的措施。

首先就組織方面來看。1954 年 9 月，日本內閣決議設立「最高出口會議」，1962 年改稱 「最高出口審議會」。這個由內閣總理大臣擔任議

長，並包含各部會首長、日銀總裁等重要人物的機構，主要的任務在於統籌出口政策的制定。之後，到了 1964 年，在通產省的主導之下，設立了「海外商品別貿易會議」。此一組織的功用，在於及時而有效地接收派駐在各國的通產省、貿易振興會及各商社的工作人員所蒐集到的情報，使通產省得以根據各國的情況，擬訂有利日本出口的政策。日本各種審議會的委員及次委員會的成員，都是由政府官員、企業界代表、學術界，乃至於新聞界和工會代表所組成。主管審議事項的政府有關部門，也負責相關審議會的常設機構事務。因此，審議會除了有決策的功能，還可以同時吸收及調整有關的意見和主張，並向輿論界宣傳其決策的內容，作為一致行動的準則。

再就政府的出口獎勵措施來看，則包括了出口金融、外匯資金貸款制度、出口保險制度、出口稅制等多項設計。所謂出口金融，是指當日本銀行收到民間銀行的出口貸款匯票時，或以低利給予該銀行同額的貸款，或增加對民間銀行的放款金額。外匯資金貸款，是指日本銀行以出口廠商向外匯銀行發出的外匯結算票為抵押，以中央貼現率的利息給與外匯銀行同樣的貸款。出口保險乃由政府來為企業擔保通常保險所不能負擔的風險。

在資金供給方面，政府政策也扮演了重要的角色。和歐美先進國家相較，1950 年代前期的日本並不具有資本上的優勢。因此，要在重工業方面進行投資，需要國家直接或間接的支援。在政府和產業間扮演媒介的，是日本開發銀行。作為政府金融機關的則是日本輸出入銀行，它除了依據通產省的政策需要來決定投資活動所需的貨幣供給量，還以低於其他民間銀行百分之三到百分之四的低利率貸款給策略性產業，例如運輸、電力、化學、機械、冶金等。在這些產業的設備投資上，政府金融

機構提供了將近十分之一的資金❶。這個比例雖然並不算高，但卻有引導銀行的作用。一方面，它向民間銀行指出了政府所要扶植的產業，另一方面，獲得政府貸款的企業也等於獲得了一種擔保，使民間銀行能放心地提供貸款。這種所謂政策性金融，不但使企業獲得必要的資金，也提高了企業的相對利潤，在日本產業規模的建立上，扮演了很重要的角色。

值得注意的一點是，作為重要金融機關的日本開發銀行，表面上雖為大藏省所經營，但實權則為通產省所掌握。通產省對於貸款審查乃至於預算編成都擁有發言權，該銀行的董事也往往由退休的通產省官員擔任❷。另一點則是，和其他先進國家相較，日本企業在資金調度上對於銀行貸款的依賴度較高。而主控銀行資本的，仍是戰前舊財閥系統的銀行。這些銀行都透過長期、短期的貸款而供給特定產業資本從事現代化投資所需要的資金，如三井銀行對三井系統、三菱銀行對三菱系統、住友銀行對住友系統、富士銀行對安田、淺野系統，第一銀行對古河、川崎系統❸等。由此可知，日本工業化的資金主要控制在政府和相關的財閥手中，這也是日本政府較容易進行由上而下的政策指導的原因。

從 1951 年到 1955 年，日本民間資本形成 (Capital Formation) 的增加占了國民總生產毛額的百分之二十八，到了 1955 年至 1961 年間，已成

---

❶　東京大學社會科學研究所編，《戰後改革・8 改革後の日本經濟》（東京大學出版會，1975 年），頁 123。

❷　Marvin J. Wolf, *The Japanese Conspiracy.* 竹村建一日譯，《日本の陰謀》（東京：光文社，1984 年），頁 314。

❸　有澤廣巳監修，《昭和經濟史・下》（東京：日本經濟新聞社，1980 年），頁 208。

為百分之五十九。其最主要的原因，在於設備投資本身的乘數效果。由於生產能力的擴大、生產過程的複雜化，再加上研究開發本身的投資，使投資的規模不斷擴大。其中最明顯的就是礦工業和重化學工業，由於其生產擴大及出口的增加，連帶的使輸出關連產業及生產財、基礎建設財的生產也隨著擴大，引發「技術革新」的熱潮。例如，五年計畫中的煉油工廠，在 1955 年所投下的資本額為每桶五萬日圓，到了 1960 年已成長為八萬日圓；鋼鐵則由每噸四萬日圓的投資增加為七萬日圓。

結果，以「技術革新」為主導的投資，不但具有一般投資的所得效果和就業擴大效果，更因提升了勞動生產力而使工資水準亦隨之提高。

上述的各種因素，使日本以 1955 年的「神武景氣」為起點，步入了第一次高度成長期。1955 年，日本的實質經濟成長率達到百分之八點八，貿易出現五千三百萬美元的出超，消費者物價指數不升反降❹。以造船業為例，1954 年度日本接受國外的船舶製造訂單為五十九萬噸，總價一點三億美元，到了 1955 年度則成長為兩百二十三萬噸，總價五點二億美元，位居世界第一位。1955 年日本也適逢稻米豐收，產量較前年增加了百分之三十。

在「神武景氣」期間，日本的產業結構出現明顯的重化學工業化，企業的經營趨向於合併化及系列化，產業投資中的民間資金比例逐漸上升。在當時，還出現了一句「現在已非戰後」的口號，來表示日本已經渡過戰後重建，邁入高度成長的階段。

不過，1955 年到 1960 年間的成長亦非全然安定。由於銀行放款膨

---

❹　安藤良雄，《近代日本經濟史要覽》（東京：東京大學出版會，1983 年），頁 5, 64, 71。

脹過度，形成所謂「放款過多」(Over Loan) 的問題。此外，1956 年蘇伊
士運河事件的影響，使日本出口成長減緩，再加上進口增加，國際貿易
因而出現了赤字。1956 年 12 月成立的石橋湛山內閣，未能針對貿易危
機採取應變措施，更使外匯存底大幅出現赤字。1957 年岸信介內閣成
立，採取金融、財政、輸入的緊縮措施。此舉恢復了貿易的平衡，但也
導致投資熱潮的衰退，因而在 1958 年出現了所謂的「鍋底景氣」。「鍋底
景氣」是指景氣掉入「鍋底」，即不再下降，也無法上升，呈現長期滯留
的現象。

　　1959 年金融緊縮解除，礦工業產量開始恢復，就業率增加，外匯存
底亦開始增加。此後，隨著美國經濟景氣的上升，以及汽車、電視等耐
久消費財需求的顯著增加，1959 年後半年的設備投資再度擴大，因而促
使資本財的需求及生產也隨著擴充。隨之而來的景氣高峰，被稱為「岩
戶景氣」。

　　「岩戶景氣」從 1958 年 6 月持續到 1961 年 12 月，實質國民所得在
這段期間，平均每年增加百分之十以上。「岩戶景氣」也和「神武景氣」
一樣，有著高成長率的投資，但在個人消費、民間住宅及出口方面的成
就比後者更高，且更為多樣化。

　　但 1950 年代由政府輔助民間以進口方式進行設備投資的發展策略，
仍然蘊含了許多危機與不安定。1960 年池田內閣「所得倍增計畫」的提
出，就意味著一種政策的調整。

二、所得倍增計畫

　　「經濟計畫」是 1950 年代中期以後日本經濟的特徵。日本政府在

1938 年就有企畫院所作的「物資動員計畫」，在戰後不久也有所謂「經濟復興」計畫。但真正透過內閣決議而形成的計畫，則是 1955 年 12 月鳩山內閣所作的「經濟五年計畫」，這也形成了以後歷任內閣一上任就提出經濟計畫的慣例。日本的經濟計畫，異於社會主義國家的計畫經濟之處，在於仍然保存資本主義的私有制及企業家精神。政府的角色，在於根據政治或經濟的情勢提出發展的目標，並透過財政政策、金融政策或行政指導，來引導民間經濟活動的方向。

　　在歷代內閣的經濟計畫中，最引人注目的就是 1960 年池田勇人內閣所提出的「所得倍增計畫」。

　　事實上，早在 1957 年時，當時的自民黨副幹事長福田赳夫就曾建議企畫廳總合計畫局長大來佐武郎，在「新長期計畫」中加上「兩倍」的字眼。1959 年，一橋大學名譽教授中山伊知郎在報紙上發表〈兩倍工資論〉，認為這是由貧乏經濟走向福利國家的關鍵。這觸發池田提出「月薪兩倍論」的構想。1959 年 11 月，當時的總理岸信介也在經濟審議會，提出了十年內使日本經濟規模擴張十倍的構想。然而，促使日本政府正式提出「所得倍增計畫」，乃是政治上的因素。

　　1960 年 6 月，東京民眾為了要阻止眾議院通過《美日安保條約》的修定，發起數萬人包圍國會的行動。同月 20 日，自民黨強行通過修約案，使輿論大譁，再加上東大女學生樺美智子在警民衝突中死亡，使日本國內政治情勢面臨緊張的局面。為了要安撫民心，7 月岸信介內閣總辭，自民黨以池田、岸、佐藤三派形成主軸，由池田出面組閣。池田一上臺，就提出「寬容與忍耐」的口號，企圖將國民的注意力轉移到經濟發展上，以穩定動盪的政治情勢。1960 年 9 月池田發表以「國民所得倍增」為目標的經濟成長計畫，主張透過增加公共投資、企業減稅等方法，

來強化產業體制。

從表面上看來，所得倍增計畫的目的在於「達成國民生活水準的顯著提升及完全僱用」。依照池田內閣的說法，要達成此一目標，就必須完成充實社會資本、提升產業結構、促進貿易與國際合作、提高人才的能力及振興科學技術、緩和雙重結構及確保社會安定等五項課題。

事實上，所得倍增計畫的提出固然是由於政治上的危機，但其在經濟調整上的意義也不可忽視，因為 1950 年代日本政府主要的發展策略為擴大設備投資，以建立產業規模。這種以內需為主的設備投資，到了 1950 年代末期已經面臨飽和，而且由於是以進口為主，所以日本一旦遭受貿易赤字的危機時，就必須以緊縮財政，壓抑進口的方式來減少外匯的消耗。這對日本的工業發展十分不利，也引起一些人批評日本的高度成長造成對美國的依賴。再者，由國家的財政、金融、外匯以及貿易政策所扶植而形成的財閥資本，也是犧牲一般大眾的利益而來的。例如，1955 年時農業人口的平均個人所得是非農業人口的百分之六十六點八，到了 1960 年已降為百分之二十三點八❺；就勞工方面來看，在日本經濟體系同時並存著具有壟斷地位的大企業和未現代化的中小企業，而僱用人數五十到兩百人的中小企業的員工所得，只有僱用人數一千人以上大企業的百分之五十，規模五十人以下的小公司更是不到百分之四十❻。有澤廣巳教授因而提出「雙重結構」的概念，認為大量的「家計勞工」(Household Labor) 將為日本帶來勞力過剩的惡性循環危機❼。勞動條件

---

❺ 守屋典郎，《日本資本主義小史》（東京：新日本出版社，1977 年），頁 133。

❻ 守屋典郎，《日本資本主義小史》，頁 135。

❼ 有澤廣巳監修，《昭和經濟史・下》，頁 182。

的不能改善，也使日本全國的勞資爭議事件，從 1955 年的一千三百四十五件，增加為 1960 年的兩千兩百二十二件。因此，所得倍增計畫的作用，即在 1950 年代高度成長的基礎上，透過政府的公共投資和相關財政金融政策，同時達成經濟自立和擴大再分配的雙重目標。

首先，就產業結構的提升來看，其中最重要的一環是煤炭工業的調整。1955 年日本就已頒布「石炭礦業合理化臨時措置法」，企圖達成煤炭工業的現代化。接著，在 1962 年的不景氣時期，日本政府即決心關閉煤炭礦山，改以石油作為主要能源。由於日本政府實施大規模的「閉山計畫」，迫使煤礦工人由 1957 年的二十九萬八千人減為 1965 年的十萬九千人。另一方面，也使日本形成高度依賴進口石油的產業結構。

在重工業方面，則有鋼鐵工業和機械工業的擴大規模。以鋼鐵工業而言，日本的主要煉鋼工廠因逐步地發展一貫作業的生鐵生產方式，而大幅度地降低原料費用，使煉鋼的成本減少了約百分之二十。1960 年代前半期的設備投資總額也由第二次合理化時的六千兩百五十五億日圓，成長為一兆又一百三十八億日圓❽。而且，鋼鐵工業的發達，也為機械工業立下了基礎。例如，從 1961 年到 1965 年，日本的汽車工業逐漸朝向大量生產小轎車的發展型態，一方面，「豐田」 (Toyota)、「日產」 (Nissan) 等汽車公司發展出月產一萬輛的大型工廠，另一方面，日本政府透過 1961 年的「分期付款銷售法」及 1963 年的「私人汽車貸款」，擴大了小轎車的消費市場。到了 1967 年，日本汽車的總產量已超過德國，成為僅次於美國的第二大汽車生產國。再以造船業來看，1955 年日本的總產量已居世界第一位，到了六〇年代，因「三菱」、「三井」全力推行

---

❽　守屋典郎，《日本資本主義小史》，頁 162。

機械設備的增強及船舶生產的大型化，使得 1960 年代的生產成本大為降低，只有 1955 年時的一半。此外，在化學和電力等方面，1960 年代也都有長足的進步。

其次，就所得倍增計畫的再分配效果來看，由於高度成長主要集中於重工業規模的提升及擴大，因此也相對地提高了勞動的工資，而產業的合理化則使原有的「雙重結構」逐漸消失。因此，工資差距的問題也逐漸得到解決。然而，由於農業部門和工業部門間在生產力上的差距逐漸擴大，使此部門間的所得分配趨向不平等了。

整體而言，所得倍增計畫所蘊含的分配問題，並不表現在明顯的階級對立，而在於大規模的公共投資所帶來的通貨膨脹壓力，以及公共支出本身的偏差上。事實上，大藏省在財政政策上的傳統作風是以穩健為主，自 1949 年的「道奇方針」以來，日本政府也都是以「均衡財政」為原則，由於池田個人的堅持，才實行了「積極財政」❾。從 1961 年到 1965 年，日本政府的財政支出由五兆九千兩百億日圓成長為十兆五千兩百億日圓，其中的投資及融資額，則由七千九百億日圓增加為一兆七千九百億日圓。由於日本政府發行大量的赤字公債，再加上日本銀行貸款過度，造成 1960 年代通貨膨脹的危機。如以 1913 年為一百，1950 年日本的物價指數是四百〇二點四，1960 年為六百五十五點六，到了 1970 年則高達一千〇五〇點一。如以美國來看，則此三個時期的指數分別為兩百五十點八、三百二十及四百一十八點八❿。因此，日本人民的負擔顯然過高。另一方面，政府的公共投資是以產業的擴張為主，對於和民生有關

---

❾　塩口喜乙，《聞書・池田勇人》（東京：朝日新聞社，1975 年），頁 172。

❿　安藤良雄，《近代日本經濟史要覽》，頁 27。

的社會建設則較忽略，社會問題因此不斷出現。這雖然沒有直接表現在所得分配上，但也等於是犧牲大眾的福祉來造就財閥的「高度成長」。

不過，這種「公共財」的分配危機，由於成長的大餅不斷擴大而逐漸化解。依照所得倍增計畫的估計，1970 年度的國民總生產毛額應為 1960 年度的一倍，即二十六兆日圓，平均年成長率應為百分之七點二，1970 年度的平均國民所得應為二十點八萬日圓，國民所得的構成比，一級產業應由百分之十八點八降為百分之十點一，二級產業由百分之三十三點三提升為百分之三十八點六，三級產業的服務業則由百分之四十七點九提升為百分之五十一點三。然由 1970 年度的實際情形來看，國民總生產毛額已超過四十億日圓，1960 年到 1963 年的平均年成長率達百分之十點四，1964 年以後也都在百分之八以上，平均國民所得為三十一點七萬日圓，一級產業的就業人口降為百分之七點四，二級為百分之三十八點五，服務業則成長為百分之五十四點八。

池田勇人的「所得倍增計畫」原本就有和社會黨的「長期經濟計畫」一別苗頭的意味。由於所得倍增計畫的確為日本帶來了高成長率，再加上社會黨不能有效地掌握逐漸壯大的中產階級，終於使其陷於停滯的狀態。由社會黨在選舉中的表現來看，最盛時的 1958 年得票率為百分之三十二點九，1960 年為百分之二十七點六，1963、1967 年的大選得票率雖然都超過百分之二十七，之後就一直保持在百分之二十上下，而且從 1958 年到 1982 年的二十四年間，得票數只從一千萬票增為一千一百萬票，和人口的增加不成比例❶。

---

❶ 吉村克己，《池田政權，一五七五日》（東京：行政問題研究所，1985 年），頁 396–397。

三、自由化和第二次高度成長

　　和「所得倍增計畫」互相呼應的，則是日本政府在 1960 年 6 月《新安保條約》批准的次日所發表的《貿易‧匯兌自由化大綱》。這項大綱，對於日本的經濟具有雙重的意義。就日本對先進國家的經濟關係而言，這象徵日本已脫離以國內市場為中心的保護主義階段，並解除對外資和技術進入的限制，以進一步提升本國的產業水準及競爭力。就日本對其他亞洲國家的經濟關係而言，則意味著利用日圓升值的優勢加強資本及商品的輸出。

　　首先，就貿易及外資進入的自由化來看。1959 年「關稅暨貿易總協定」(GATT) 在東京召開總會，即已提出日本的貿易自由化問題。1961年 11 月的第一次美日貿易經濟合同委員會中，美國要求日本於 1962 年10 月以前達成百分之九十的貿易自由化率。1964 年 4 月，日本成為國際貨幣基金 (IMF) 的第八條國（即必須解除對於投資所得匯出的限制）及關稅暨貿易總協定的第十一條國（即必須解除差別性輸入限制），逐步解除對於外匯及輸入的管制。其間經歷兩次 「貿易自由化」，到了 1971年，「甘迺迪回合談判」(The Kennedy Round) 結束，日本將關稅降低了約百分之三十，才算達成進口的自由化。這也意味著對於幼稚產業的階段性保護已經達成。在外資進入的自由化方面，自 1959 年起逐步放寬《外資法》所規定的限制，1960 年的外資審議會決定，「只要不對國民經濟帶來不良的影響」，原則上對於國外技術的進入都加以認可。1965年，日本實施整車進口的自由化，1967 年及 1969 年又分別實施第一次和第二次的資本自由化，但所開放投資的項目多為外國企業所不願投資者。到了 1970 年即進行第三次自由化，將範圍擴大，但仍規定前來投資

的外國企業須與同業種的日本企業合作。1973 年 5 月，完成最後一次自
由化，將新設企業視為例外業種，將農林水產業、石油業皮革業等視為
個別審查業種，礦業則完成了百分之五十的自由化。其他如電子計算機、
藥品等十七項業種，則以二至三年為期限，達成完全的自由化❶。

　　此外，在匯率方面，自從日本加入國際貨幣基金第 8 條國及經濟合
作及開發組織 (OECD) 之後，即面臨巨大的國際化壓力。1967 年主要先
進國家由於不景氣而紛紛提高利率，美國也在 1968 年提出「美元防衛政
策」。1971 年 8 月，美國總統尼克森為了解決困擾已久的赤字問題，實
施停止美元交換黃金等措施，對日本造成所謂「尼克森震撼」。同年日本
銀行為了要防止日圓升值而採取買進美元的措施，結果引發了通貨供給
過多的危機。同年年底日圓升值為一美元對三百〇八日圓。1973 年日本
改採浮動匯率制，才逐漸化解結構性的貿易出超現象。

　　在進行貿易及外資自由化的同時，日本政府也加速推展國內企業的
合理化。1961 年 4 月，設立「產業結構調查會」，負責改善產業結構的
研究。通產省的官員提出將汽車製造業以汽車別分為三個組，每一家企
業的生產限定於一組之內，且需在三年內達成最低產量的要求。這項提
案，無異於排除小型企業，而要完成生產的集中化❸。之後通產省又提
出「新產業體制」政策，主張將那些因自由化而蒙受不利的汽車、特殊
鋼鐵及石油化學工業指定為特定產業。1963 年，日本政府又向國會提出
《特定產業振興臨時措置法》（簡稱為《特振法》），企圖由官民協調達成

---

❶　有澤廣巳監修，《昭和經濟史・下》，頁 293。

❸　美國商務部報告，中尾光昭日譯，《日本株式會社》（東京：每日新聞社，
　　1972 年），頁 180。

企業的合併化，但因國會和產業界的反對而改採自主調整的方式❶。在野黨之所以反對《特振法》，是因為擔心該法將破壞《獨占禁止法》；產業界的反對則主要來自於經團連，因為經團連主張「自主調整」。其理由是，經濟的自由化將使企業間的競爭出現不可避免的激烈競爭，因此應該放寬獨占禁止法，以自然方式達成產業的合理化。

其實，在主張以企業合併的方式達成產業規模的擴大和國際競爭力的加強方面，通產省和財經界間是有所共識的，問題只在手段上的爭議。因此，通產省在「特振法」問題上雖然遭受挫折，但隨著 1962 年到 1965 年不景氣的發生，通產省仍採取「行政指導」的方式，以圖達成產業結構的轉換。其最主要的目標，就是培養「具有國際戰鬥力的企業」。為了達成此一目標，通產省即改變以往的統制手段，而改採間接引導，一方面尊重企業的自主性，另一方面將原來的「體制性金融」改變為「以改善結構為主的金融」，並以促進合併的稅制等「行政手段」達成企業的合併或統合❶。

1960 年代前半期的高度成長，到了 1964 年至 1965 年間，出現了重大的破綻。1965 年的實質經濟成長率只有百分之四點九，創下十年來的最低記錄。其主要的原因在於原來以民間設備投資為主的發展方式面臨飽和，以至生產設備過剩，及過高的儲蓄無法消化，導致貿易的入超。在此背景之下，產生是否應調整市場結構，並透過企業的合併，來調整產業規模的意見。1968 年「王子製紙」三社、「八幡製鐵」和「富士製

---

❶　全國商工勞動組合通產行政研究會編，《問われる通產省》（東京：大月書店，1983 年），頁 39。

❶　全國商工勞動組合通產行政研究會編，《問われる通產省》，頁 40。

鐵」的合併就是一代表性的個案。1968 年 3 月，「王子」三社簽署了合併備忘錄，並向「公平交易委員會」提出事前審查。由此，引起日本各界長達一年半的爭論。表示贊同的有當時的首相佐藤榮作、重要閣僚、自民黨、經團連。學界則以此合併無異牴觸《獨占禁止法》第十五條而表示反對❶。至於對通產省而言，製鐵業是戰後日本最重要的產業之一，在通產省重工業局中最重要的業務就是對鋼鐵的管理，而鋼鐵業中最重要的就是八幡製鐵及富士製鐵。通產省歷年來的政策，就是要使這兩家公司朝向「大型化」的目標而合併。在此合併的爭論中，表面上是由八幡、富士對抗公平交易委員會，但事實上在背後提供兩家公司理論與戰略的，就是通產省的首腦❶。1971 年兩家公司完成合併成為「新日鐵」，日本的鋼鐵業從此就由「新日鐵」為主導進入「協調式的寡占」狀態。

當通產省在進行「行政指導」時，除了法律上所賦與的行政命令權、貸款審理權及補助金分配權之外，還有許多法律上沒有規定的行政指導管道。這種所謂的「密室指導」，可以避免留下讓外國批評日本政府進行行政干預的證據，還可免於和國會發生正面的衝突，更可以保持對民間加以統御的彈性❶，這可以說是一種相當精巧的設計。

不過，「八幡」、「富士」的合併事件，還是引起日本國民對於防止壟斷政策的關心。1968 年 6 月，一百四十位自由派經濟學者聯名提出《關於大型合併之意見書》，表示對於合併的反對，次年 3 月，馬克思主義學派的學者也提出了《對於八幡‧富士合併之意見》❶，引起廣泛的注意。

---

❶　有澤廣巳監修，《昭和經濟史‧下》，頁 344。

❶　全國商工勞動組合通產行政研究會編，《問われる通產省》，頁 41。

❶　遠藤湘吉編，《日本經濟の群像》（東京：學陽書房，1975 年），頁 113。

　　不論如何，1960 年代以自由化為契機的產業體制調整，的確加強了
日本企業的國際競爭力，而日本經濟的瓶頸，例如資本與生產設備的過
剩、夕陽產業的問題等，也正是以擴大海外進出的方式來加以解決的。

　　在 1960 年代日本的貿易收支，除了 1961 年和 1963 年因快速成長
與輸入激增而曾經出現赤字之外，大都屬於出超狀態。自 1965 年以後，
出超的金額都在十億美元以上。從 1963 年到 1967 年，日本的外匯累積
達二十億美元，1968 年超過三十億美元，1971 年則突破一百六十六億
美元。

　　造成日本對外貿易大幅出超的原因，在於對技術密集產品的積極開
發，在匯率上居於優勢，及新市場的開拓等。就匯率上的優勢而言，日
本在 1963 年的國民總生產毛額已達僅次於西德的世界第二位，在鋼鐵、
合成纖維等產業上也都躍居僅次於美國的第二大生產國，但匯率自 1949
年以來卻一直維持在一美元對三百六十日圓的低價位。這種情形成為一
種循環，亦即，低估的匯率造成日本產品在價格上的優勢，而貿易越是
發達匯率也越是相對地低估。1971 年「尼克森震撼」之後，日本被迫改
採匯率自由化，但這反而形成其加強海外進出的條件。日圓匯率的調高，
意味著日本進口成本的降低，也意味著日圓在海外相對購買力的增強。
日本和亞洲的經濟關係也因此而步入新的局面。

　　1960 年代中期以後，日本輸出增加的契機乃是來自越戰。由此時期
日本對外貿易的結構可以看出，主要的輸出增加來自於美國和亞洲各國，
而美國和太平洋周邊國家正是從事作戰的第一線。根據政府自己的估計，
1966 年對於東南亞八國（臺灣、韓國、香港、琉球、泰國、菲律賓、新

---

⑲　　有澤廣巳監修，《昭和經濟史・下》，頁 346。

加坡、南越）輸出的增加額為三億五千萬美元，1968 年為七億七百萬美元❷⓿。韓戰的時候，是由美國直接向日本進行「特需」採購，越戰則是由美國向韓國、臺灣等地直接進行軍需採購，而臺灣、韓國再以其所賺外匯向日本購買生產財。日本的角色在於間接對這些國家提供技術輸出，並對美國輸出高級製品。因此越戰對日本來說是獲得間接的「特需」，所謂「亞洲四小龍」，也就是在這種國際分工結構的背景下形成的。

　　隨同日資在東南亞各國進出的，是大量的日本外援。所謂「外援」，在 1965 年以前是以「賠償」的名目進行。1951 年舊金山對日和約第十四條中規定：「日本對戰爭中所生的損害和痛苦應對盟國支付賠償」。但日本對東南亞各國所支付的賠償是一種「具有回收效果的」賠償。也就是說，日本對被賠償國所支付的並不是現金，而是折算現金的商品和服務，被賠償國雖然可以節省外匯從日本取得必要的生產財，但也因此產生對日本技術及零件的依賴，造成日後自日本進口的增加。對日本的廠商而言，則因東南亞各國政府的訂單，而使投資初期的風險得到保障❷❶。

　　1952 年日本決定了賠償基本方針，1954 年和緬甸簽定「日緬賠償經濟合作協定」，從 1955 年到 1959 年，又分別和泰國、菲律賓、印尼、寮國、柬埔寨、南越等國簽定賠償協定❷❷。自 1965 年起，日本對東南亞各國的「援助」改為贈予或借款為主，在日本政府的對外「援助」中，賠償減為百分之二十六，到了 1968 年，直接借款已增加至百分之五十。合

❷⓿　1969 年《通商白書》，頁 170。

❷❶　西和夫，《經濟協力──政治大國日本への道》（東京：中央公論社，1970年），頁 57–73。

❷❷　有澤廣巳監修，《昭和經濟史・下》，頁 330。

作的對象除了原來的東南亞國家，並擴大到韓國及臺灣。由實物賠償變
為借款，正反映了日本因為貿易出超、累積龐大外匯之後必須在海外運
用強勢的日圓來同時達成化解貿易逆差壓力，及促進資本及商品輸出的
雙重目的。日本政府是依被援助國所提出的需求而提供借款，但在幕後
替被援助國製作開發計畫的，往往正是日本的企業。因此，日本型的「援
助」或「借款」是在讓日本企業獲得利潤❷。

　　和歐美國家相較，日本海外投資的特色在於以第三世界為主要投資
對象。西方國家雖然也在第三世界擁有大量的投資，但占最大比重的還
是彼此間的水平投資。由日本在海外投資的比重分配即可看出，占最大
部分的是以獲得資源為主的礦業、農林水產業等所謂「垂直投資」，這種
型態的投資也必然集中在第三世界❷，其中亞洲國家又占了半數以上。
日本在亞洲各國的投資是以公共建設為主，但其作用則在於便利資源的
輸出。

　　除了東南亞國家以外，韓國、臺灣及中國大陸，也是日本海外進出
的重要地點。在韓國方面，1961 年朴正熙以軍事政變就任最高議會議
長，展開和日本的一連串會談。1965 年 6 月，日韓兩國簽定了「日韓基
本條約」、「關於解決請求權問題及經濟合作的協定」。根據經濟合作的協
定，日本給與韓國年利百分之三點五的貸款五億美元，並由民間提供三
億美元以上的協助，以此作為韓國對賠償請求權問題的解決❷。

---

❷　朝日新聞「援助」取材班，《援助途上國ニッポン》（東京：朝日新聞社，
　　1985 年），頁 70–80。

❷　鶴田滿彥，《現代日本經濟論》（東京：青木書店，1975 年），頁 180–181。

❷　有澤廣巳監修，《昭和經濟史・下》，頁 332。

　　在臺灣方面，1959 年修改「外人投資條例」，增列非國有化宣言，1960 年公布《十九點財經措施》及制定《獎勵投資條例》，對外資企業給與減免稅及工廠用地等方面的優待。1965 年設立加工出口區，以廉價的勞力吸引外資的進入。1965 年美援停止，日本的佐藤榮作政府乃扮演一替代性的角色，和中華民國政府簽定了一億五千萬美元的「日圓」借款，以換取其對日本在琉球取得問題上的支持。和對東南亞各國一樣，這筆借款也附帶有許多條件。例如，借款僅能用於公共事業及公營企業上、投資計畫需有日本政府的審查及許可、借款金額須用於購買日本的資財技術、借款契約效力必須根據日本法律來解釋等。因此，這項借款的主要目的之一也是為日資在臺灣鋪路。以電器、化學、藥品為主的出口導向型日本企業，在 1960 年以後大量進入臺灣，從 1960 年到 1969 年日本在臺投資共達三百二十六件，金額將近六千萬美元，占臺灣所有外資的百分之二十一點四❷❻。

　　在對中國大陸方面，自池田內閣上臺後逐漸擺脫美國所規定的嚴格貿易統制。1960 年周恩來提出對日貿易三原則，首度表示有加強對日貿易的意向❷❼，1962 年自民黨的松村謙三在池田的支持下訪問北京，進行綜合貿易的交涉，同年 11 月廖承志和高碕達之助簽定「L・T 貿易備忘錄」，將商社的貿易擴大為生產者團體的直接交涉，並據此向中國大陸進行整廠輸出，急速擴展兩地間的貿易關係。1964 年佐藤榮作上臺，採取「政經分離」的作法，繼續發展和大陸的經濟關係。其後貿易持續的增

---

❷❻　Council for Economic Planning and Development, *Industry of Free China*, Vol. LXVII (67), No. 2, Feb. 1987, pp. 188–189.

❷❼　古川萬太郎，《日中戰後關係史》（東京：原書房，1981 年），頁 192–194。

長，1966 年貿易總額達六億美元，1969 年以後成長到八億美元以上。1973 年石油危機之後，中國大陸進行石油的增產，也相對地從日本進口更多的機械設備，1975 年兩國的貿易總額已達三十八億美元。

　　從 1960 年代中期到 1970 年代初期，除了 1967–1968 年曾採取緊縮政策之外，日本的經濟都呈現景氣的狀況，因而被稱為第二次高度成長期。從 1965–1973 年的平均實質經濟成長率達到百分之九點九㉓，民間設備投資率達到百分之二十一點一，個人平均年消費支出增加，也達百分之九點二的成長率。

　　另一方面，美國的經濟則逐漸呈現出衰退的跡象。由於美元不斷流出，造成美元的信用滑落，各國紛紛向美國要求兌換黃金，結果造成美國的黃金準備量遽減，不得已逐漸走向浮動匯率制。相形之下，日本雖然在 1973 年後一樣遭受石油危機的衝擊，而從高度成長轉換為「安定成長」的發展策略，但在高度成長期所累積下來的基礎，使其能夠將產業的重點，從資本密集的重化學工業轉換至「知識密集」的軟性工業，為其下一波的國際經濟競爭打下了基礎。

㉓　安藤良雄，《近代日本經濟史要覽》，頁 164。

第十四章

田中政治——洛克希德弊案始末

　　自「五五年體制」成立以來，掌握日本最高政治權力的歷任首相，例如鳩山一郎、石橋湛山、岸信介、池田勇人、佐藤榮作等人，都是出身東京大學或名門世家，並具有豐富的官僚經歷。佐藤榮作的繼任者田中角榮，出身於新潟縣的農家，小學畢業後靠著半工半讀完成商業學校夜間部的學業，卻能憑著卓越的「煉人術」和「煉金術」，成為自民黨內勢力最大的「田中派」的首腦，並進而成為著名的「庶民首相」，而誇稱其「學歷無用論」。也正由於田中獨特的出身背景，再使其主導下的「田中政治」表現出迥異於以前的風貌。

　　田中角榮在 1972 年的「角福之戰」中，擊敗福田赳夫，成為日本第六十五任首相。田中一上臺後，就提出「決斷與實行」的口號，在外交上，提倡「恢復日中（共）邦交」，在內政上，提出「日本列島改造論」的大膽構想。1972 年 9 月 29 日，田中在北京的「日中首

▲ 圖 14-1　田中角榮

腦會談」中發表「關係正常化」宣言，而使其聲望達到頂點。其「列島
改造論」則是希望透過國土的重新規畫，來解決日本在高度成長期所形
成的城鄉發展差距。外交上的突破，使田中角榮自信滿滿；「列島改造」，
則使公共預算分配在日本的政治過程越來越重要。但是，所謂的「田中
政治」，其實充滿著「金權政治」的色彩。

　　爆發於 1976 年 2 月而至今仍餘波蕩漾的「洛克希德」購機貪污案，
正是戰後日本政治史一連串貪污案中最具代表性的案例。該案不但涉及
了美日兩國的最高政治領袖，也充分暴露了日本「金權政治」的本質。
如果不是因為美國參議院的揭發，和涉案人田中角榮本身不同於歷任首
相的政治作風，該案可能就不會引起舉世的矚目，而在既有政治結構中
被合理化，甚至消失於無形之中。

一、洛克希德案的背景

　　田中內閣的購機問題開始受到輿論的注意，是在 1972 年 8 月 31 日
美日兩國的夏威夷會談。當時會談的主角是剛就任日本首相的田中角榮
和美國總統尼克森。雙方除了發表堅持《美日安保條約》、《中（共）日
關係正常化》等共同聲明之外，還就改善兩國貿易逆差問題進行了談判。
美國在石油危機之後，國際收支出現嚴重赤字，而對日貿易更是大幅入
超。1972 年 1 月，日本首相佐藤榮作曾就此問題和美國進行協商，當時
擔任通產大臣的田中就已有了從美國進口大型運輸機的構想。在夏威夷
會談中，田中角榮順理成章地允諾向美方採購一批噴射客機（即所謂「空
中巴士」）來改善貿易逆差。所謂洛克希德弊案，就是在此購機過程中所
發生的政商勾結。指根據日本社會黨眾議員楢崎彌之助於案發後在國會

中所揭發的內幕，當時美、日兩國均面臨大選，因此田中角榮和尼克森兩人都急需國內財經界提供政治資金以應付競選活動。這使得利益集團和其政治代理人有了活動的空間。

美國的洛克希德 (Lockheed) 公司，一直是向日本政府大力推銷民航客機的美國飛機製造廠商之一。該公司一向記錄不良，根據日本國會稽核調查室的資料，自 1966 年至案發之時，其所支付給外國經紀商的回扣即已達到三千四百萬美元，而且範圍遍及全世界十五個以上的國家。該公司和尼克森政府的關係也很密切 。 美國參議院在 1971 年曾通過一項《緊急貸款保證法案》，以挽救美國西岸的航空工業，結果只有洛克希德一家公司未因援助而復甦，反而由尼克森政府作擔保而一直拖欠高達兩億五千萬美元的貸款。在會談之前的洛克希德公司，已因經營不善而陷入財務危機之中，因此積極的向尼克森政府進行遊說，企圖挽救倒閉的局面。尼克森在會談中乃向田中大力推銷洛克希德公司的產品，並透過該公司的日本代理商「日本丸紅會社」向田中活動。田中和丸紅的密切關係一向廣為人知，因此，尼克森和田中達成密約交換的消息一時不脛而走。

事實上，有關民航機採購的各種幕後活動早在田中上臺的初期就已密集地展開 。 日本政府在 1972 年 8 月 8 日曾決定自美國輸入五億美元的物資，而剛上臺的田中為了拉攏美國的關係，在 19 日將金額提高為十九億美元，兩國並簽定了「日本將以超過十億美元的外匯由美國輸入製品，並輸入價值約三億二千萬美元的民航客機」的協定。在有生意可作的情況下，美國三大飛機製造公司的「波音」、「道格拉斯」、及「洛克希德」開始進行激烈的競爭。這三家公司中和日本政界淵源最深的，就是洛克希德公司。

　　在洛克希德公司和田中角榮之間扮演中介角色的，正是日本著名的「黑幕」（即幕後操縱者）兒玉譽士夫。兒玉在日本的「貪污史」中占有重要的地位，而且在串連財界、政界和民間右翼勢力以形成保守陣營上也是關鍵人物。兒玉在戰前就是知名的右翼人物，其最著名的事蹟，就是利用中日戰爭時透過「兒玉機關」在中國搜括而來的鑽石、黃金等巨額財富提供給鳩山一郎作為自由黨的創黨基金。發生於 1947 年的「辻嘉六事件」，就是由兒玉透過辻嘉六將戰時軍需物資以黑市買賣後所得資金分配給自由黨政客的事件❶。兒玉在戰後也一直和八幡製鐵、三井礦山、國策造紙、日立製作、北海道炭礦及大映所等所謂的「反共右翼」企業過往甚密，對於恢復日本的軍國主義及推動重整軍備不遺餘力，並和國際的航空產業保持密切的關係。

　　兒玉為洛克希德進行遊說的歷史，可以追溯到 1958 年。當時的岸信介內閣，為了淘汰老舊的 F86 型戰鬥機，曾在國防會議中決定要向美國採購 FX 戰鬥機。經過調查後，所選定的廠商是美國的格拉曼公司。根據當時負責調查任務的防衛廳空爆長佐薙毅的回憶，就在這個決定作出後的幾天內，在戰前海軍擔任過他長官的兒玉，向他表示應該向洛克希德公司進行採購，但為他所拒。兒玉乃透過他的好友，也是當時自民黨總務會長的河野一郎，在眾議院決算委員會中對格拉曼公司和佐薙進行嚴厲的抨擊。結果終於在第二年底推翻原先決議，改向洛克希德公司購買 F104 型的戰鬥機，而佐薙本人也被迫辭職❷。據說當時岸信介政權的建立，有一部分的資金即是透過兒玉向洛克希德公司募來的。

---

❶　笹子勝哉，《政治資金の構造》（東京：合同出版社，1976 年），頁 13–14。
❷　森川哲郎，《日本疑獄史》（東京：三一書房，1976 年），頁 316–318。

　　1968 年，日本的航空界為了應付運輸量的增加，開始計畫採用大型客機。消息傳出後，美國的幾家飛機製造公司立即展開激烈的競爭，而日本主要的航空公司，如「日本航空」（簡稱日航）、「全日本空輸」（簡稱全日空）、「東亞國內航空」，也都被捲入漩渦。最後，日航決定採購波音公司的 「巨無霸」 型客機。 全日空則決定要購買道格拉斯公司的「DC10」型客機，代理該公司的三井物產會社也已訂製了數架此型的飛機。然而，洛克希德公司卻透過兒玉譽士夫和全日空大股東並與田中角榮有密友關係的小佐野賢治，向日本政府及全日空進行遊說，而使全日空改向洛克希德公司購買空中巴士客機。結果不但迫使三井物產因違約而付出高額賠償金，也逼得全日空的社長大庭哲夫不得已辭職。繼任的社長是原副社長若狹得治。他上任後宣布前任社長和道格拉斯所簽定的「DC10」契約，由於未經過董事會決議而無效，並認為應改買載客量較大的三星式空中巴士。

　　在夏威夷會談時尼克森和田中就購機問題所達成的協議，正顯示出洛克希德公司對田中政府進行最後政治遊說的時機已經到來。雙方交易的項目，除了民用客機外，還包括建設金額更大的軍用飛機。

　　日本防衛廳早在 1971 年就主張應該自立生產反潛艇偵察機，並得到當時首相佐藤榮作的支持，在 1972 年的政府預算中編列了六億八千萬日圓的研究開發費，以協助日本國內的航空工業界進行開發。然而，同年 10 月 9 日甫自夏威夷回國的田中，在內閣國防會議中卻突然推翻了原有的自製計畫，而預定派人前往美國向洛克希德公司採購該公司的 P3C 型反潛戰鬥機。 日本的新聞界把這種政府出爾反爾的作法稱為 「白紙還原」 ❸。

　　根據事後的判斷， 有關 P3C 型對潛戰鬥機的採購計畫， 可能早在

「田中與尼克森會談」的時候就已經祕密決定了。為了保障這個計畫的實行，田中政府在作成不自製的決議後，還設立專家會議，進行長達兩年的「評鑑」和召開了十五次會議。在這兩年的時間內，洛克希德公司以兒玉譽士夫為中介人，向田中所設置的專家會議展開金錢攻勢，最後終於使 P3C 反潛偵察機的採購計畫得以確定 ❹。P3C 機的造價是每架五十至六十億日圓，防衛廳計畫採購 100 架，因此總價高達五千億日圓以上，遠超過民航機。

　　1974 年 11 月田中卸任，由三木武夫繼任首相，有關購機的問題似乎也告一段落，當時沒有引起輿論太大的注意。

二、洛克希德案的爆發及發展經過

　　戰後日本的貪污不法案層出不窮。1948 年的「昭和電工融資疑案」涉及盟軍總部內部對立及和當時自由黨、民主自由黨的勾結，是由美國新聞界的揭發才曝光。1954 年的「造船疑案」，是檢察官主動對佐藤榮作等高級政界人物提出偵查，但由於法務大臣發動指揮權而受阻。其他一些規模較小的疑案，如 1951 年的「早船事件」、1954 年的「保全經濟會事件」、1959 年的「印尼賠償問題」、1965 年的「吹原產業事件」，都是由於新聞界的主動揭發或當事人的行跡暴露才受到一般社會的注意。

　　相對而言，洛克希德案的主要行賄人是美國的大公司，且對象涉及

---

❸　朝日新聞東京本社社會部，《ロッキード―疑獄と人間》（東京：朝日新聞社，1976 年），頁 261–268。

❹　森川哲郎，《日本疑獄史》，頁 343。

美國和日本兩國的最高政府首長，而軍用機採購更是屬於國防機密，所以其發生是當然，但被揭發卻是偶然。首先，日本的檢察當局要對美國的企業進行調查，牽涉到美日兩國「國政調查權」的行使；其次，由於涉案人屬於高階層首長，所以很容易以政治手段掩蓋。例如，1975 年時美國國務卿季辛吉就曾致函給司法部長，要求他命令華盛頓特區的布來特法官不要公開「證券交易委員會」對於洛克希德公司所下達的傳票，並表示這是洛克希德公司顧問，也是前國防部長羅傑斯的意思。季辛吉的理由是，該項傳票中包含了洛克希德公司對於外國政府高級官員的「非正式支付」的調查，若將之公布，將對美國的外交關係有所損害❺。

　　然而，1975 年時美國國內的政治氣氛已不同於尼克森主政的時代。自從「水門事件」爆發以來，美國國內輿論對於白宮和多國籍企業都採取極嚴屬注視的態度。前述證券交易委員會，雖然是附屬於總統之下的機關，但在洛克希德公司申請增資時仍然要求該公司提供有關海外活動的所有資料以進行嚴格的審查。

　　1976 年 2 月 4 日，美國參議院外交委員會多國籍企業小組，發表了洛克希德公司為推銷其所生產的民航機和軍用機，自 1966 年起向各國支付的大量「活動費」記錄，其中包括該公司在銷售 F104 戰鬥機和 P2V7 反潛偵查機給日本防衛廳及空中巴士給全日空時，經由該公司顧問兒玉譽士夫向日本政府高官進行賄賂的事實。所謂「洛克希德購機弊案」，於是正式爆發。第二天，該小組舉行聽證會，在邱池參議員的嚴屬追問下，洛克希德公司的副董事長柯謙 (Kotchian) 承認在交給兒玉的活動費之中，有大約兩百萬美元是經由田中首相的好友，即「國際興業社」董事

---

❺　室伏哲郎，《污職學入門》（東京：ペップ出版，1976 年），頁 258。

長小佐野賢治，轉交給有關人員的。這個消息在當天透過外電傳到日本後，引起了極大的震撼❻。

　　同月9日，當時的日本防衛廳次官久保卓在記者會中透露，1972年內閣國防會議原本決定要自製反潛偵察機，但10月9日的會議中卻在防衛廳官員毫無準備的情況下被田中首相翻案。這個決定，據說是田中首相和總理府副長官後藤田正晴及大藏省主計局長相澤英之，在會前臨時密商決定的❼。久保的說法，獲得當時的防衛廳長官增原會吉公開證實。久保的發言，雖然因後藤和相澤的抗議而被迫收回，但已引起輿論和在野黨的注意。

　　2月16日起，日本國會眾議院預算委員會，在在野黨的強烈要求下召開聽證會。會場中擠滿旁聽的群眾，並由四家電視臺作全程實況轉播。在長達十五個小時的會議中，日本國民透過電視的傳播，無不對於案情的發展抱著密切的注意❽。自民黨的議員起先以維護個人尊嚴為由，主張以「諮詢」而非「證人」傳喚相關人士，但遭到在野黨的極力反對，再加上顧慮到可能引起選民反感，乃同意動用已經十一年未行使的「國政調查權」。被傳喚的證人包括：小佐野賢治、兒玉譽士夫（因病未出席）、「丸紅」會長檜山廣、社長松尾泰一郎、專務伊藤宏及大久保利春、「全日空」社長若狹得治及副社長渡邊尚次等八人。但七人都對行賄或收賄的指控一概否認，關鍵人物前首相田中角榮也未被傳喚出席，因此

---

❻　室伏哲郎，《污職の構造》（東京：岩波書店，1982年），頁118。

❼　柳田邦男，〈日本を震撼させる50日間〉，《文藝春秋》，昭和51年5月號，頁16。

❽　立花隆，《田中角榮研究（下）》（東京：講談社，1983年），頁20。

聽證會並沒有什麼成果。

　　該案是否進一步地擴大，當時三木武夫政府的態度扮演了關鍵性的角色。三木派在自民黨中是小派閥，而田中卻挾其龐大的金脈和人脈成為黨內的「幕後將軍」。洛克希德案的爆發，正是給三木派對田中派進行打擊以鞏固其權力的機會。2 月 20 日，三木藉著在野黨及輿論強大的壓力，在電視上表示，美國即使透露收取賄賂的日本官員名單，也不會損害美日兩國的關係，並立即命令日本駐美的東鄉大使正式具文向美國政府要求提供此案的詳細資料及日本政府官員收賄的名單。2 月 25 日，三木更在未經黨內協商的情形下，以私人親筆信函給美國總統福特 (Gerald Rudolph Ford, Jr.)，請求美方提供全部的資料。

　　對於日本的請求，美國的答覆是答應日本派遣兩名官員赴美進行調查。日本乃決定了兩項調查方針：㈠調查人員由檢察廳和警察廳各派一人組成。㈡調查結果列為機密，原則上不公布。美方之所以不願意資料曝光，據說是因為其中也牽涉了不少美國的高官。

　　然而，三木表示要徹查本案的態度，仍然不能平息輿論的不滿。2 月 29 日，在野黨在國會內採取抵制性杯葛戰術以拖延法案的審查，全國各地更有四十萬的勞工和家庭主婦舉行群眾大會，對貪污案進行聲討。第二天，國會第二次傳喚有關人員作證，但自民黨幹事長中曾根康弘（也是全日空購機時的通產大臣）卻拒絕讓小佐野賢治再度出席，而引起自民黨內的爭論。

　　3 月 8 日，在野黨拒絕出席國會，使原定 4 月 1 日開始生效的政府年度預算審議被迫延後。同一天，國會外也有一萬四千多名群眾集會示威，要求三木下臺。11 日，福特總統回函三木首相，表示答應提供資料，但以在調查終了之前不公開內容為條件。日本政府決定接受美方的

條件，但是司法當局認為對涉嫌官員查證確實並採取逮捕、起訴或強制搜索時，可以公布這些人的姓名。根據日本的刑事訴訟法，犯罪偵查雖然必須祕密進行，但如經文件保管人，國會或法相認為有「公益上之必要性」時，可以將之公開❾。因此，本案是否繼續擴大，端賴日本政府對於法律的解釋以及美日兩國的外交協調。換言之，公開與否有高度的政治性。而日本政府的態度如何，則要看社會的壓力和政治情勢的發展而定。

另一問題的焦點，在於如何處理所謂的「灰色高官」。所謂「灰色」乃相對於明顯具有犯罪事實者，此類包括㈠在行為上已明顯構成贈收賄賂罪但因法律上的追訴時效消失而未被逮捕或起訴者。㈡雖接收金錢，但與其職務權限無關者。㈢雖有依其職務權限的可能性，但事出有因，查無實據者。而「高官」，則是指內閣官員、國會議員，或次官、局長、課長以上的政府官員。

3 月 13 日，東京地檢處以違反所得稅法將兒玉譽士夫起訴。此時兒玉已臥病在床，司法當局仍然親赴其宅進行偵訊。在偵訊中，兒玉承認收賄，並指出受賄地點所在。4 月 10 日，三木派往美國的調查官員，攜帶美方所提供的資料返國。七位檢查官署的正副首長會同開封，並先過目了包括日本涉嫌高官姓名在內的三千多頁資料，然後交給專案小組進行查證的工作。案情發展至此，涉嫌人的姓名已呼之欲出❿。3 月 23 日，一名不能忍受兒玉成為貪污案核心人物的右翼青年前田光保，駕機從空中衝向兒玉的住宅，企圖同歸於盡。結果，兒玉雖然未受傷害，但

---

❾　室伏哲郎，《污職の構造》，頁 148。

❿　室伏哲郎，《污職の構造》，頁 130。

更加引起輿論對洛案的關切。

4月2日，田中角榮首度打破沉默，公開表明和洛案無關的立場。在東京「田中派事務所」召開的「七日會」中，田中宣讀了一篇稱為〈我的感觸〉的聲明。其要點包括：㈠夏威夷會談的所有內容都已發表在《聯合公報》上，並無論及民間飛機公司的理由與事實。㈡否認2月9日防衛廳次官久保卓所提到的三人密謀取消PXL機國產化之事，說政府從未決定國產化。㈢否認和小佐野賢治在洛案中有任何的牽連❶。

但是田中的這些說詞並未引起輿論的同情。4月11日，日本共產黨的機關報《赤旗》刊登了根據美國、德國和日本的各種報導所歸納出的涉案「灰色高官」二十八人。其中包括了前首相三人、現任及前任閣員十五人、政務次長及事務次長六人、官房副長官、外務省審議官、海上自衛隊幕僚長及航空幕僚長各一人，而此二十八人都是自民黨籍。5月21日，每日新聞社公布針對全國二十歲以上青年所作的民意調查結果，有百分之八十七的人主張應公開「灰色高官」的姓名，百分之七十五的人認為凡是列名美國政府所提供之資料中者皆應予以公開。

隨著案情的升高和民意對於執政黨的不利批評，自民黨內也產生了很大的矛盾，而主要的對立出現在副總裁椎名悅三郎對於主張「徹底查明真相」的三木首相的強烈不滿。椎名於是和田中、大平正芳及福田赳夫三派會談後，決定推動「打倒三木」運動，三木首相卻堅決表示「決不中途讓出政權」，並認為椎名是在為洛克希德案掩飾。最後由於輿論對於洛案的強烈批判，使得椎名的計畫並未成功，但也為自民黨日後的紛爭埋下伏筆。

---

❶　岡本文夫，《さらば自民黨》（東京：青樹社，1976年），頁209–210。

　　另一方面，國會則開始對洛案採取緊追不捨的態度。眾議院在 5 月
14 日設置「洛克希德問題調查特別委員會」，次日並派遣議員調查團赴
美進行調查。24 日，眾議院預算委員會以「偽證罪」告發全日空社長若
狹在兩次的國會聽證會中所述不實。6 月 9 日，參眾兩院的洛克希德案
調查特別委員會分別傳訊曾代理洛克希德及道格拉斯公司出售飛機的三
井物產代表，證實若狹說謊。6 月 10 日，義大利《全景》(Panorama) 雜
誌揭露洛克希德公司「外國政府高官」暗號表的照片，更加引起輿論對
本案的注意。

　　6 月 15 日，法相稻葉修三在自民黨洛案調查特別委員會中表示，東
京地檢處的專案小組將在 8 月中完成調查工作，並公開「灰色高官」的
姓名。但自民黨和反對黨對於公開的方式及範圍仍然有所爭議。當天參
議院的調查小組也傳訊了川崎重工營業副本部長室井則泰，證實該公司
的確在 1966 年起就接受日本政府的委託研究開發 PXL 機，並有防衛廳
官員派駐該公司進行監督。1972 年 10 月 9 日內閣國防會議突然取消自
製計畫，並且也未經事前協商，因此使該公司白費了大約五億日圓的研
究開發費。6 月 22 日，全日空高級職員大久保利春、澤雄次、業務部長
兼國防部長植木忠夫、經理部長青久賴等三人分別被逮捕，並揭露了該
公司曾經在直接收取洛克希德公司五千萬圓後轉交給運輸省高級次官的
事實。6 月 29 日和 7 月 2 日又有兒玉的密友水谷又一、前丸紅專務伊藤
宏、兒玉祕書大刀川恆夫等人，分別被逮捕。7 月 8 日和 9 日，又逮捕
了全日空社長若狹得治及副社長渡邊尚次等人。

　　戰後日本歷任首相中因貪污嫌疑被逮捕的，只有 1948 年「昭和電
工」事件的芦田均。洛克希德案爆發後，輿論對於田中角榮的涉案雖然
多所猜測，但由於田中仍掌握了自民黨內最大的派系，故對於司法當局

是否會對其採取行動則多抱疑問。然而，7 月 27 日，東京地檢處洛克希德案特搜本部卻以違反《外匯法》罪嫌要求田中前往該部接受偵查，查詢後立刻將其逮捕。8 月 16 日，東京地檢處以違反外匯法及收取賄賂起訴田中，並在次日准許田中以兩億圓交保。8 月 20、21 兩日，東京地檢處再以收賄罪名，逮捕前運輸省政務次官佐藤孝行及前運輸大臣橋本登美三郎。

田中以收賄罪被起訴的內容，為在首相任內和其首席祕書官榎本敏夫共謀，前後四次非法收取洛克希德公司所提供的資金五億圓。日本司法單位以田中在首相任期內的犯罪嫌疑對其進行強制搜查，並以「利用首相職位收取賄賂」的罪名將之起訴，不但將洛克希德案的發展推向最高點，也引起日本政壇極大的震撼。就在田中獲得保釋的第二天，自民黨內除了三木派和中曾根派外的所有派閥舉行了「舉黨體制確立協議會」，造成所謂「第二次打倒三木」運動的風潮**⓬**。

三、洛克希德案的結果

洛克希德案自 1976 年 2 月爆發，經過了將近五年多的搜證、傳訊、逮捕、起訴、司法審理，直到 1981 年 11 月開始才完成最後判決：

㈠ 1981 年 11 月，兒玉譽士夫被判徒刑三年六個月，罰金七億日圓；小佐野賢治以偽證被判刑兩年。

㈡ 1982 年 1 月，分別以偽證罪和違反外匯法罪判決前全日空社長若狹得治徒刑三年、前副社長渡邊尚次一年兩個月、前專務澤雄次十個

⓬ 石川真澄，《データ戰後政治史》（東京：岩波書店，1989 年），頁 96。

月、前經營管理室長藤原享十一個月、前經理部長青木久賴六個月、前設施調達部長植木忠夫六個月。有關「全日空」幹部的審判，由於可能涉及日後對政治人物的處理而倍受矚目。因為在判決中，除了以違反外匯法而將此六人定罪之外，並確認若狹曾經向藤原下令向丸紅公司協調，並提供人員金錢給六位航空族議員，而丸紅和洛克希德公司的確曾就此有所回應的事實。因此，政治人物收取賄賂已被認定為是事實。

　　㈢ 1982 年 6 月，前運輸大臣橋本登美三郎被判處徒刑兩年六個月，緩刑三年，追繳金五百萬日圓；前運輸省政務次官佐藤孝行判處徒刑兩年，緩刑三年。這次是第一次針對政治家進行判決，由於可能牽扯出更多的「灰色高官」而廣受注意。橋本和佐藤被認定的罪名，為接受全日空的賄賂而執行有利於該公司的航空行政。在檢察官所提出的初審起訴書中，曾提及前官房長官二階堂進曾收取五百萬日圓、前運輸大臣佐佐木秀世收取三百萬日圓、前自民黨航空對策特別委員長福永一臣收受兩百萬日圓，及前運輸政務次官加藤 6 月收受兩百萬日圓❸。

　　此外，前首相田中角榮也被提及曾經收取數千萬日圓的金錢，使其以貪污罪被判刑的可能性變大。

　　㈣ 1983 年 10 月 12 日，東京地方法院終於針對田中角榮涉案的部分作成判決。法官依「利用總理大臣地位收受賄賂及違反《外匯法》」的罪名，將田中判處有期徒刑四年，並追繳贓款五億日圓。此外，田中在首相任內的祕書官榎本敏夫被處有期徒刑一年、緩刑三年；前丸紅公司董事長檜山廣處有期徒刑三年六個月；前丸紅公司常務董事伊藤宏處有期徒刑兩年；前丸紅專務大久保利春被處有期徒刑兩年、緩刑四年。

---

❸　室伏哲郎，《污職の構造》，頁 147–162。

在此次的判決中，檢方所提出的控訴幾乎完全被法官所採納。在對田中的判決書中並控訴他的行為「強烈地損害了國民對公共事務的公正性的信賴，對社會所產生的病理性影響難以估計，因此必須直接接受最高的非難」❹。田中在聞判後立即由辯護團提出上訴，經法官判定當庭繳付三億圓後保釋。值得注意的是，田中被判的是「實刑」，亦即沒有緩刑的餘地，因而引起政界不小的震驚，日本新聞界甚至預測田中派將從此煙消雲散。然而，就在二個月後的大選中，田中個人仍以二十二萬七百六十一票的超高票數當選❺，其勢力之穩固可見一斑。

雖然洛克希德貪污案隨著田中的被判決有罪而暫時告一段落，但是仍留下不少疑點。例如，所謂「灰色高官」就應該不只有被起訴的幾個人。向洛克希德公司和全日空收取賄款的，還包括許多執政黨和在野黨的國會議員及政府官員。在渡邊尚次的備忘錄中，就曾記載有兩千兩百五十萬圓是分別交給「某位曾擔任閣員者」、「自民黨航空特別委員會幹部」、「某位前政務次官」，及多名未說明真正姓名的自民黨、社會黨、公明黨議員。在全日空的獻金名冊中，也提及十二名各黨的議員❻。

姑且不論詳細的情形究竟如何，由本案所透露的訊息，即足以對日本戰後的金權政治結構作一檢討。

---

❹　戰後日本政治史研究會編，《現代日本政治史年表・解說》（京都：法律文化社，1988 年），頁 233。

❺　早坂茂三，《田中角榮回想錄》（東京：小學館，1987 年），頁 343。

❻　上田耕一郎，《構造疑獄ロッキード》（東京：新日本出版社，1976 年），頁 121–122。

四、對於洛克希德案的檢討

在洛克希德案所透露出的訊息中最值得深思的，就是戰後日本民主政治的本質。一提到日本的「金權政治」，一般就會連想到田中角榮和本案。事實上，這決非因為田中是歷任日本首相中貪污腐敗最屬害的。相反的，田中被公認是戰後日本首相中獲得人民支持率最高的「庶民首相」❼。田中相較於其他出身名門及名校的首相，則顯得過於坦率而不善於鑽研法律漏洞，所以才不懂得如何去掩飾自己廣大的金脈關係，使得他成為社會輿論批判「金權政治」的主要目標，終於落得被判貪污罪收場。

從另一個角度來看，若非是洛克希德事件的爆發，日本人民對於「金權政治」的不滿，恐怕也只有感覺成分而缺乏實際證據來憑藉討論。由本案的發展過程可以看出，以兒玉譽士夫為主要中介人士的政商勾結網絡決非一朝一夕構成的，因為洛克希德公司對日本政要所進行的各種收買早在 1960 年代就已開始，但是本案卻拖到 1976 年才一舉爆發。日本的司法單位和新聞界，在本案爆發後深入而持續的調查，固然是確定田中等人犯罪事實的主要關鍵，但是田中和財界的勾結關係卻不是新聞，在事前司法單位若有心進行調查，也不是沒有線索。真正促使日本國內輿論注意本案的關鍵，還是美國參議院的揭發。從這裡也可以看出，1970 年代時的日本仍然沒有擺脫對美國的依賴心理，而其民主體制也缺乏自動糾正的功能。

自民黨從「五五年體制」形成以來長期執政，再加上日本實行議院

---

❼　立花隆，《田中角榮研究（下）》，頁 307。

內閣制，執政黨內派閥對於立法、行政、司法部門的人事具有一定程度的控制權或影響力，自民黨的「政務調查會」在政策形成過程中也較行政部門的支配權為大，所以才使「政商勾結」在形式上的「三權分立」結構中找到空間。早在 1954 年的「造船疑案」，法相犬養健發動指揮權阻撓檢察部門對於佐藤榮作等人的逮捕就是司法獨立受到干擾的一例❽。此外，日本的法律對於政府官員的收賄行為雖然有明確的規範，但是對於形式上屬於「民間團體」的政黨卻不能適用。然而，從本案也可以看得很清楚，全日空在為有利於該公司的政府航空決策進行收買時，其主要的對象正是放在「航空族議員」的身上。

這種以執政黨為主要政治收買對象的情況，隨著選舉規模的日益擴大和議員對政治資金的需求增加而逐漸被合理化，甚至於成為日本政治結構的一部分。以本案的主角田中角榮而言，他僅以中央工業學校的學歷，從地方選舉中逐漸往上爬升，終於擊敗出身東大的福田赳夫而獲得自民黨總裁的寶座，其勢力在最盛的時候甚至能夠擁有超過一百名的「田中派」議員，就是憑其廣大的金脈關係。洛克希德案只是因為行賄者是國際性的大企業而特別引人矚目，其實田中也只是眾多例子中的一個而已。據估計，一位國會議員每年需要一億日圓以上的資金來經營其政治關係，而黨內派閥領袖級的人物，則更需高達十到二十億日圓的政治資金❾。

從同樣「金權政治」的角度，也可以解釋洛案發展的時機 (timing)。

---

❽　戰後日本政治史研究會編，《現代日本政治史年表・解說》，頁 57。

❾　內田健三，《現代日本の保守政治》（東京：岩波書店，1989 年），頁 173–179。

本案爆發在以「清廉」自許的三木武夫首相任內，這和三木本人有意藉此來打擊自民黨內最大的派系田中派以鞏固自己的地位有很大的關係；若三木也發動指揮權阻止司法當局逮捕田中的行動，則案情的發展可能就完全改觀了。1974 年三木的上臺，是因為當時福田赳夫和大平正芳的相持不下，所以三木才以「保守支流」的身分出面主政。但自民黨內的金權派閥並不因此而消失，三木對於洛克希德案的態度甚至引起黨內田中、大平、福田等派的恐慌，因此在副黨魁椎名悅三郎的策劃下聯合起來推動「打倒三木」的運動。1976 年 12 月國會大選，自民黨雖然因為洛克希德案而慘敗，但田中派仍然在自民黨內掌握龐大的勢力，從福田赳夫、鈴木善幸一直到中曾根康弘的歷任內閣，可以說都受其控制。日本的輿論因此用「角影（日語發音和角榮相同）內閣」來稱呼之。從另一個角度來看，三木等人所以要打擊田中，只是要借機鏟除「金權政治」中發展過分龐大的部分，才能維護這個體制的存在。因此，洛克希德事件並未改變日本政治的體質，而只是使今後的運作更為謹慎而已。

此外，田中派之所以能夠屹立不搖，甚至經過了洛克希德事件的打擊還能繼續壯大，也有其社會經濟的背景。洛克希德案所反映出來的，固然是田中透過兒玉和多國籍企業的「政商勾結」，但田中派真正的金脈基礎卻是深植於日本社會本身的。所謂「田中軍團」，就是田中的人馬透過對於日本全國各地公共投資、補助金等利益分配的掌握，由下而上地累積龐大的資源。1973 年和 1979 年的兩次石油危機，使日本政府投入遠超過其他先進國家的公共建設費來刺激景氣[20]，從此使地方利益集團

---

[20]　三宅一郎、山口定、村松岐夫、進藤榮一，《日本政治の座標》（東京：有斐閣，1986 年），頁 158。

和政客間的勾結更是難以消除。1980 年代中期之後，田中派雖然隨著田中的中風和派內竹下登的另立門戶而逐漸瓦解，但日本「金權政治」並不因此而消失。 1988 年爆發的 「瑞克魯特」 弊案也許正是金權政治在「自由化」、「國際化」、「情報化」風潮中的另一種變形而已。

第十五章

瑞克魯特──上下其手的金權醜聞

　　戰後日本涉及最高政府領導人的貪污案，大多爆發在社會經濟轉型的關鍵期。例如，1948 年對蘆田均政府造成嚴重打擊的「昭電疑案」牽涉到經濟復興的融資問題，1954 年的「造船疑案」涉及高度成長期的政府補助金分配，並間接導致了吉田茂政權的垮臺。1973 年的「洛克希德案」則是以石油危機後日本政府的安定成長政策為背景，田中角榮欲利用政府日益增加的公共預算分配權而擴大其派閥壟斷權力。在這些弊案的爆發過程中，一方面由於揭發弊案的大多是日本的新聞界，而其「事後監督」的批判作用未能轉換成防範未然的效果，因而不能遏阻政商勾結，而在新的經濟發展階段中以不同的面貌出現。另一方面，轉型期所伴隨的權力和利益重組，也使得既有的政治結構中的黑暗面特別容易曝光，甚至成為權力鬥爭的工具。

　　1988 年 6 月，日本再度爆發了瑞克魯特 (Recruit) 公司以未上市股票賄賂高級政府官員的弊案。這次的事件，已經對自民黨中曾根派造成嚴重的打擊，並導致竹下登、宇野宗祐等二任首相的下臺。然而，自「五五年體制」成立以來已執政達三十餘年的自民黨是否因此受到重大打擊，日本政治能否改變其以「金權政治」與「派閥政治」為主導的體質，仍是有待探討的課題。

一、瑞克魯特弊案與中曾根政治

　　瑞克魯特公司以發行就業資訊起家，但卻在短短數年間成長為資產龐大並擁有多種投資的大企業，這和中曾根政權的政策有密切的關係。

　　1980 年代日本的發展目標可以用「國際化」、「自由化」及「高度情報化」來表現❶。然而，在國際化、自由化的過程中，由於牽涉到經濟結構的重組和國民意志的再統合，反而使得具有意識形態成分的國家主導政治益形重要。1982 年 11 月上臺的中曾根康弘，就標榜著新國家主義，大力推行所謂行政改革、財政改革、教育改革，並將國有鐵路、電信電話公社、專賣公社移交民營。中曾根本人且將這些政策稱為「戰後政治總決算」❷，以顯示其開創性。但正由於強調民營化和各種新計畫的推行，而使政治權力對於經濟活動的介入加深，並讓各種特權有了活動的空間。企業家透過出售未上市股票、提供政治獻金、購買餐券等方式，向各級政治人物展開強烈的金錢攻勢，企圖獲得特權。

　　中曾根內閣採取的是「官邸主導型」政治，亦即首相個人對於政治擁有絕大的影響力。同時，中曾根也善於利用「國防費用突破 GNP 百分之一」及「靖國神社參拜」等象徵性的政治動作來塑造個人的聲望，因而被稱為「總統型的首相」❸。這樣中曾根就較以往的首相更能不受國會和輿論的監督。

---

❶　岩井奉信，《政治資金の研究》（東京：日本經濟新聞社，1990 年），頁 16。

❷　牧太郎，《中曾根政權一八〇六日（上）》（東京：行研出版局，1988 年），頁 414–416。

❸　川內康範，《中曾根政治の檢證》（東京：サイマル出版會，1989 年），頁 69。

　　瑞克魯特公司和中曾根政權的關係，即始於該公司董事長江副浩正和中曾根的個人交往。1984 年 4 月 15 日，江副和當時擔任首相的中曾根及文部大臣森喜郎、內閣官房長官藤波孝生等人，在神奈川茅崎市的三百萬俱樂部一起打高爾夫球，開始建立和中曾根政權的人脈關係。同年 12 月，瑞克魯特集團下的宇宙建設公司，將其未上市的股票讓渡給森喜郎等七十六人。1985 年 4 月，宇宙建設公司決定第二次增資，並將股票分配給其政治關係者，於是中曾根康弘、宮澤喜一等政界人士紛紛以祕書或親人的名義獲得股票。

　　對於日本政界人士而言，購買未上市股票原本就是籌措政治資金的主要方法之一，在形式上並不違法，況且透過家人或祕書等「過濾裝置」來進行購買，更是可以在萬一出問題時避免法律責任。然而，就本案而言，瑞克魯特公司提供未上市股票具有明顯的「請託」動機，而政治人物也清楚地知道該公司之所以提供股票乃具有特別的目的，因此已經構成收取賄賂的要件。

　　此外，瑞克魯特公司也有勾結政界人士炒作股票的嫌疑。該公司所讓售的股票，在 1986 年 9 月是每股三千日圓，到了 1987 年 10 月 30 日已漲到五千兩百七十日圓，每人因此獲得每股兩千兩百七十日圓的暴利。何況其用來購買股票的資金 ， 即是由瑞克魯特旗下的一家金融公司 "First Finance" 所提供，因此根本就用不著支付現金給瑞克魯特公司，只要從這家金融公司直接領取差額利潤即可❹。這正是典型的內線交易，由此也可見瑞克魯特公司和政界人物勾結之深。

　　在瑞克魯特公司和中曾根政權的政商勾結案例中，主要包括了超級

---

❹　朝日新聞社編，《朝日年鑑 1990》（東京：同社，1990 年），頁 101。

電腦購買案和不動產炒作弊案。

　　中曾根自上臺後，即時常惋惜日本缺乏綜合性的情報力，以至日本無論在軍事、外交或經濟上都居於國際弱勢。1986 年 12 月，中曾根以經濟同友會為核心，集合財經界人士成立了「公共政策調查會」，表面上以政策研究為宗旨，事實上則從事情報收集的工作。當時瑞克魯特公司正計畫以資訊通信領域為發展目標，以進入中曾根政權的核心，成為其收集世界情報的機關。瑞克魯特公司的董事長江副浩正，乃出面擔任該調查會的評議員，並提出一千萬日圓的入會金。

　　在 1983 年 5 月的美日高峰會談上，美國總統雷根曾向中曾根提出由日本購買美國超級電腦以平衡美日貿易逆差的構想。到了 1986 年，中曾根為了應付美國的壓力，同時增強公共政策調查會的硬體設備，乃透過「日本電信電話股份有限公司」（簡稱 NTT）董事長真藤恆的協助，促使瑞克魯特公司在 1986 年到 1987 年間，透過 NTT 向美國購買了兩臺超級電腦。

　　在中曾根政權和瑞克魯特公司之間擔任媒介的 NTT 公司，本身就是中曾根「民營化」政策的受益者。1985 年 4 月，日本的電信事業開放民營，原本公營的「日本電信電話公社」改組為「日本電信電話股份有限公司」，成為日本最大的民營公司。擔任董事長的真藤恆，是已故財經界元老土光敏夫的門生，靠其提拔而在 1981 年擔任日本電信電話公社的總裁❺。中曾根上臺後，土光敏夫擔任「行政改革推進審議會」會長，大力推行公營事業民營化的政策。日本電信電話公社移轉民營的時候，土

---

❺　西井泰之、西前輝夫，〈NTT—巢食う政財界の利權構造〉，《朝日ジャーナル》1989 年 1 月 6 日，頁 103。

光再推舉真藤出任首任的社長。

　　NTT 和瑞克魯特公司也有很深的關係。 當瑞克魯特公司透過 NTT 購買超級電腦後，NTT 即提供系統設計及電腦設置場所。此外，在通信自由化的政策之下，NTT 決定第二種通信業者，可以將其向 NTT 租用的大容量通信電路，分割成小容量通信電路後再出售給業者。瑞克魯特公司乃因此而獲取暴利。同時，瑞克魯特公司為了回報 NTT，乃以一萬股的未上市股票，分別讓渡給其董事式揚英、長谷川壽彥。至於社長真藤恆，則經由其祕書村田幸藏購買瑞克魯特的股票，並將所得匯入真藤的帳戶❻。

　　1988 年 6 月，在中曾根的大力倡導下，日本又要成立「世界和平研究所」，負責收集世界各國的情報。真藤恆和曾任中曾根政府「臨時行政改革推進審議會」顧問的牛尾電機會長牛尾治朗，皆名列評議員的名單上。牛尾治朗也是瑞克魯特公司以未上市股票進行收買的對象之一。由此可知，中曾根的「世界情報」戰略已經和瑞克魯特公司的「企業利益」緊密地結合在一起，超級電腦的購買只是雙方合作關係的一部分而已。

　　瑞克魯特公司所真正賴以起家的，是中曾根政權所推行「國鐵民營化」和「導入民間活力」政策。瑞克魯特公司所屬的宇宙建設公司的不動產銷售業績在 1983 年尚未列入前位，但到了 1984 年即躍升為全國第十七名，1985 年為第十一名，1986 年為第六名，1987 年高攀為第五名。如單就大廈銷售額來看，宇宙建設成為日本第二大的不動產公司❼。該

---

❻　鈴木啟一、鈴木基顯，〈NTT「真藤神話」の崩壞〉，《AREA》1988 年 12 月 27 日，頁 13。

❼　高鳥大良，〈ツバメは飛び續けられるか──江副氏欠いてリクルートはど

公司之所以能在短期間內迅速成長，就是配合中曾根的政策而進行土地及房地產炒作。

中曾根在 1986 年 3 月任命該派議員天野光晴擔任自民黨 「民間活力導入特別調查會會長」，連同該派代理幹事長宇野宗祐及建設大臣江藤隆美，計畫將東京車站周圍的建築物高層化，並將東京灣加以填平利用。中曾根本人也主張將東京環狀七號線內的建築物容積率提高。於是，以東京周圍的土地重新開發為契機，帶動了全國的土地開發事業，也造成了地價高漲。如此一來，中曾根政權和房地產業者的關係益形密切。房地產業者透過土地重新開發而賺取鉅額利潤，中曾根及其派內議員即向房地產業者吸收大量的政治獻金。為了確保對於開發計畫的支配權，在1986 年的內閣改組時，一反慣例地未將通產大臣、建設大臣及郵政大臣三項職位分配給其他派閥，而由執政的中曾根派的渡邊美智雄、江藤隆美及佐藤文生分別霸占職位。

瑞克魯特集團就是利用此一機會，取得東京灣有明地區計畫重新開發的土地，並收購川崎、多摩、浦和等市的住宅及公園用地，進行大規模的房地產買賣。其賺錢的手段，是先大量收購都市中心的用地或舊大樓，等不動產價格隨著政府政策而飆漲時，即以其所擁有的土地為擔保，向銀行取得貸款，並利用此筆資金購買更多的土地。如此不斷循環，使房地產價格不斷上漲，而該公司的利潤亦不斷成長。

在此情況下，瑞克魯特公司和政府的關係變得越來越重要。因為，只有預先知道政府政策的走向，才能進行低買高賣的投資。根據案發後的調查，川崎市長的助理小松秀熙、浦和市祕書課長金子俊明、議員帆

こへゆく〉，《世界》1989 年 2 月，頁 147–148。

足興之、橫濱市議員松村千賀雄等,這些東京周圍地區的民意代表或地方自治團體幹部都曾接受瑞克魯特及其宇宙公司的未上市股票。由此可知,瑞克魯特公司所推行的是一種上至內閣,下至地方的政治收買。

由於瑞克魯特公司是以發行就業情報起家,因此連一向和民間企業關係疏遠的勞動省也難逃該公司的金錢攻勢。瑞克魯特公司所結交的對象,還包括勞動大臣、勞動省政務次官、國會中社會勞動委員會委員長、自民黨勞動部會長,以及所謂的「勞動族」國會議員。收買的目的,在於獲得政府有關就業政策的第一手情報,以至主動而有利地為該公司的就業服務政策展開遊說。例如,1986 年 3 月,江副浩正決定將預定 4 月發行的 *Recruit Book* 提早發行,原因是從文部省及勞動省得到政府將提早開放就業公司訪問的限制。透過這種第一手情報的取得,瑞克魯特公司所發行的就業情報就壟斷了相關雜誌四分之一的市場❽。

至於瑞克魯特的老闆江副浩正個人,也透過和中曾根政權的金脈和人脈關係,而取得了多項的政府職銜。例如,1985 年 9 月 10 日就任「教育課程審議會委員」、9 月 12 日出任「稅制調查會特別委員」、1987 年 8 月 5 日就任「土地臨時調整會參與」、9 月 18 日就任「大學審議會委員」。透過這些職位,江副將觸角更進一步地伸向財經、學術、新聞界,而使弊案的爆發在各界造成牽連。

---

❽ 朝日ジャナール編,《續・リクルートゲートの核心──保守獨裁政治の大崩壞》(東京:同社,1989 年),頁 202。

二、瑞克魯特弊案的爆發

　　瑞克魯特案和洛克希德案的爆發過程，有著相當類似之處。擔任揭發者的都是新聞界，而案發當初原本都不涉及高層政治人物，但隨著案情的發展及司法單位的介入，逐漸牽扯出更多的內幕，最後終於釀成政治風暴。

　　1988 年 6 月 18 日的《朝日新聞》，首先揭發了川崎市長的助理小松秀熙曾在 1984 年 12 月收取宇宙公司三千股的未上市股票，並在 1986 年 11 月股票上市後獲得一億兩千萬日圓的利益，以作為協助該公司低價購得市有地的報償，所謂「瑞克魯特弊案」於此正式爆發。同年 7 月 6 日，《朝日新聞》再以頭版報導前首相中曾根康弘和現任自民黨幹事長安倍晉太郎的祕書，及大藏大臣宮澤喜一本人，曾經接受宇宙公司所讓渡的未上市股票。同一天的《朝日週刊》，並報導日本經濟新聞社社長森田康亦曾接受宇宙公司的股票。森田康立即在當天引咎辭職，江副浩正也在同一天辭去瑞克魯特會長的職務，企圖以此消除輿論的壓力。然而，第二天的《朝日新聞》卻繼續報導，當時首相竹下登的祕書也曾購買宇宙公司的股票，而引起日本人民的震撼。8 月 1 日，日本社會黨委員長土井多賀子率同其他在野黨，向竹下首相就瑞克魯特案提出質詢，但竹下登卻以傳喚證人應慎重來搪塞。

　　9 月 5 日，社民黨議員楢崎彌之助公開表示，瑞克魯特公司的社長室室長松原弘曾向其行賄五百萬日圓，希望他不要在國會追究該案。楢崎並提出「日本電視」所拍攝的行賄錄影帶，作為指控的證據。9 月 8 日，楢崎向東京地檢處以行賄罪告發江副浩正。10 月 11 日，江副拒絕出席眾議院稅制問題調查特別委員會作證。日本共產黨立即在當天，提

出曾經以低價購買瑞克魯特公司股票的九人名單。這些人包括中曾根、
竹下、宮澤及安倍等四人的祕書、前勞動省事務次官加藤孝、前熊谷國
稅局長多賀谷恆八、東京大學教授公文俊平、NTT 董事式場英與長谷川
壽彥。第二天，眾議院稅委會派遣委員長金丸信去質問臥病在床的江副，
但江副仍拒絕透露接受該公司讓渡股票者的名單。

　　從此時起二個多月期間，是案情發展的關鍵。由於司法單位、輿論
界和在野黨的窮追不捨，使涉案的層次越來越高。首先，是藏相宮澤喜
一在 10 月 14 日承認曾以本人名義接受瑞克魯特公司所讓渡的股票，並
向眾議院稅委會致歉。10 月 19 日，東京地檢處對瑞克魯特公司本部進
行強制搜查，並在次日以行賄嫌疑逮捕前宇宙公司社長室室長松原弘。
10 月 29 日，前內閣官房長官藤波孝生承認，曾以祕書名義購買瑞克魯
特公司一萬兩千股的未上市股票。前副官房長官渡邊秀央，也在同一天
表示曾以本人名義接受瑞克魯特公司的股票。從 11 月 1 日至 3 日，NTT
董事長真藤恆、前文部省事務次官高石邦男、外務省政務次官濱田卓二
郎、公明黨議員池田克也、社會黨議員上田卓三等人，分別被揭發曾經
間接或直接接受瑞克魯特公司的未上市股票。池田立即辭去公明黨副祕
書長的職位，上田則表明將辭去議員的職位。

　　自弊案爆發以來，自民黨的領袖始終採取消極的態度。主要的原因，
在於此時該黨正企圖通過徵收消費稅案，因此不希望因為瑞克魯特案而
有所延誤。相反地，在野黨則企圖利用瑞克魯特案來阻止消費稅法案的
通過。社會黨的土井委員長，在 8 月 1 日代表在野黨對竹下首相提出質
詢時，就曾表示「本臨時國會並非稅制國會，而是瑞克魯特國會」❾。

---

❾　朝日新聞社，《朝日年鑑 1989》（東京：同社，1989 年），頁 79。

社會黨和公明黨在涉案議員辭職後，也要求自民黨應比照同一模式負起政治責任，並傳喚相關證人到國會作證。然而，公明黨主張應將消費稅案和瑞克魯特案分開討論，社會黨卻反對分開處理。由於在野黨的意見不一，給予自民黨有對其進行分化的機會。

11月9日，社會黨公布收取宇宙公司股票的不當得利者名單，其中包括首相竹下登及副官房長官小澤一郎的家人在內。第二天，自民黨在眾議院稅委會強行通過有關稅制改革的六項法案，結果引起社會黨和共產黨的強烈反彈，並提出解散眾議院以徵信於民的要求。然而，這時公明黨的領導階層，正面臨著貪污問題和黨內的權力鬥爭，並不希望立刻進行大選❿。自民黨乃派出幹事長安倍晉太郎和副官房長官小澤一郎，與公明黨委員長矢野絢也進行協商，同意眾議院設置瑞克魯特案調查委員會，及傳喚江副浩正至國會作證，以換取公明黨對消費稅案的支持。11月16日，眾議院審查關於稅制改革的六項法案，結果在自民黨贊成、公明黨和民社黨反對原案不動而贊成部分修正案、社會黨及共產黨缺席的情況下，以部分修正的情形通過。

然而，竹下內閣的危機並不因此而解除。11月16日，國會作證法修正案成立，並於21日傳喚江副浩正、前文部省事務次官高石邦男、前勞動省事務次官加藤孝等人到國會作證。江副在12月6日至參議院作證，指出宮澤喜一的祕書服部恆雄曾與宇宙公司的職員直接交涉股票交易。宮澤先前曾在7月15日的記者招待會中宣稱，服部是受親友之託才將其名義借給他人使用，但是江副的證言恰好說明了宮澤公然說謊。12月9日，宮澤在在野黨的強大壓力下辭職，成為自民黨因瑞克魯特案下

---

❿　朝日新聞社，《朝日年鑑 1989》，頁 79。

臺的第一人。

　　為了挽回人心，竹下登在 12 月 27 日進行內閣改組，排除牽涉瑞克魯特案的議員入閣，並提出設立「賢人會議」及改革選舉制度等方案。不料就在三天之後，新任的法務大臣長谷川峻即被發覺其政治後援團體「迫仙會」十三年來每年接受瑞克魯特公司的政治獻金四萬日圓，並在 1988 年長谷川峻舉行「出版紀念會」時瑞克魯特公司曾承購三十萬日圓的入場券。然而，長谷川本人在就職當天，還向新聞界表示「絕對未和瑞克魯特公司牽涉關係」❶。12 月 30 日，長谷川成為第二位因為公然說謊而下臺的竹下內閣的閣員。

　　在強大的輿論壓力下，竹下政府不得不對全體閣員和瑞克魯特公司的關係進行全面調查。結果，在 1989 年 1 月發現經濟企畫廳長官原田憲，曾經接受瑞克魯特公司的政治獻金。更令人驚訝的是，原田接受獻金的時間是在瑞克魯特案已經曝光的 1988 年 6 月，並在同年 11 月出任「瑞克魯特問題特別調查委員會」委員長，而竹下登開始對閣員進行調查時，原田不但不迴避此一職務，反而擔任副首相級的職位。這種不誠實的態度，立即引起在野黨的嚴厲批判，使原田在 1 月 24 日成為第三位因瑞克魯特案而下臺的竹下內閣閣員。除此之外，眾議院議長原健三郎，也被發現曾經經由販賣餐券而接受瑞克魯特公司的政治獻金。

　　此時，自民黨更因為消費稅的問題而面臨內外交攻。自民黨曾在 1987 年 2 月岩手縣的參議補選中大敗給社會黨，因而導致不敢強行通過《銷售稅法案》。1989 年 2 月 12 日，福岡縣舉行參議員補選，結果自民黨又以十八萬票以上的差距敗給社會黨，自民黨內對於竹下政權是否能

---

❶　朝日新聞社，《朝日年鑑 1989》，頁 90。

夠順利控制國會通過法案產生嚴重的不信任，各地的縣議會、市町村議會也紛紛提出徹查瑞克魯特案真相的要求。此外，一向支持自民黨的農會，也因反對「農產品自由化」政策而表示出不支持自民黨的態度❶❷。竹下政府可說已面臨極大的危機，但給予竹下政權致命打擊的，是司法當局採取行動。

　　在洛克希德案爆發時，田中角榮雖然控制了自民黨內最大的派閥，但由於已下臺而非首相，當時的首相三木武夫又處於和田中對立的立場，司法單位即順利的對田中採取逮捕行動。瑞克魯特案的涉案人則包括竹下派、安倍派等自民黨當權派的要員，所以司法當局即選擇自民黨在福岡選舉大敗後進行大規模而快速的逮捕，這是具有濃厚的策略性意義❶❸。

　　就在選舉結果揭曉的第二天，東京地檢處特搜部以賄賂罪逮捕了瑞克魯特公司會長江副浩正、"First Finance" 副社長小林宏、及 NTT 董事式揚英、長谷川壽彥等四人。2 月 15 日再以違反證券交易法逮捕瑞克魯特公司的兩名職員，並在 17 日以收賄罪逮捕了勞動省職業安定局業務指導課長鹿野茂等人❶❹。其中鹿野被指控曾經接受瑞克魯特公司的招待，而在有關就業情報雜誌的法規上放水，此舉更揭露了瑞克魯特公司曾經成立「勞動省對策計畫小組」，對「勞動族」議員展開全面活動的事實。

　　東京地檢處接著又以極快的速度，在 3 月 6 日逮捕前 NTT 董事長真藤恆及其祕書村田幸藏。二天後逮捕勞動省事務次官加藤孝及瑞克魯

---

❶❷　讀賣新聞社編，《激變の政治選擇──’89 參院選、’90 眾院選徹底分析》（東京：讀賣新聞社，1990 年），頁 31–32。

❶❸　朝日ジャーナル編，《續・リクルートゲートの核心──保守獨裁政治の大崩壞》，頁 17。

❶❹　朝日新聞社編，《朝日年鑑 1990》，頁 161。

特社長室室長辰巳雅朗，罪名分別是收賄及行賄。其中加藤孝是戰後日本貪污史中第一位以收賄罪逮捕的次官級人物，因此大大地動搖了日本國民對政治的信賴感❶。3 月 28 日，文部省次官高石邦男也因收賄罪而被捕。

真藤恆被逮捕之後，NTT 和中曾根政權在有關超級電腦採購上的勾結逐漸曝光。由於牽扯出前首相中曾根，也使自民黨的權力結構發生震動。

早在 2 月 20 日的時候，在野黨就把瑞克魯特案的調查焦點放在中曾根身上。2 月 27 日，中曾根在記者招待會中承認其祕書曾將未上市股票所獲利用於政治活動，但對於超級電腦的採購，則完全否認有任何弊端。真藤恆被逮捕後，在野黨要求中曾根出席國會說明，但遭到自民黨的強烈反對。其實自民黨內部，此時也為了是否要讓中曾根出席國會作證，而產生很大的爭論。首相竹下登和幹事長安倍晉太郎的立場是保護中曾根，不能讓其作證。這除了兩人和本案也有所牽涉之外，還因為中曾根在自民黨內掌握了甚大的派閥，若處理不當招致中曾根派的反彈，也可能使竹下政權瓦解。另一方面，河本敏夫和二階堂進認為不應保護中曾根，而黨總務會則主張讓中曾根出面自我澄清。前首相鈴木善幸及福田赳夫，則向安倍幹事長表示應對中曾根作證問題採取溫和的態度，以免 1989 年度的預算案不能通過。

就在此時，竹下登和安倍晉太郎本身卻分別因為被指出涉案而下臺。自民黨內部的各大派，原本顧慮竹下登垮臺時缺乏適當的繼承人選，而

---

❶　朝日ジャナール編，《續・リクルートゲートの核心──保守獨裁政治の大崩壞》，頁 30。

計畫全面支持竹下政權。不料，竹下卻在 3 月底被指出曾在擔任自民黨
幹事長任內，接受瑞克魯特公司共計五千萬日圓的獻金。竹下在 4 月 11
日的眾議院預算委員會中，主動公開表示曾接受瑞克魯特公司達一億五
千萬日圓的政治獻金，希望藉此舉動來解除在野黨的攻勢。然而就在二
天之後，安倍晉太郎的太太被發現曾在 1986 年初到 1988 年 7 月間，每
個月接受瑞克魯特公司三十萬日圓的獻金❶。身為竹下登最大盟友而原
被公認為竹下繼承人的安倍晉太郎，在 18 日因精神打擊身體不適而住院
治療，竹下政權已顯得搖搖欲墜。

　　自民黨在 4 月 21 日和在野黨舉行幹事長和書記長級的會談，提議
讓中曾根出席預算委員會作證以交換預算案的通過，但遭到在野黨的拒
絕。4 月 22 日，竹下登被指出曾經由祕書的名義向江副浩正借款五千萬
日圓，自民黨內的新進議員及長老，開始公開要求竹下登下臺。竹下在
25 日的記者會中公開表示辭職的意願，以挽救日本國民的信心危機。第
二天，竹下的祕書青木伊平自殺，因為經由他和瑞克魯特公司的密切關
係，前後提供給竹下登總計兩億日圓的獻金❷。

　　5 月 6 日起，東京地檢處針對公明黨議員池田克也及前官房長官藤
波孝生等人進行調查，而在同月 29 日宣布對瑞克魯特事件的調查終結，
共有前大藏大臣宮澤喜一、自民黨幹事長安倍晉太郎及前農林水產大臣
加藤六月等三人的祕書涉案。至於池田克也、藤波孝生則在 22 日即因行
賄及收賄罪而被起訴。

　　然而，在前後被指出涉案的數十名政治人物中，也只有池田和藤波

❶　朝日新聞社編，《朝日年鑑 1990》，頁 86。

❷　朝日新聞社編，《朝日年鑑 1990》，頁 86。

兩名政界人士和加藤孝、鹿野茂、高石邦男等三名官僚遭到法律的處分而已，這也明顯地透露出日本的司法當局在面對高層政治領導人時的遲疑態度⓲。

三、瑞克魯特弊案對於日本政治的衝擊

在本案中被揭發曾接受瑞克魯特公司賄賂而被收買的政界人物至少有五十四人。其中中曾根派議員占了十二人（包含中曾根本人及自民黨政調會長渡邊美智雄等人）、安倍派九人、宮澤派八人、竹下派十三人，還包括現任首相海部俊樹及多名在野黨的議員⓳。自民黨的主流派閥，可說已被一網打盡。因為本案而身敗名裂或去職的，還包含牛尾電機會長牛尾治朗（曾任臨時行政改革推進審議會顧問）、東洋金融社長阿部真夫（曾任大學設置審議會大學設置計畫分科會委員）、東京大學教授公文平俊（曾任臨時教育審議會專門委員）、政治評論家飯島清（曾任稅制調查會特別委員）等中曾根政府的智囊。此外，日本經濟新聞社長森田康、讀賣新聞副社長丸山巖、經濟同友會「開放日本市場委員會」委員長櫻井修、「全國專修學校各種學校總連合會」會長大沼淳等，傳播、教育、金融界的名人都因本案而去職。

由於竹下、宮澤、安倍等自民黨三大派閥的首腦，均因涉入本案而

⓲　小林直樹，《憲法政治の轉換──民主政治の再建を求めて》（東京大學出版會，1990 年），頁 188。

⓳　朝日ジャーナル編，《續・リクルートゲートの核心──保守獨裁政治の大崩壞》，頁 198–199。

無法再擔任首相，自民黨立即陷入了由誰來繼承領導權的危機。自民黨原本希望以清廉著名的黨總務長伊東正義接任首相，但伊東拒絕，並要求解散派閥以重振自民黨。最後出任繼承首相的，是竹下派內未涉本案的宇野宗祐。

宇野上臺後，強調清廉的形象，並大量起用新進人才入閣。然而，宇野內閣原本就被視為「過渡政權」，再加上個人被情婦中西水子在電視上公開批評是「大男人主義者」而使其緋聞曝光，因此並不能挽回日本民眾對政治的信心。相反地，社會黨卻推出大量的女性參議院候選人，使宇野政權面臨更大的壓力。根據《讀賣新聞》在 1989 年 7 月的調查，自民黨的支持率已由 1988 年 6 月案發時的百分之五十一點六跌至百分之十九點四，而社會黨則由百分之十一點三成長為百分之三十點六❷。瑞克魯特案對民心影響之大由此可見一斑。

在 1989 年 7 月 23 日的參議院選舉，自民黨果然遭受空前的挫折。自民黨得到三十六席，連同非改選的七十三席，共計保持一百〇九席。社會黨則一舉攻下四十六席次，超過改選席次（二十二席）的兩倍以上，連同非改選席數，共計掌握六十七席，當選率高達百分之八十。自民黨在參議院所保有的議席，已經未達半數（一百二十六席），這是「五五年體制」成立以來首次出現的挫敗局面，因此被稱為是「執政黨與在野黨的逆轉」❷。在當選者中，有二十二席是女性，超過歷來最高記錄十席

---

❷ 讀賣新聞社編，《激變の政治選擇——'89 參院選、'90 眾院選徹底分析》，頁 34。

❷ 讀賣新聞社編，《激變の政治選擇——'89 參院選、'90 眾院選徹底分析》，頁 35–36。

的二倍以上，由此可見宇野緋聞事件對女性選民的影響。

　　為了表示對自民黨的選舉失敗負責，宇野內閣在選舉結果揭曉的第二天就匆匆總辭，成為歷年來最短命的內閣，也成為因瑞克魯特案而下臺的第二位首相。

　　宇野下臺後，以當時的黨幹事長橋本龍太郎繼任自民黨總裁的呼聲最高。但由於竹下派的金丸信也有出馬競選的意思，而竹下派內最有實力的小澤一郎不願支持橋本，安倍派的領袖安倍晉太郎和中曾根派的第二號人物渡邊美智雄又因為涉案而無法出面組閣，自民黨內因此而爭論不休。最後，在各派閥首腦協商之後，決定竹下派與安倍派都不推出總裁候選人，而共同支持河本派的海部俊樹出面競選。但由於自民黨內的少壯派不滿這種「黑箱政治」的作法，最後形成文部大臣海部俊樹、厚生大臣林義郎（得到宮澤派的支持），和運輸大臣石原慎太郎（得到部分中曾根及安倍派的支持）共同競選的局面。海部雖然在竹下派、安倍派、中曾根派的支持下，於 1989 年 8 月 9 日當選總裁，但卻由於自民黨在參議院並非多數黨，而根據憲法第六十七條的規定，召開兩院協議會諮商後以眾議院優越的原則出任首相。

　　由於海部俊樹內閣是自民黨派閥妥協的產物，再加上自民黨在參議院失去多數黨的地位，因此其權力基礎並不穩固。為了平衡派閥的力量，海部內閣仍以竹下派和安倍派為主軸而組成，宮澤派則被打入非主流派。海部的競爭者橋本龍太郎出任大藏大臣，幹事長小澤一郎則是操控的主軸。因此海部也可以說是自民黨各大派閥在該黨處於不利狀況時所推出的犧牲打，以清除瑞克魯特弊案的障礙。在 1990 年 2 月 18 日的眾議院選舉中，自民黨雖然獲得兩百五十七席次的「安定多數」，但海部內閣所採取的策略是強調自由體制與共產體制的「體制選擇」，藉由世界性的民

主化潮流來保護自民黨的生存。這並未改變自民黨「金權政治」的體質，海部內閣也仍然面臨黨內外強烈的挑戰。

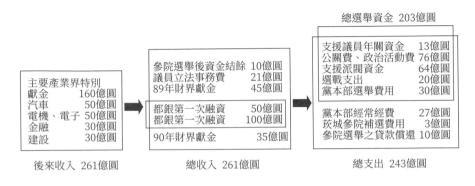

| 主要產業界特別
獻金　160億圓
汽車　50億圓
電機、電子 50億圓
金融　30億圓
建設　30億圓 | 參院選舉後資金結餘 10億圓
議員立法事務費 21億圓
89年財界獻金 45億圓

都銀第一次融資 50億圓
都銀第一次融資 100億圓

90年財界獻金 35億圓 | 總選舉資金 203億圓
支援議員年關資金 13億圓
公關費、政治活動費 76億圓
支援派閥資金 64億圓
選戰支出 20億圓
黨本部選舉費用 30億圓

黨本部經常經費 27億圓
茨城參院補選費用 3億圓
參院選舉之貸款償還 10億圓 |

後來收入 261億圓　　　　　總收入 261億圓　　　　　總支出 243億圓

（註：都銀指東京都銀行）

▲ 圖 15-1　自民黨的主要資金流向

　　就日本「金權政治」的發展來看，企業界的政治獻金只是結構的一部分而已。長久以來，自民黨在各級選舉中和地方勢力發展出來的特權關係才是最大的問題❷，高層的派閥領袖所扮演的角色，只是利益分配體系的維護者。因此雖然「政治資金規正法」對於政治獻金的數目一再加以限制，但政治人物仍可透過不斷增加的「後援會」而將政治資金的來源分散。在瑞克魯特案發展至最高潮的 1988 年，政黨及政治團體所吸收的政治資金高達一千七百二十三億日圓❷，創下有史以來的最高記錄。

　　在 1990 年 2 月的眾議院選舉中，自民黨仍靠著龐大的金錢攻勢而在五百一十二席的改選議席中獲得兩百七十五席❷，維持了執政的地位。

---

❷　笹子勝哉，《政治資金》（東京：社會思想社，1989 年），頁 187。

❷　每日新聞政治部，《政治家とカネ》（東京：每日新聞社，1990 年），頁 217。

根據「政治資金規正法」，一企業的政治獻金上限為一億日圓，但若採取分期付款的方式，則每家企業以三年計即可提供三億日圓的捐款。自民黨就是利用這種法律漏洞，而向汽車業、電子業、金融業、建設業取得一百六十億圓的獻金，並向銀行臨時融資一百五十億圓，再加上「經濟團體連合會」所提供的八十億圓捐款及其他的收入，得到共計兩百六十一億圓的總收入。在此次的選舉中，共花了兩百〇三億圓的選舉經費，支出項目包括：議員新年資金援助十三億圓、提名與政治活動七十六億圓、派閥資金援助費六十四億圓、選戰加強援助費二十億圓、黨本部選舉費用三十億圓，若再加上派閥領袖及候選人個人的支出，則數目將更為可觀❷❺。

　　由此看來，儘管海部俊樹一上臺即提倡政治改革，但若要徹底改變日本「金權政治」的體質，還有待漫長的考驗。

---

❷❹　朝日新聞社編，《朝日年鑑 1990》，頁 101。

❷❺　〈自民資金ルート全容判明〉，《每日新聞》1990 年 4 月 10 日

第十六章

未來展望——日本的二十一世紀戰略

在二十世紀末，蘇聯的「改革」(Perestroika)，促使了東歐的民主化。在國際情勢的大變動中，日本在二十一世紀是否能成為世界勢力地圖的中心國❶，或形成世界新秩序——亞美歐三極體制的一個主軸，這是日本的戰略家們所期盼的❷。

在十九世紀末和二十世紀初，日本以「甲午戰爭」和「日俄戰爭」為跳板，擠入了列強世界爭霸戰的末班車，但是在第二次世界大戰的敗北，使其遭遇近乎「亡國」的命運。現在，日本已從戰火的廢墟中崛起，成為擁有世界最大債權的「經濟大國」。在這二十世紀末面對二十一世紀的來臨，日本又要如何吸取過去的歷史教訓，改弦易轍以策劃其未來的世界戰略呢？

近代日本是以「脫亞入歐」為其主戰略，因為日本人認為亞洲是落後的、貧窮的、野蠻的，而歐洲是先進的、富裕的、文明的，所以日本

---

❶ 高野孟，《世界地圖変動の読み方》（東京：ごま書房，1989 年），頁 195–219。

❷ 福田信之，《グローバル国家日本の戦略》（東京：アートプロダクシヨン・ノア出版部，1991 年），頁 154–158。

要加入西洋列強之林，拒絕與亞洲的弱鄰為伍，甚至與列強共同宰割亞洲的鄰國❸。戰後的日本，是以「日美同盟」為其主戰略，不斷的累積其經濟、金融，甚至軍事、文化的實力，逐漸在經濟力方面「趕上美國」❹。現在美蘇超強的經濟力在衰退之中，在美蘇的冷戰結束之後，日本如何重構其與美同盟，與歐洲對話，與中國大陸協調，與蘇聯和解等策略呢❺？

　　日本的二十一世紀戰略，在政治上可以從中曾根政權時代的「戰後政治總決算」窺見其端倪，在經濟上可以從 1985 年美元與日圓結構性的變化看出，亦即美國轉落為最大的債務國而日本躍升為最大的債權國，從而在美歐日鼎立之下，日本已有構築其「日圓圈」的氣勢。但無論如何，日本的全球化戰略，是以高科技情報力為手段逐步實踐的。

一、戰後政治總決算

　　在國際政經關係中，一國的外交常是其內政的延長，強國尤其如此。要瞭解經濟強權日本的二十一世紀戰略，必先就其現代史發展的歷史來考察其戰後的內政變化。

　　日本自民黨自 1955 年執政以來，大選得票率以建黨後首次大選，即岸首相時代的 1958 年 5 月 28 日投票的選舉為最高，達百分之五十七點

❸　許介鱗，《中国人の視座から──近代日本論》（東京：そしえて，1979年），第二章福澤諭吉，頁 59-82。

❹　渡邊昭夫編，《戰後日本の対外政策》（東京：有斐閣，1985 年），頁 13。

❺　伊藤憲一，《日本の大戰略》（東京：飛馬新社，1990 年），頁 29 以下。

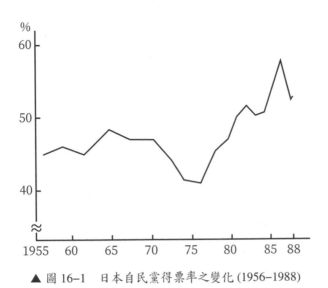

▲ 圖 16-1　日本自民黨得票率之變化 (1956–1988)

八❻。此後，自民黨雖仍舊長期掌握政權，但得票率卻有逐漸下降的趨勢；尤其是 1976 年三木內閣時代，在被稱為「洛克希德選舉」之下，新自由俱樂部從自民黨黨內分裂出來的那次大選，其得票率最低，僅得百分之四十一點八❼。其後，自民黨的得票率又逐漸回升，大抵都在百分之四十五到百分之四十九❽之間。其間雖因「瑞克魯特醜聞」與 1988 年國會強行通過實施消費稅法案，致使自民黨於 1989 年舉行的參議院選舉時一度挫敗，得票率僅百分之三十，然而自民黨旋即在次年 2 月的眾議院大選中再度獲勝，得票率百分之四十六點一，囊括了參議院五百一十二席中的兩百七十五席，確保了「安定多數」的議席❾。

---

❻　辻田好和編，《戰後の選舉總覽》（東京：ぎょうせい，1985 年）頁 43–45。

❼　辻田好和編，《戰後の選舉總覽》，頁 70–72。

❽　石川真澄、廣瀨道真，《自民党──長期支配の構造》（東京：岩波書店，1989 年），頁 110。

　　自民黨得票率的「興──衰──復」變化，從政黨政治來看，正是
「保革伯仲」❿轉變為「保守回歸」⓫的過程。事實上，從六〇年代末
期到八〇年代初期的十餘年間，自民黨的國會選舉得票率始終未能超過
半數，但運用「中選舉區」的選舉制度來占有多數的議席⓬，而且當時
日本政治確實有由六〇年代「自民黨絕對多數的政治」緩慢地走向七〇
年代「多黨化而傾向聯合政權」的趨勢。當時，日本的政界、輿論界，
乃至學術界，普遍瀰漫著探討成立「聯合政權」的風氣。然而自 1980 年
6 月大平內閣進行歷史上首次參眾兩院同時選舉之後，政治情勢急轉直
下，保守勢力回升的現象日益明顯，因而被喻為「保守回歸」。尤其是
1986 年 7 月中曾根時代所舉行的參眾兩院同日投票的大選中，自民黨更
大獲全勝，得票率達百分之四十九點四，是 1967 年以來的最高記錄。其
中自民黨更在眾議院的五百一十二席中占據了三百席的絕對多數⓭，進
一步強化了「保守回歸」的趨勢。

　　日本政局從「保革伯仲」到「保守回歸」，這種保守化現象的原因，
究竟在那裡呢？戰後，日本經濟自「韓戰特需」以來快速成長，發展到
了七〇年代而開始產生產業結構的重大改變與重組，使得大量的就業人
口由過去曾經是保守勢力傳統地盤的農村湧入城市，加上兩次石油危機
致使日本七〇年代的經濟成長趨緩，導致了自民黨的得票率在七〇年代
持續降低。但是，到了七〇年代末期，城鄉人口流動的潮流已逐漸穩定，

---

❾　　朝日新聞社編，《朝日年鑑 1991》（東京：朝日新聞社，1991 年），頁 95。

❿　　石川真澄，《データ戰後政治史》（東京：岩波書店，1989 年），頁 104–105。

⓫　　內田健三等，《保守回帰》（東京：新評論社，1981 年），頁 1。

⓬　　內田健三，《現代日本の保守政治》（東京：岩波書店，1989 年），頁 202。

⓭　　朝日新聞社編，《朝日年鑑 1987》（東京：朝日新聞社，1987 年），頁 101。

經濟成長率因為有效的能源與產業政策而漸能回升，過去致使「保革伯仲」的結構性因素因而逐漸消失，自民黨得票遂開始向上攀升❶❹。

當七〇年代「保革伯仲」的舊結構性因素逐漸褪隱時，新的結構性因素卻日益成形，這就是因七〇年代末期經濟成長率的回升，產業結構改組下，第三產業部門——服務行銷部門——的增大，所產生出來的廣大「中流意識層」人口❶❺。根據日本總理府的國民生活調查資料，顯示日本社會各階層人口中認為自己屬於「中中」階層的比例，在 1957 年僅百分之三十七，其後，隨著經濟的快速成長與產業結構的改變，該項比例日漸升高。七〇年代末期以後，包括「中上」、「中中」，以及「中下」在內，社會各階層人口認為自己屬於「中流」者，竟高達九成左右❶❻。「中流意識層」人口的膨大，顯示八〇年代以後的日本國民，大都滿足於現狀，尤其是滿意其經濟生活的水準。因而，其投票行為乃轉趨保守化。這便是日本政局在八〇年代之所以產生「保守回歸」的主要結構性因素。

「中流意識」因經濟高度發展而產生，其精神雖在於對現狀的滿足與維持，但與戰前具有明確意識形態、支持固定政黨的保守性格相較，兩者的「右傾化」意識已相去甚遠。一般說來，「中流意識層」都具有相當的教育程度與所得水準，政治意識裡對貪瀆、醜聞、官僚作風，乃至政策不公等，都甚為敏感；加以人們普遍具有民主政治的基本常識，因

---

❶❹　三宅一郎等著，《日本政治の座標》（東京：有斐閣，1986 年），頁 97–103。

❶❺　秋元律郎等，《政治社会學入門》（東京：有斐閣，1988 年），頁 181。

❶❻　井尻千男，《產業知識人の時代——成熟社会の構図を探る》（東京：PHP 研究所，1982 年），頁 257–259。

而投票時也常會考慮到朝野之間的權力制衡。然而，安於富裕狀態的結果，也產生了部分政治冷漠與投票棄權的虛無意識❶。

正是這種「中流意識」中的民主敏感因素，使日本政治於八〇年代產生「保守回歸」之後，卻因消費稅法案的強制施行與「瑞克魯特醜聞」，致使自民黨於 1989 年參議院選舉時史無前例地挫敗。然則，水能覆舟，亦能載舟。在九〇年的眾議院大選，自民黨之所以能夠迅速振衰起敝而贏得絕對多數，除了兩百〇三億日圓選舉經費的強勢運作外，中流意識層的民主意識轉趨保守的傾向，更是主要原因之一。因此，龐大的「中流意識層」，在九〇年代成為影響政局最重要的結構性因素之後，亦將在二十一世紀初期，扮演著左右日本政治走向的樞軸角色。一言以蔽之，中流意識層的形成，提供了中曾根首相「戰後政治總決算」政略的基礎，從而補強了保守黨長期執政之路❶。這正是日本邁向二十一世紀的內政基本藍圖。

1986 年，中曾根首相乘著日美經濟力的倒轉，宣示「戰後政治總決算」，企圖用「八六年體制」取代「五五年體制」，藉以修正日本戰後體制的缺陷，重新構築日本發展的新軌道。於是，針對內政，中曾根政權提出了國鐵民營化、稅制、教育，以及行政改革等措施；至於對外關係，則主張日美合作、開展多元政治，以及國際責任的多加分擔❶。

雖然中曾根政權倡言建設「國際國家的日本」，但其中卻潛伏著日本

---

❶　阿部齊等，《日本の政治》（東京：放送大学教育振興会，1989 年），頁 250–260。

❶　岡本幸治、木村雅昭，《現代政治を解読する》（東京：ミネルヴァ書房，1990 年），頁 193–196。

❶　川內康範，《中曾根政治の検証》（東京：サイマル出版会，1989 年），頁 9。

「新國家主義」路線。第一，國鐵的民營化與分割化，名義上是「民間活力的創出」，結果卻使得國營企業為主體的勞工組織解體，打擊了社會黨的選票基盤；同時，將經營國鐵的中央財政負擔轉嫁給地方，更強化了自民黨的選舉優勢，並創造出新的特權。第二，以「教育自由化」為名來推行的教育改革，其實是將教員分為「優良」與「非優良」二級，在制度上加強管理教員，以俾國家機關統合管理意識形態。至於稅制改革，中曾根政權原本企圖對所得稅的減稅部分，以「消費稅」的增加來彌補，以達到增稅與減稅同額的目的。詎料此一方案在「反對增稅」的市民大合唱中被推翻，於是改提「加值型營業稅法案」，最後在 88 年竹下登內閣時，以國會強行通過而實施❷。

　　總結中曾根的戰後政治總決算，基本藍圖是要將日本的政治型態，由利益分配型的政治，轉化成意識形態的政治，使日本由社會主義式的福利社會，轉變為以國家生存為第一價值的「總合安全保障社會」。這是「國民大眾為國家犧牲」的新國家主義意識形態，也是一種統合國民大眾的新國家原理❷。

　　在這種內政基礎上，日本開始拓展邁向「政治大國」之路。雖然日本不斷強調其「國際責任的分擔」，即加強國際經濟協力與政府間開發援助 (ODA)，並急速擴大對開發中國家的援助金額與地區，但是日本經濟援助政策的根底，一直存在著為日本企業謀利的政治動機和目的❷。加

---

❷　菊池久，〈中曾根政權 1800 日「五つの大罪」〉，《政界往來》第 53 卷 9 號（東京：政界往來会，1987 年 9 月），頁 28–38。

❷　小林正雄編，《宰相中曾根康弘》（東京：伊勢新聞所，1985 年），頁 498。

❷　デニス・T・ヤストモ著，渡邊昭夫監譯，《戰略援助と日本外交》（東京：同文館出版株式会社，1989 年），頁 9–18。

上自五〇年代韓戰以來，日本便不斷擴張軍備，到了 1982 年，中曾根內閣在美國的要求下，決定保有一千海浬的海上航線防衛能力；1985 年，採用新的「中期防衛力整備計畫」，逐步擴充其防衛能力，尤其是海軍與空軍的防衛力；1987 年，更廢棄了防衛經費支出不得超過 GNP 百分之一的限制。自此以後，日本陸續導入早期警戒機、F-15 戰鬥機、新型地對空飛彈、對艦與對戰車之誘導飛彈、新型輸送戰車用直昇機、潛水艇探測裝置，以及對潛艇哨戒機等；同時，更與美國共同合作，開發「次期支援戰鬥機」(FSX) 的高性能新機種❷❸。

　　1989 年，東歐共產體制解體，世界政局發生地殼變動之後，日本除憑藉其經濟強權的優勢，繼續參與並主導國際上的經濟決策外，更進一步意圖在國際政治舞臺上扮演主導角色，因此，強大的武力乃成必須。此一強大武力，已非像冷戰時代美蘇「恐怖和平」(Peace of Terror) 那種「好看不能用」的核子武力，而是最尖端的電子情報技術❷❹。為了擴張武力，一方面，當 1991 年爆發中東戰爭時，日本內閣立即通過名為「聯合國和平協力法案」的海外派兵法案，企圖藉此來衝破和平憲法所規定的自衛權限制，如此一來，日本即能從「經濟大國」堂堂躋身「軍事大國」之林，進一步以軍事力量作為外交的後盾，增大其在國際政治上的發言權。另一方面，日本又積極策定自 1991 年開始的「五年防衛力整備計畫」，此一計畫金額高達二十二兆七千五百億日圓，比前期五年防衛計

---

❷❸　朝雲新聞社編，《防衛ハンドブツク 61 年版》（東京：朝雲新聞社，1987年），頁 65–67。

❷❹　岡崎久彥，《情報・戰略論ノート》（東京：PHP 研究所，1990 年），頁 32–33。

畫十八兆四千億日圓增加了百分之二十三點六，除了增加 F15 戰鬥機、P3C 對潛哨戒機之外，又增添早期空中警戒管制機 (AWACS)、空中給油機、多連裝飛彈系統 (MLRS)、搭載最尖銳對空飛彈系統護衛艦等❷⑤。如是，預定在 1995 年左右，日本將能填補因後冷戰體制，美蘇逐步撤軍所遺留下的「權力空隙」，一躍而為亞洲秩序的維護勢力❷⑥。

二、建立「日圓圈」

日本的二十一世紀國際經濟戰略之一，是要在亞太地區建立以日本為中心的「日圓圈」，這是繼八〇年代日本擊敗美國經濟之後的下一波戰略。

冷戰體制的形成，使得美國採取「馬歇爾計畫」（歐洲復興計畫），並帶動日本的經濟復興。隨著五〇年代到六〇年代的世界經濟的大幅成長，增加了世界（主要是美國）對日本經濟的最後需求，從而刺激了日本產業的增加生產，尤其是機器類與化學工業製品的出口。高度的出口成長率，使得日本的國際收支盈餘大幅增加，而生產增加所需的輸入也快速成長，但同時也形成了日本外需導向型的產業結構。此一外需成長型產業結構，更因七〇年代爆發的兩次能源危機，而加深了內需的停滯。因為，石油價格的暴漲，導致大量資金由石油進口國的日本，流入石油

---

❷⑤　藤井治夫，〈自衛隊の組織能力戰略〉，相賀徹夫編，《DATA PAL 1991–1992》（東京：小學館，1991 年），頁 17–18。

❷⑥　平和・安全保障研究所編，《アジアの安全保障 1990–1991》（東京：平和・安全保障研究所，1990 年），頁 24–26。

出口國，日本家庭的可支配所得因而降低，企業收益惡化，內需持續停滯，甚至下降。內需停滯與經濟成長的外需導向，使得日本的外匯存底逐漸積高。

八〇年代後期，由於兩伊戰事的曠日持久與兵燹日亟，油國組織 (OPEC) 紛紛大量拋售原油，致使國際油價自 1986 年起以迄九〇年夏伊拉克攻占科威特為止，油價約略都維持在每桶十到十五美元之間。油價的低穩，使得日本的經常收支盈餘又日益積高。相對地，美國從戰後到六〇年代，經常收支始終保持穩定的順差。七〇年代，隨著西歐各國與日本的經濟復興，以及第三世界新興工業國家 (NICs) 的出口替代策略，致使美國的經常收支開始出現赤字。八〇年代之後，該項赤字更日益擴大。

這種現象的產生，主要有幾項因素。其一，美國經濟中內需的急速上升，但因企業界到海外生產與投資蔚為風潮，國內發生產業空洞化危機，致使其國內產業的供給能力非但未因內需擴張而加強，反而日漸萎

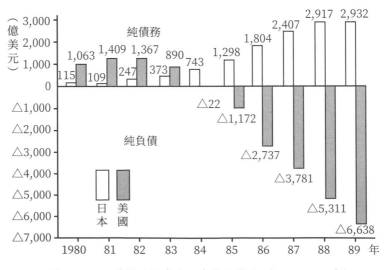

▲ 圖 16–2　日美對外純資產・負債之變化（1980–1989 年）

縮；其二，美元在八〇年代前半期的大幅升值，導致美國產業出口競爭力削弱，進口產品增加，經常收支赤字更加擴大；其三，第三世界債務國債務的惡化，使美國對中南美洲的債務陷入泥淖，赤字負擔又加深；其四，隨同亞洲新興工業國家工業化的高速發展，美國與這些地區的貿易赤字也大為增加❷。

　　1985 年，美日兩國的國際經濟地位乾坤大轉移，美國成為全球最大債務國，日本則成為世界最大債權國。於是，美國除了自八〇年代起開始採取貿易保護主義措施外，更在 1985 年召開的七國財長高峰會議中，強力要求大幅調整日圓匯率，日圓便在美方的強大壓力下，自 1985 年底開始升值，至 1988 年，短短三年間，日幣美元的匯率比例便由原先的兩百四十比一竄升到一百二十比一，調幅高達百分之五十。起初，美國認為日圓升值將有助於美日貿易摩擦的撫平，以及經常收支赤字的改善。詎料，美國經濟非但未能因而重振，反倒促使日圓因升值而提高其國際優勢。

　　同時，美國於八〇年代後半期，在雷根政權擴增軍費與減免稅收的政策下，出現大量的財政、貿易「雙重赤字」(dual deficits)，1988 年之後，雙重赤字日劇，國債負擔益形沉重，且年年有增無減，一般預測，到 1993 年，美國對外債務將衝破一兆美元大關❷。

　　反觀日本，其國內經濟雖因日圓大幅升值，導致了產業空洞化的危機，以及產業結構的重組，卻也因此提高了日圓的國際優勢，日圓反而

---

❷　日本經濟新聞社編，《世界經済読本》（東京：日本經濟新聞社，1989 年），頁 16–20。

❷　宮崎義一，《ドルと円》（東京：岩波書店，1989 年），頁 90–92。

成為日本企業進出世界的利器，日本對美、歐的經濟進出攻勢益發猛烈。於是，美國又進一步與日本進行《產業調整協議》(Structural Impediments Initiative)，要求日本調整其外需成長型的產業結構，改為以內需為主的高消費結構；其後，美國又對日援引《三〇一報復條款》，藉以壓迫日本改善美日貿易摩擦。雖然如此，因日圓升值而失去其國際競爭力的日本產業，並未因此萎縮；為了謀求產業本身的存活與出路，日本企業紛紛變更過去的「國內生產——出口海外」策略，急劇地向海外轉移其生產基地，為了確保海外銷售而實行當地生產化，並且，反過頭來向日本國內進行反進口❷。

事實上，雖然日本企業與歐美企業一樣，都具有企圖支配海外市場的雄心，但日本企業過去始終只是靠出口這一手段，來向世界市場提供商品，而歐美的跨國企業則一直是採取增加海外生產以降低運輸成本來取代出口；於是，前者以產生大幅經常收支順差來增強本國的經濟實力，而後者雖然具有降低運輸成本，以及為對象國創造就業機會的優點，但卻沒有增強本國的經濟實力。於是，日本自八〇年代後半期起，便運用因大量經常收支順差與日圓大幅升值所產生的鉅額日本錢為手段，一方面在國際金融市場上強力運作，另一方面則逐步加深並擴大其在海外生產的比重。

如是，在豐厚日本錢的強勢運作下，日本企業逐步攻占了國際金融市場。以現今世界排名前十大銀行為例吧！日本的銀行就占了九家；倘若以世界前五十大銀行計算，日本銀行也占了二十四家；由於實力強大，

---

❷　日本經濟新聞社編，《新・日本経済》（東京：日本經濟新聞社，1988 年），頁 142–149。

加上赤字負擔沉重的美國，為了吸引外資購買其國債以支撐美國經濟，乃擡高美國國債利率；如此一來，日資便大手筆購進美國國債，一時之間，「買下美國」(Buying the America) 蔚然成風，豐厚的日本錢反倒成了鉅幅美國財政赤字的有力支柱。

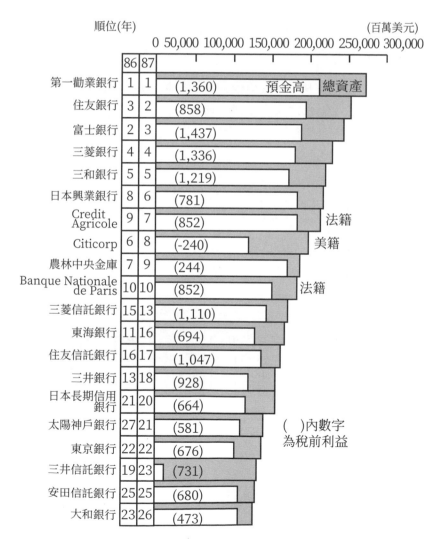

順位(年)　　　　　　　　　　　　　　　　　(百萬美元)
0 50,000 100,000 150,000 200,000 250,000 300,000

	86	87		
第一勸業銀行	1	1	(1,360)	預金高　總資產
住友銀行	3	2	(858)	
富士銀行	2	3	(1,437)	
三菱銀行	4	4	(1,336)	
三和銀行	5	5	(1,219)	
日本興業銀行	8	6	(781)	
Credit Agricole	9	7	(852)	法籍
Citicorp	6	8	(-240)	美籍
農林中央金庫	7	9	(244)	
Banque Nationale de Paris	10	10	(852)	法籍
三菱信託銀行	15	13	(1,110)	
東海銀行	11	16	(694)	
住友信託銀行	16	17	(1,047)	
三井銀行	13	18	(928)	
日本長期信用銀行	21	20	(664)	
太陽神戶銀行	27	21	(581)	(　)內數字
東京銀行	22	22	(676)	為稅前利益
三井信託銀行	19	23	(731)	
安田信託銀行	25	25	(680)	
大和銀行	23	26	(473)	

▲ 圖 16–3　日本銀行在世界的排名 (1986–1987 年)

　　由於資金雄厚，日本錢在國際金融市場上的操作遂無往不利。平均
一日之間，在紐約、倫敦、東京三個國際金融中心的結匯金額，即高達
四千億美元；此種鉅款的外匯買賣金額，只須十天即等於 OECD 一年對
全世界的來回貿易總額。此外，日本的股價亦居全球之冠。倘將全球股
票時價視為百分之百，則東京、大阪兩地股市之股票價值即占百分之四
十三，美國紐約、芝加哥股市則占百分之二十九點五，英國的倫敦股市
則僅有百分之八點七。

　　日本的銀行，便利用日圓這種強大的優勢，以參與貸方收購或合併
企業的方式❸，大量購併外國資產，並進一步左右該企業集團的股價。

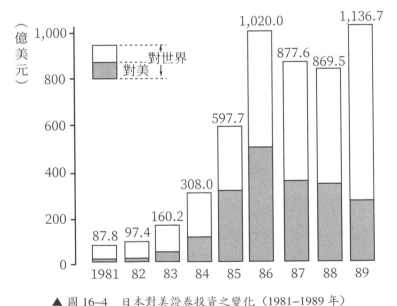

▲ 圖 16–4　日本對美證券投資之變化（1981–1989 年）

---

❸　三原淳雄，《日本のおかねは世界で何をしているのか》（東京：PHP 研究
　　所，1989 年），頁 100–107。

以 1989 年為例，世界各國銀行在國外的資產總數中，日本占百分之三十
八點二，美國則為百分之十四點七。換言之，日本銀行在海外源源生利
的能力亦稱全球之冠。此外，日本更進一步在八〇年代後半期，成為全
球最大的資本供給國。以日本政府的對外開發援助為例，1989 年約為九
十億美元，超過美國的七十六億六千四百萬美元，而達世界第一；但是，
該項金額卻只占日本 GNP 的百分之〇點三二 ，不及國際水準的百分之
〇點七，在經濟合作開發組織 (OECD) 的十八個會員國中，名次列為第
十二名，由此可見日本經濟力的強大。此外，日本政府在 1986 年答應提
供國際貨幣基金 (IMF)、世界銀行、國際開發協會與亞洲開發銀行百億
美元的援款，1987 年更在威尼斯會議中提出三百億美元的援助計畫。這
種不斷提供鉅額援外資金的舉動，使得日本在國際金融體制中的地位不
斷受到重視，其對國際金融政策的影響力也日益提高。透過這種對外援
助資金的增長，日本得以逐步實現其亞洲太平洋全球計畫，在亞洲建立
起一個日圓集團 (Yen Bloc) 的日圓圈。

　　日本的亞太一全球計畫，主要是以亞洲為中心而展開的戰略援助計
畫，事實上，日本政府的援外資金都是提供給亞洲各國，並且，在提供
大量援助資金外，日本更進一步加深其對東亞各國的投資與經貿關係。
以 1989 年為例，日本在東南亞的直接投資額為一百二十五億美元，占其
年度對外投資總額的四分之一，其中以馬來西亞、新加坡、印尼為首。
同一年度，日本對東南亞各國的援助高達四十四億美元，是美國對開發
中國家總額一點五億美元援款的三十倍。同時，日本與東南亞各國的貿
易量也持續增加，其中出口以臺灣、香港、新加坡為主，進口則以中國
大陸、臺灣、以及印尼為首。以中國大陸為例，日本自八〇年代開始便
不斷加強與中國大陸的經貿與投資關係，1979–1988 年間，中國大陸共

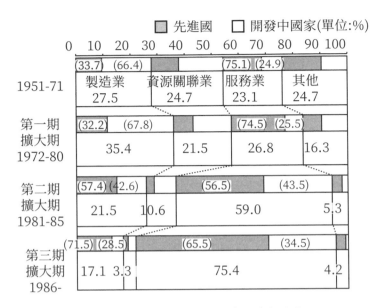

▲ 圖 16-5 日本海外直接投資之構成的變化

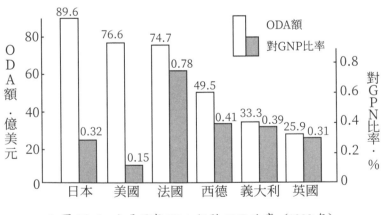

▲ 圖 16-6 主要國家 ODA 額對 GNP 比率 （1989 年）

接受外國貸款凡四百六十五億美元，其中日本占了百分之三十以上，是
中國最大的債權國。此外，1983 年起，日本便占有亞洲開發銀行的財貨

（單位：百萬美元）

亞　洲 4,034 (62.8)	非　洲 884 (13.8)	中近東 583 (9.1)	中南美 399 (6.2)		其　他 429 (6.7)

（　）為百分比 %　　　　　　　　　大洋洲 93 (1.4)

▲ 圖 16-7　日本對外經濟援助地域別分布（外務省分類）

勞務捐助總額的百分之五十，八〇年末期以後更是亞銀的最大出資國，日本在亞洲的金融主導地位已然確定。

　　過去，東亞各國的經濟主要是被整合在歐美經濟圈之中，但自八〇年代下半期起，亞太地區區內貿易量以年平均百分之四十的速度迅速成長，這股趨勢將更因世界經濟的區域集團化而持續增長。於是，在九〇年代與二十一世紀初葉，隨著日圓的強大優勢，加上日資透過民間直接投資、證券投資、融資、海外經濟協力、日本輸出入銀行的「日圓貸款」、對外無償援助、以及更見增長的經貿活動，日本在亞洲成立「日圓圈」將只是時間遲早的問題。如此，未來的世界將會形成以美元、日圓與德國馬克三足鼎立的局面，從而形成二十一世紀的世界三大區域經濟圈❸❶。

---

❸❶　真野輝彥，《日本主義経済への警告》（東京：時事通信社，1990 年），頁 10-12。

三、「全球化」戰略

　　就在日本逐步推動其「日圓圈」戰略的同時，二十世紀末，區域性的經濟聯結已在全球蔚然成風。1988 年，美國與加拿大聯合簽署《美加自由貿易協定》(US-CANADA Free Trade Agreement, FTA)；1990 年 7 月，澳洲、紐西蘭撤除彼此間全部貿易障礙，聯袂成立自由貿易區；尤其重要的是，歐市各國已決議於 1992 年聯結成一兼具政治、經濟、與金融聯盟性格 (Political Union & Economic-Monetary Union) 的單一市場。在這一波世界經濟地圖重劃的運動中，「亞太共同體」的成立也呼之欲出。但是，日本一方面致力於建立「日圓圈」，另一方面卻不願意將本身侷限在區域經濟的範疇之內。因為，日本的 21 世紀戰略已不是區域經濟，而是不分國內國外，立足全世界，對經濟資源進行最符合總體效益的運用與分配，並在統一的指導思想之下，建立起企業內部的國際分工體系，這就是日本的「全球化戰略」(Strategy of Globalization) ❸❷。

　　就亞太經濟區域的地緣經濟關係 (Geoeconomic Relations) 來看，在東亞，日本雖然在表面上並不反對「一個中國」，但並不樂見中國統一，臺灣海峽變成中國的內海，而威脅到日本通往南海之路；並且，東南亞各國雖然對日本也有高度的經濟利益需求，但基於過去慘痛的歷史教訓，都懷有排斥戰前日本「大東亞共榮圈」的心理，因而日本要領導並統一東亞經濟圈，尤其是作為政治上的領導者，其實障礙仍多。更重要的是，由於國際局勢的地殼變動，更使秉賦超級經濟實力的日本，無須將眼光

---

❸❷　經濟企畫廳總合企畫局編 《世界經濟国家日本へ ── State for Global Economy》（東京：大藏省印刷局，1986 年），頁 52–62。

與精力侷促於東亞。因為，八〇年代末期，隨著冷戰終結與美蘇霸權衰退，相對地使日本的經濟力呈現超級化。在後冷戰體制的國際社會裡，權力的內涵已從軍事力轉為經濟力，軍事力不再是國際政壇上權力競賽的最大目標，相反地，經濟實力才是國際政治的最大籌碼❸。

就歷史潮流演變的趨勢來考察，五〇年代以迄六〇年代，各國咸信軍事技術可以對民主技術產生波及效果，亦即各國盡皆認為軍事產業可以作為國家經濟發展的「火車頭」工業，軍需產業的發展與軍事技術的創新，可以帶動民生產業的發達，以及民生技術的進步。然則八〇年代以降，情勢逆轉，各國的經驗益發證明民生技術的波及效果成本更低，實效更大，實情反倒是民生技術往往先行於軍事技術，民生技術的發達往往反過來帶動軍需產業的進步。從而，日本由民間部門所發展的微電子 (ME) 技術，使得美國傾全力發展的軍事電子技術相形遜色；而 FSX、HDTV、通信衛星、半導體、乃至超級電腦與新素材等尖端科技，更成八〇年代末期美日嚴重摩擦的重要原因。由於美日高科技競賽的嚴重齟齬，進而使得往昔冷戰時代作為支撐「正面體制」——NATO（北大西洋公約組織）的「背面體制」——COCOM（多國出口管制聯合協調委員會）面臨崩潰的邊緣❹。

就更長遠的「大歷史」(Macrohistory) 觀點來檢視，兩百年前的第一次產業革命，因為導入機器生產，擴大個別廠商的生產力、加速私人的資本累積，逐漸將原本各自分立的地方市場統合成所謂的「國民經濟」。

---

❸ 伊藤憲一，《日本の大戦略》，頁 11。

❹ 福田信之，《グローバル国家日本の戦略》（東京：アートプロダクシ・ノア出版部，1990 年），頁 118–121。

現今，更因科學技術的革命、資本與生產的全球性擴張，致使各國的「國民經濟」進一步被統合入世界範圍的「全球經濟」。因而在二十世紀末與二十一世紀初，各國將依其秉賦的經濟力與技術力，展開以全球為範疇的激烈競爭。

　　事實上，日本經濟力的復興與壯大，是依循著西方資本主義世界體系的「市場原理」，而從事與各國經濟的競爭。隨著東歐各國共產體制在1989–1990 年的解體，蘇聯社會主義體制在八〇年代後半期自我崩潰，乃至中國大陸自八〇年代以來的持續開放，幾乎所有的社會主義國家，都已經被堂堂地編入「市場經濟」的運作。1990 年，蘇聯大幅度導入私有財產制，創設股票市場，交換通貨盧布，明確地脫離計畫經濟。同年，東歐各國在共產體制崩潰，逐步與蘇聯切斷經濟依存的臍帶之後，更極力向以西方資本主義國家為主導的「市場經濟」看齊。二十世紀末，市場經濟已將蘇聯、東歐都編入了以世界為單位的單一市場。

　　至此，世界經濟的趨勢已經由「國際經濟」(International Economy) 逐漸轉變為「超國界經濟」(Transnational Economy) 的階段。在此一時代景觀下，秉賦超級經濟實力的日本，自然無須自我作繭地拘束於「東亞經濟圈」或「亞太經濟共同體」。再者，就百年來東亞的經濟發展史而論，日本的經濟係建基在東亞各國的自然資源、豐沛低廉的勞力，以及廣大的市場之上，並在此一發展的相互關係上，加深東亞各國對日本的經濟依賴。儘管，東亞地區狹義的（貨幣定義）日圓圈尚未建立，但在廣義上（經貿統合關係），日本已在東亞占居領導地位，日本的國民所得是亞太地區年度總產出的三分之二 ❸❺，日本自無必要在形式上組織「東

---

❸❺　日本經濟新聞社編，《アジアの世紀》（東京：日本經濟新聞社，1990 年），

亞經濟圈」或「亞太經濟圈」，因而激化與北美及歐市的緊張關係，導致全球經濟的集團性對抗。並且，憑仗著高科技情報力與豐沛資金優勢的日本，隨著日圓的鉅幅升值，企業的擴張海外生產與海外據點的活動日益激增，企業的財務活動日趨複雜，為了謀求企業集團的最佳利益，日本企業自然必須以全球為範圍，高效率地籌集與運用資金，以集中管理為目標，有效地控制海外子公司，並充分利用國際金融市場的資金融通。

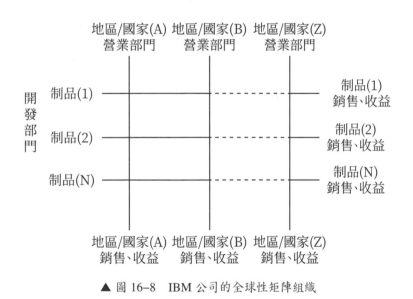

▲ 圖 16-8　IBM 公司的全球性矩陣組織

　　因此，日本一方面積極改造東京，建設多樣化硬體設施，儲訓大量國際金融人才，以俾東京成為國際金融第一中心❸；另一方面，更積極規畫方案，以總公司掌握集中管理權力的全球性矩陣組織（IBM 模式），

頁 19。

❸　牧野昇、三菱總合研究所編，《全予測 90 年代の日本》（東京：ダイヤモンド社，1989 年），頁 88–90。

藉以改造企業組織結構以迎合新時代的需求，並進而採取調整稅制、禁止壟斷⋯⋯等措施，來因應全球化的戰略。由是，二十一世紀的日本，是立足東亞日圓圈、懷抱全球市場的超級強權。

四、高科技情報戰略

在實踐「二十一世紀是日本人的世紀」❸❼的藍圖時，日本更進一步採取以高科技情報力統御全球的世界戰略。事實上，情報力是日本戰後復興的關鍵之一；就文化人類學的觀點來說，無窮無盡的強烈求知慾更是日本民族的特色。隨著國際政經局勢的演變，已屬舉世聞名的日本情報力，將在未來的世界中更見強盛。

一般說來，日本能在二十世紀末推展其建立日圓圈與全球化的戰略，1985 年以降的日圓升值是一重要關鍵。然則，由於日圓升值導致企業海外直接投資與生產的激增，也引發日本國內的生產日益萎縮，形成所謂「產業空洞化」的現象，並造成內部嚴重的失業危機。根據分析，九〇年代前半期的五年內，日本國內將激增九十萬人次的失業人口。為了應付此一危機，日本政府便積極改造國內的產業結構，大量發展第三產業部門，尤其是著重於高科技情報產業的發展與擴張，因而使得日本第三產業部門的就業人口比例，從 1970 年的百分之四十七，增加為 1985 年的百分之五十七，並將於西元 2000 年達到的百分之六十三高比例。

如此一來，日本便將堂堂邁入所謂的「情報化社會」的時代，並且，

---

❸❼　舛添要一，《90 年代の世界力学地図》（東京：PHP 研究所，1988 年），頁
224–225。

由於知識集約型產業的相應發達，使得日本在未來的國際競賽中，將更具競爭力。因為，在「知識即權力」、「資訊（情報）即權力」❸的時代裡，擁有全球獨步的健全情報系統的日本，自然最具競爭力，更何況，

產業構造	(%)			就業構造					(單位:萬人, %)		
				實　　數					構　成　比		
	1970年	1985年	2000年	1970年	⟶	1985年	⟶	2000年	1970年	1985年	2000年
第一、第二生產部門	51.7	41.4	36.7	2,677	-176	2,501	-202	2,299	52.5	43.1	36.4
農林水產業、礦業	7.4	3.8	2.2	906	-138	518	-168	350	17.8	8.9	5.5
製造業	35.8	30.2	26.7	377	+76	1,453	-118	1,335	27.0	25.0	21.2
素材	13.2	8.9	6.7	397	-77	320	-92	228	7.8	5.5	3.6
加工組立	14.3	13.5	14.4	523	+96	619	+28	647	10.3	10.7	10.3
其他	8.5	7.7	5.6	457	+57	514	-54	460	9.0	8.9	7.3
建設	8.4	7.5	7.9	394	+136	530	+84	614	7.7	9.1	9.7
第三生產部門	48.4	58.6	63.2	2,409	+889	3,306	+706	4,012	47.5	56.9	63.6
電器、瓦斯、水道	2.6	3.4	3.3	29	+4	33	+1	34	0.6	0.6	0.5
運輸、通信	7.1	6.4	5.5	324	+19	343	-14	329	6.4	5.9	5.2
商業	14.2	14.4	12.7	853	+225	1,078	+1	1,079	16.7	18.6	17.1
金融、保險、不動產	6.9	8.9	10.2	132	+85	217	+43	260	2.6	3.7	4.1
資訊服務	1.2	6.1	10.0			366	+297	663		6.3	10.5
醫療、健康服務	2.0	3.2	4.2			211	+108	319		3.6	5.1
教育服務	2.6	4.1	4.2			198	+34	232		3.4	3.7
休閒服務	4.3	4.4	5.5			381	+160	541		6.6	8.6
家事代替服務	1..3	1.6	1.8			180	+47	227		3.1	3.6
公務、其他	3.2	6.0	5.7			299	+29	328		5.1	5.2
全產業	100.0	100.0	100.0	5,094	+713	5,807	+504	6,311	100.0	100.0	100.0

▲ 圖 16–9　日本產業・就業構造之變動

❸　Alvin Toffler 著，吳迎春譯，《大未來》(*Powershift*)（臺北：時報出版社，1991 年），頁 41–42。

除了拜國際環境之賜外，情報力也是日本在戰後，由殘破戰敗國轉變為
經濟強權的基礎。

　　日本是個缺乏資源的國家，既沒有能源，也缺少豐富的礦藏，但是
日本卻能在資源缺乏的先天環境中，創造出高度發展的經濟成就，原因
即在於日本擅長蒐集與運用情報。日本不僅知道何處有資源可供日本人
使用，更知道如何 (Know-how) 去取得這些資源，其中的關鍵，便是情
報 (Information)。

　　依據日本學者的說法，人類的歷史是從農業時代進入工業時代，然
後再由工業時代轉移到知識產業時代。在農業時代，生產要素為土地與
勞動；到了工業時代，生產要素增加為土地、勞動、資本，以及企業；
然而在知識產業時代，尚須加上知識或情報，方能構成完整的生產要素
組合；換言之，固然資本設備的投入為一生產要素，勞動的投入量亦為
一生產要素，但在知識產業時代，知識或情報的儲蓄也必須視為生產要
素❸。因為，當代與未來的企業競爭與國家經濟力優勝劣敗的關鍵，即
在於「技術」。在激烈的競爭中，企業（或國家）愈是能致力於開發並導
入新的技術，便愈能取得競爭優勢；反過來說，新技術的開發與導入生
產常常需要大量的資本，技術開發競賽的落後，意謂著企業喪失競爭優
勢，投入技術開發的鉅額資本將無法回收，企業便會面臨遭受市場淘汰
的威脅。而所謂的「技術」，說穿了，就是「從事生產的技術或情報」。
情報力愈強，競爭力便愈強。

　　因此，以情報蒐集與分析聞名全球的日本總合商社，便是日本經濟

---

❸　前野和久，《全予測：十年後の日本》（東京：PHP 研究所，1989 年），頁
　　20。

競爭力的泉源❹。日本的總合商社，具有充分蒐集、準確分析，以及迅速運用情報的能力，能夠迅速引進歐美先進國家最新開發的技術與產品，或是針對最新情報的研判，將資本輸往最具前瞻性利益的地區。事實上，總合商社是日本新型的「聯合戰艦」，而其智庫 (Think Tank) 如野村總合研究所或三菱總合研究所，更是日本民間情報的大本營，專門研究並分析日本與世界政治經濟的關係與變化，從而為日本商界提供進出世界各地的全球戰略。

　　一般說來，當代情報優勢的確立必須仰賴高科技，而技術則是戰後世界各國經濟力強弱的決定性因素。七〇年代的石油危機之後，各國相繼推展能源集約政策，日本更進一步在其政府推動的「戰略工業」政策之下，改造產業結構，將商品的生產主流由「重厚長大」轉變為「輕薄短小」❹。往昔配合大量生產的技術，逐漸被精密機械的尖端科技所取代，尤其是電腦、積體電路，以及電子通訊設備等技術的發展，最受重視，從而堪稱電腦之心臟的半導體產業，遂成為美日高科技爭霸戰的主戰場❹。

　　除了半導體的生產外，日本在一些先進的產業，如航空工程、機械人、海洋工程、通訊衛星、或是太空探測器……等，也因情報力優勢，使得日本在這些產業的生產研發上，建立領先的地位，連帶著，也使日

---

❹　美國商務省報告，日本每日新聞社譯，《日本株式会社》（東京：每日新聞社，1982 年），頁 142–148。

❹　佐藤公久等著，《90 年代を読む 15 の新視點》（東京：PHP 研究所），頁 153–154。

❹　西澤潤一，《技術大国日本の未來を読む》（東京：PHP 研究所，1989 年），頁 166–168。

本的產業逐步邁向「多品種少量生產」與「生產自動化」的目標，進而大幅提高國際競爭力。此外，因生產自動化而釋出的剩餘勞動力，則配合電腦產業的發達，在教育、通訊、管理等需求的擴大之後，被安排轉往品質監控、研究開發或新型產業等部門使用。

同時，日本對人工智慧 (Artificial Intelligence) 的開發與通訊系統的研究成果，使其於醫療、探勘、金融、保險、乃至軍事等方面，都能保持情報與技術的競爭優勢，從而使日本產業能夠在國際商場上，掌握適者生存、優勝劣敗的致勝之道。如此，在經濟力即國家權力的二十一世紀裡，只要日本利用尖端科技的情報力不斷發展，加上豐沛日本錢的舉世稱雄，日本便具有了統御全球的實力，在二十一世紀初葉，進而掌握世界經濟的生殺予奪大權了。

五、回歸東亞的期盼

冷戰終結之後，國際關係的內涵已由軍事力的競賽轉變成經濟力的競爭，過去以美蘇為首的東西兩大集團的對抗已成歷史，國際政治的潮流已由冷戰時代的 「同盟政治」 (Alliance Politics) 轉變成後冷戰時代的「裁軍政治」 ❹。在此一時代背景下，美國與蘇聯必將會階段性地自亞太地區撤軍，屆時美蘇撤軍所遺留下來的「權力空隙」的填補，日本勢必占居一席重要之地。問題在於，屆時日本將以何種形式來填補，亞太地區國際秩序維持的責任，日本又將以何種方式來分擔？

---

❹ 財團法人矢野恒太紀念會編，《世界国勢図会》（東京：國勢社，1989 年），頁 53。

此外，世界經濟地圖的重劃，將以 1992 年歐市的統合為分水嶺❹；全球經濟的地殼變動，美加的自由貿易協定，歐市的統一，以及亞太各國經濟發展的「雁飛」，將使世界經濟地圖重劃成北美圈、歐洲圈、亞太圈三足鼎立的局面。此一世紀末的變局，倘若就各區域集團的特性，以及資本主義的運作邏輯來加以考察，則未來的世界是逐步走向區域經濟的集團對抗與衝突，或是藉由集團經濟間的良性互動與中介，使人類逐步邁向全球性自由貿易的共同發展，亞太地區的動向，將可能是此一歧路的關鍵。而亞太地區的動向，在很大的程度上，正取決於日本的抉擇。

就世界經濟地圖的重劃而言，區域經濟的整合，原是資本主義運作邏輯的必然結果。然則，區域性的經濟整合，應是對外開放，而非排他。二十世紀前半期各集團經濟的「引鄰為壑」(Beggar-thy-neighbor) 政策，導致人類史上最大規模血腥屠殺的戰爭悲劇。

在今後形成的北美圈、歐洲圈、亞太圈三大經濟集團中，北美圈便背負了中南美洲債務國因債務深沉難解的「依賴發展」困境，同時，作為北美圈領袖的美國，本身的經濟也危機重重。至於統合後的歐市，一方面必須傾全力因應東歐與蘇聯市場經濟化的種種難題，另一方面也必須背負黑色大陸──非洲的「低開發宿命」。北美與歐市都因內部問題而有「內向」(Inward-looking) 的傾向❺，自然無心致力於世界規模的經濟協力，更何況同質性 (Homogeneity) 甚高的歐市，本身在區域內即可自

---

❹　高野孟，《世界地図変動の読み方》（東京：ごま書房，1989 年），頁 162–164。

❺　江口雄次郎、碓井彊，《環太平洋圏の時代》（東京：亞紀書房，1988 年），頁 46。

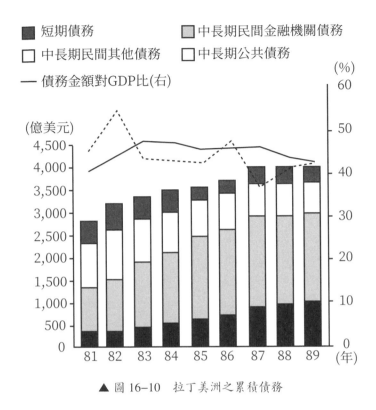

圖例：
■ 短期債務　　　□ 中長期民間金融機關債務
□ 中長期民間其他債務　□ 中長期公共債務
── 債務金額對GDP比(右)

▲ 圖 16-10　拉丁美洲之累積債務

給自足而致力於區域內部的經濟開發。尤其是，南北問題的依賴宿命，如果不能有效加以解決，南方落後國將永世淪為政變、貪瀆、謀殺、血腥、貧窮，以及蔽屣人權的人間煉獄，從而也將使北美與歐市內部恆久不安，政治鬥爭、經濟制裁，乃至軍事對抗，盡皆有重演的可能。

　　然而在東亞，現狀的發展卻有助於世界規模的經濟協調。由於歷史的因素，東亞各國率皆與全球各地保持緊密的經濟聯結：東北亞各國與北美圈淵源深厚，東南亞諸邦與歐市各國關係深遠，加上對中東石油的依賴，以及經濟強權日本的全球聯結，此一「外向型」(Outward-looking) 經濟特質❹，使得亞太地區苟能群起發展，將有可能在二十一

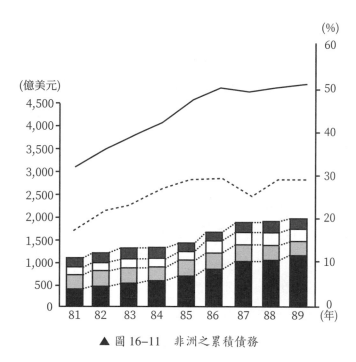

▲ 圖 16–11　非洲之累積債務

世紀，成為接引全球性經濟協力的最佳觸媒。事實勝於雄辯，東亞各國經濟發展的經驗，打破了依賴理論中邊陲國家「低度發展」的宿命論。東亞各國「借用外資而不役於外資」的成功策略，使得亞太地區正扮演著推動全球經濟良性互動的主軸❼。先進國家與亞洲地區的經濟關係，逐漸擺脫以榨取為目的的垂直分工，形成了「雁飛型」多層追跡的結構。日本以高科技發展成為雁首，四小龍以產業高度化緊追在後，「東協」

---

❻　船橋洋一，〈太平洋グローバリズムと日本〉，《世界》第 537 號（東京：岩波書店，1990 年 2 月），頁 79。

❼　ローヒンス・R・クライン，〈世界経済調整とアジア太平洋経済の将来〉，收錄於篠原三代平等編，《世界経済調整とアジア太平洋圏の将来》（東京：アジア経済研究所，1990 年），頁 39–47。

(ASEAN) 各國則以新加坡為典範急起直追，最後還有中國大陸沿海地區及海南經濟特區的奮力攀升。亞洲地區經濟發展的階段性差距，配合以人口的多樣性與勤勉性格，正是形成「雁飛型」發展最有利的條件。一國的繁榮不需以犧牲他國的利益為代價，這不正是符合日本「共存共榮」的精神嗎？而「外向型」特質的亞洲的共存共榮，正可以帶動全球範圍的共存共榮，這不正是人類在二十一世紀，得以達成人類集體最深沉誠摯的夢想——世界大同的先機嗎？

　　日本是亞洲各國中唯一達到「脫亞」階段而與西方列強並駕齊驅的國家。百年來，日本的「脫亞」成就，其實在很大的程度上，是仰賴東亞各國的支援。戰前，「大日本帝國」的幅員尚擴及中國大陸、東南亞、及太平洋各島嶼。東亞的資源、市場、人力等，援助了日本的現代化，使之成為亞洲的先驅。戰後，日本傲世的經濟奇蹟，除了日本人的努力與美國的協助外，東亞的支援對「日本第一」的成就仍然功不可沒❹。

　　站在九〇年代前瞻二十一世紀的日本，在遂行其「新國家主義」、「日圓圈」，以及「全球化」等未來戰略的同時，如果能汲取歷史經驗的智慧，擺脫損人不利己的國家本位主義，在「脫亞」之後重新「入亞」，自供需平衡的觀點來構想亞太的發展，帶動缺乏日用品的蘇聯與中國大陸，並進而領導「外向型」的亞太圈來促進全球規模的經濟協調，用以促進社會之進運，寄與群體之隆昌，增進人類之福祉與世界之文化，以達人類全體的共存共榮。二十一世紀迄今已然經歷了近乎四分之一的時間，延續一貫「全球化」的立場，日本作為僅次於美國與中國

---

❹　許介鱗，〈東亞援助日本抑日本帶動東亞〉，收錄於《政治科學論叢》第一期（臺北：國立臺灣大學政治學系，民國 79 年），頁 167–186。

的世界第三大經濟體，持續領導著周邊國家的發展。然而中央政府內部
仍存在許多問題。首相頻繁的更替，以及派閥間相互爭權，在經濟高度
發展的背後，仍作為繼任者待解的難題之一。如何在棘手的現狀之間，
替日本乃至世界，選擇一條正確的道路，須待時間證明。

圖片來源

封面圖片：紐約公共圖書館

圖 1–1：Wikimedia Commons，公有領域

圖 2–1：Wikimedia Commons，公有領域

圖 2–2：Wikimedia Commons，公有領域

圖 2–3：Wikimedia Commons，公有領域

圖 3–1：本局繪製

圖 5–1：Wikimedia Commons，公有領域

圖 8–1：Wikimedia Commons，公有領域

圖 10–1：Wikimedia Commons，公有領域

圖 10–2：本局繪製

圖 10–3：Wikimedia Commons，公有領域

圖 10–4：Wikimedia Commons，公有領域

圖 11–3：本局繪製

圖 11–4：本局繪製

圖 12–1：Wikimedia Commons，公有領域

圖 14–1：Wikimedia Commons，公有領域

圖 15–1：1989 年 7 月參院選舉後，每日新聞社調查

圖 16–3：The banker, 1988 年 7 月號

圖 16–4：資料來源：《大藏省國際收支統計》作成

圖 16–5：資料來源：《對外直接投資屆出實績》，總合計畫局資料

圖 16–6：資料來源：《日經》，1990 年 6 月 23 日

圖 16–7：資料來源：日本外務省編，《外交青書，1989 年》

圖 16–10：資料來源：IMF World Economic Outlook, 1989.4

圖 16–11：資料來源：IMF World Economic Outlook, 1989.4

日本史（修訂三版）

過去二千年來的中日關係，日本受惠於中國者甚厚，但近百年來，日本報之於中國者極酷。中國飽受日本之害，卻不甚了解日本。本書雖不抹煞日本所受中國文戶影響之深，但卻著重日本歷史文化發展的主體性，俾能深入了解日本歷史的獨特發展模式及其文化特徵。

日本通史（增訂二版）

日本人善於模仿，日本文化可說是以先進文化為典範而形成。日本積極的吸取中國文化，與日本固有文化相融合，產生了「和魂洋才」和「國風文化」。直到明治維新時期，才轉而吸收歐美文化。本書闡析日本歷史的發展過程，並探討日本的民族性、階層制度與群體意識等問題，從各層面了解日本的歷史文化。

近代中日關係史（修訂二版）

日本自明治維新後，即步上歐美帝國主義之後塵，對亞洲大肆侵略，一部近代中日關係史，即在日本大陸政策陰影下發展，飽含中國人辛酸血淚。作者有鑑於此，擬以史家史筆探討近代中日關係之演變發展，激發國人認識日本，重視中日關係之未來發展。

日本中世史

日本中世史始於十二世紀末的鎌倉幕府，直到十六世紀室町幕府滅亡為止。這個時期最主要的特色就是天皇勢力的衰落，以及武士階層的興起。在這個「下剋上」的時代裡，不僅在政治方面出現了重大的變化，武士階層與庶民也逐漸在文化方面發揮其影響力，使得此時的日本，現了不同於古代史的新氣息。本書最後更闡明日本戰國時期的發展，完整呈現從中世過渡到近世的過程。

日本史——現代化的東方文明國家

她擁有優雅典美的傳統文化，也有著現代化國家的富強進步。日本從封建的舊式帝國邁向強權之路，任誰也無法阻擋她的發光發亮。她是如何辦到的？值得同樣身為島國民族的我們學習。

韓國史——悲劇的循環與宿命

位居東亞大陸與海洋的交接，注定了韓國命運的多舛，在中日兩國的股掌中輾轉，歷經戰亂的波及。然而國家的困窘，卻塑造出堅毅的民族性，愈挫愈勇，也為韓國打開另一扇新世紀之窗。

越南史——堅毅不屈的半島之龍

龍是越南祖先的形象化身，代表美好與神聖。這些特質彷彿也存在於越南人民的靈魂中，使其永不屈服於強權與失敗。且看越南如何以堅毅不撓的精神，開創歷史的新篇章。

印尼史——異中求同的海上神鷹

印尼是一個多元、複雜的國家——不論在地理或人文上都是如此。印尼國徽中，神鷹腳下牢牢地抓住 "Bhinneka Tunggal Ika" 一句古爪哇用語，意為「形體雖異，本質卻一」，也就是「異中求同」的意思。它似乎是這個國家最佳的寫照：掙扎在求同與存異之間，以期鞏固這個民族國家。

烏克蘭史——西方的梁山泊

地處歐亞大陸交界的烏克蘭，歷史發展過程中不斷受到周遭勢力的掌控，但崇尚自由的他們始終堅持著民族精神與強鄰對抗。蘇聯解體後，烏克蘭終於獨立，但前途仍然一片荊棘，且看他們如何捍衛自由，朝向光明的未來邁進。

捷克史——波希米亞的傳奇

位處歐洲心臟地帶的捷克，深受日耳曼和拉丁文化勢力的影響，也是傳統歐洲與斯拉夫世界的橋樑。二次大戰後捷克陷於蘇聯的鐵幕之下，1968年的布拉格之春喚起捷克沉睡的靈魂，而1989年的絲絨革命，終為捷克的民主化開啟新頁。

波蘭史——譜寫悲壯樂章的民族

十八世紀後其波蘭被強鄰三度瓜分，波蘭之所以能復國，正顯示波蘭文化自強不息的生命力。二十世紀「團結工會」推動波蘭和平改革，又為東歐國家民主化揭開序幕。波蘭的發展與歐洲歷史緊密相連，欲了解歐洲，應先對波蘭有所認識。

奈及利亞史——分崩離析的西非古國

奈及利亞，這個被「創造」出來的國家，是歐洲帝國主義影響下的歷史遺緒。國內族群多元且紛雜，無法形塑國家認同、凝聚團結意識；加上政治崩壞、經濟利益瓜分不均，使得內戰不斷、瀕臨分崩離析的局面。今日的奈及利亞，如何擺脫泥沼，重展非洲雄鷹之姿？

伊朗史——創造世界局勢的國家

曾是「世界中心」的伊朗，如今卻轉變成負面印象的代名詞，以西方為主體的觀點淹沒了伊朗的聲音。本書嘗試站在伊朗的角度，重新思考那些我們習以為常的觀念與說法，深入介紹伊朗的歷史、文化、政治發展。伊朗的發展史，值得所有關心國際變化的讀者深入閱讀。

阿富汗史——戰爭與貧困蹂躪的國家

經歷異族入侵，列強覬覦，阿富汗人民建立民族國家，在大國夾縫中求生存，展現堅韌的生命力。然而內戰又使阿富汗陷於貧困與分裂，戰火轟隆下，傷痕累累的阿富汗該如何擺脫陰影，重獲新生？

希臘史——歐洲文明的起源

希臘擁有偉大而悠久的歷史，走向現代的路途卻是顛簸坎坷。這個歐洲文明的起源地，能否發揮她古老的智慧，航向名為未來的彼岸呢？本書將帶您一起見證，希臘如何經歷數千年的歲月，打磨出其歷久彌新的榮光。

丹麥史——航向新世紀的童話王國

風景秀麗的丹麥孕育了安徒生瀾漫的童話，隨手汲拾皆是美麗的故事，在充滿花香和書香的土地上，給予人們充滿希望的福音，也為世界和平帶來一股清流。
本書經由親身的體驗與文獻的理解，說明美麗而動人的童話王國——丹麥之歷史淵源。

智利史──山海環繞的絲帶國

智利位處南美邊緣，東面為雄偉的安地斯山脈，西面為一望無際的太平洋。天然的地理限制，使智利向南北發展，造就如絲帶般的狹長國土。然而山海環繞、與世隔絕的環境並未阻礙智利人前進的腳步，他們突破大山大海的限制，強勢逆襲，成功躋身拉美強國之列。

俄羅斯史──謎樣的國度

俄國詩人布洛克在《野蠻人》詩中提及：「俄羅斯是個難解的謎。」英國首相邱吉爾在1946年的鐵幕演說中也提及蘇俄：「那是謎中之謎，外裹一層極具奧秘的謎語。」本書依時間順序展開敘述，旁及各時期的政治、外交、經濟、社會、文化等各層面，希冀將俄羅斯千餘年來的發展特色呈現給讀者，為您解開俄羅斯的層層奧秘。

尼泊爾史──雪峰之側的古老國度

雪山之側的古老王國尼泊爾，冰川林立，山河壯麗，風光宜人，是世界上著名的遊覽勝地，號稱「亞洲的瑞士」。它也是一個歷史悠久、文化燦爛的古國。獨立之後，它努力在政治、經濟、文化、外交各個方面走自己的路，試圖擺脫貧困和落後。

法國史──自由與浪漫的激情演繹

法國是當今世界舉足輕重的大國，也是一個有著悠久的歷史、燦爛的文化、發達的經濟以及獨特的魅力的國家。本書以時間為經，以政治、經濟、社會等為緯，揭示了法蘭西民族獨特的民族稟賦與魅力，展現了其所開創的以「自由」與「浪漫」為特徵的現代文明。

西班牙史——首開殖民美洲的國家

西班牙,大航海時代的海上強權,締造了傲人的日不落國,也將王國帶入前所未有的輝煌。在時代的轉移下,經歷高潮、低盪、君權和獨裁,今日的西班牙,終於走出一條民主之路。

奧地利史——藍色多瑙國度的興衰與重生

十九世紀時,民族主義在奧地利掀起滔天巨浪,帝國步入了命運的黃昏,日漸分崩離析。二次大戰後,奧地利更被迫斬斷與德意志世界聯繫的根。在此之前,他們自認是「德意志人」;自此之後,「奧地利人」取而代之,持續在世界舞臺上綻放璀璨耀眼的光芒。

國家圖書館出版品預行編目資料

日本現代史／許介鱗著.——二版一刷.——臺北市：
三民，2023
　　面；　公分

　　ISBN 978–957–14–7528–8 （平裝）
　　1. 日本史 2. 歷史

731.57　　　　　　　　　　　　　　　111014006

日本現代史

作　　　者	許介鱗
發 行 人	劉振強
出 版 者	三民書局股份有限公司
地　　　址	臺北市復興北路 386 號 (復北門市)
	臺北市重慶南路一段 61 號 (重南門市)
電　　　話	(02)25006600
網　　　址	三民網路書店 https://www.sanmin.com.tw
出版日期	初版一刷 1991 年 8 月
	初版二刷 2002 年 8 月
	二版一刷 2023 年 5 月
書籍編號	S730040
I S B N	978-957-14-7528-8

三民書局